Role and Application of Accounting Information
in the Capital Market

금융시장에서의
회계의
역할과 적용

손성규 저

박영사

머리말

    본 저술은 저자가 학회와 여러 위원회 활동을 수행하면서 학습한 내용에 근거한 저술이다. 또한 2012년부터 참석하고 있는 회계학회의 회계선진화포럼도 정책적인 이슈를 학습하는 데 큰 도움이 되었다. 이러한 위원회에서 학습할 기회를 갖는다는 것은 저자에게는 큰 행운이었으며 이러한 경험이 연구뿐만 아니라 교육에도 큰 도움이 되었다.

    2014년 1월 「회계환경, 제도 및 전략」이라는 저술 이후 바로 후속 저술 작업에 착수하였다. 2년 만에 저술을 간행할 수 있어서 무척 기쁘다.

    본 저술의 일부는 저자가 연세대학교 경영대학원의 부속교육기관인 상남경영원 원장을 맡고 있는 기간에 작성되었다. 행정 중에도 저술 작업이 가능하도록 행정을 도와준 민순홍 부원장, 윤영주 실장, 이철수 실장, 최인실, 정정인, 성중열 팀장을 비롯한 모든 직원에게 감사한다.

    회계제도, 정책, 감독 등에 관심을 가지면서 시작한 저술이 다섯 번째 결실을 맺게 되니 참으로 기쁘다. 본 저술은 회계 제도 및 정책을 연구하는 회계학 교수, 대학원생, 현업의 공인회계사, 기업의 재무/공시담당 임원 및 실무자, 감독/규제당국의 관계자 등에게 연구 및 실무에서 도움이 되도록 기술되었다.

    법률적인 자문을 해 주신 서울남부지방법원장 윤성근 부장판사님, 연세대학교 법학전문대학원의 심영 교수님, 성균관대학교 법학전문대학원의 최준선 교수

님, 강원대학교 법학전문대학원의 최문희 교수님, 한국공인회계사회 법무팀 김정
은 변호사께 감사한다. 연구실에서 같이 연구 활동을 수행한 오윤숙, 신일항, 배창
현박사과정과 류은경 조교에게 감사한다.

자본주의에서 회계의 적용 영역은 무한하다. 그리고 회계전공자들의 역할도
무척이나 넓다. 2014년부터 시행된 일부 상장기업 경영진의 급여 공시도 사회적인
이슈이지만 무엇이 공시의 대상이고 무엇은 공시의 대상이어서는 안 된다는 점에
서는 포괄적인 회계의 이슈이다.

본 저술은 「회계감사이론, 제도 및 적용(2006)」, 「수시공시이론, 제도 및 정책
(2009)」, 「금융감독, 제도 및 정책(2012)」, 「회계환경, 제도 및 전략(2014)」 저술에
연이은 회계 관련, 정책서적이다. 본 저술에서 전갈서의 내용 중, 중복되는 내용은
직접 인용하는 형식을 취하였으나 주제가 중복된다고 하여도 이전의 저술 이후에
발전된 내용이나 새로이 추가된 내용을 기술하였다.

본 저술의 각 장의 내용이 독립적으로 작성되었으며 특별한 체계적인 순서는
없다. 관련된 내용이 다른 장에 기술되어 있으면 그 내용을 적시하여서 참고할 수
있도록 하였다.

본 저술이 가능하도록 인생의 모든 과정을 같이 공유해온 사랑하는 아내 두
연에게 감사한다. 또한 삶의 가치를 알게 해 준, 사랑하는 우리의 두 아들 승현,
승모에게도 감사한다. 품안의 자식이 커 가는 것도 큰 기쁨이지만 성인이 된 자식
들이 사회에서 건강한 시민으로 생활해 가는 것을 멀리서 바라보는 것도 우리를
흐뭇하게 한다.

우리 부부의 나이가 50대 중반인데 양가 부모님께서 모두 건강하게 생활하고
계시니 큰 축복이다. 가능한 오랫동안 삶의 과정을 같이 해 주실 것이라 믿는다.

2016년 1월
저자 손성규

차 례

vi 차 례

쌍용자동차건

쌍용자동차건은 기업의 구조조정과 관련되어 엄청난 사회적인 파장이 있었던 사례이고 또 노동조합이 회사의 구조조정 의사 결정에 맞서서 직장을 폐쇄하는 의사결정으로 인해 인명 피해까지 발생하였다. 노사 문제에 있어서 큰 사회적인 파문을 불러 일으켰던 2009년의 사건이다. 이 사건 수년 후 2014년 다시 한번 쌍용차의 회계 분식 부분이 문제가 되었다. 분식이 있었는지 대해서도 논란이 있었지만 매우 민감한 정치적인 이슈에 회계가 개입되는 거의 첫 케이스였다.

회사를 살리기 위해서 직원에 대한 구조조정을 시행하였는데 이 구조조정의 단초가 되었던 회사의 재무, 영업 활동 등에 대한 평가가 왜곡되어 있었기 때문에 인원감축 의사결정이 잘못되었다고 하면 이는 매우 심각한 사회적인 문제가 초래될 수 있으며 사회 불안 요소로 작용할 수도 있다.

어느 기업이 되었거나 구조조정이나 단체협약에서의 임금 협약의 판단의 근거는 회계/재무적인 측정치일 수밖에 없는데 이 근거가 되는 정보가 왜곡된다면 사회 전체의 안전망이 흔들릴 수 있다.

2 금융시장에서의 회계의 역할과 적용

> ### "쌍용차 153명 정리해고 무효" 판결 논란, 고법
> ### "해고 회피 부족"…쌍용차 "당시 법원 승낙 받았다"

재계서도 판결 우려
"앞으로 구조조정 못할 것"

2009년 쌍용자동차 평택공장 점거농성 등 극한 노사 대립을 불렀던 쌍용차 정리해고에 대해 법원이 "정당성이 없는 해고"라며 해고근로자들에게 임금의 일부로 100만원씩을 각각 지급하라고 판결했다.

이번 판결은 쌍용차 법정관리 당시 법원 판단과 다른 것이어서 논란을 빚을 전망이다. 쌍용차는 재판부가 해고 당시 긴박한 경영상의 필요가 있었거나 해고 회피 노력을 충분히 다했다고 볼 수 없다는 취지로 정리해고의 부당성을 판시한 점을 두고 상고심에서 집중적으로 다투겠다는 입장이다.

법원 "쌍용차 정리해고 부당"

서울고법 민사2부(부장판사 조해현)는 쌍용차 해고노동자 김모씨 등 근로자 153명이 회사를 상대로 낸 해고 무효확인 소송에서 근로자 패소 판결한 원심을 뒤집고 원고 승소 판결했다.

재판부는 "이 사건의 정리해고는 근로기준법 24조가 규정한 정당한 정리해고 요건을 갖추지 못했다"며 "일정한 해고 회피 노력을 한 것은 인정되지만 가능한 모든 노력을 다했다고 보기는 어렵다"고 판단했다. 근로기준법 24조는 긴박한 경영상의 필요와 해고를 피하기 위한 사용자의 노력 등을 정리해고 요건으로 규정하고 있다.

쌍용차는 2008년 자동차 판매 부진과 금융위기로 기업회생절차를 밟게 되자 이듬해 전체 인력의 37%에 달하는 2,646명을 구조조정하겠다고 노조에 통보했다. 노조는 이에 반발해 평택공장을 점거하고 쇠파이프와 새총 등으로 경찰 진입을 막는 옥쇄파업에 들어갔다.

이후 희망퇴직자 무급휴직자 등을 제외한 165명이 최종 정리해고 됐고 이 가운데 153명은 "정리해고가 부당하다"며 회사를 상대로 소송을 냈다.

재판부는 "정리해고 당시 쌍용차에 유동성 위기가 발생한 것은 맞지만 구조적이고 계속적인 재무건전성과 효율성의 위기가 있었는지는 분명치 않다"며 "당시 정리해고의 근거가 된 재무제표를 보면 신차종으로 얻을 수 있는 미래 현금흐름이 전부 누락되고 기존 차종의 판매량을 지나치게 적게 잡아 유형자산의 손실액(손상차손)을 과다계상했다"고 말했다. 또 쌍용차 정리해고의 출발점이 된 안진회계법인의 2008년 감사보고서가 잘못됐다고 지적했다. 재판부는 이런 회계보고서를 토대로 작성된 삼정KPMG의 경영정상화 보고서

도 문제가 있을 수밖에 없다고 판단했다.

앞서 원심은 "경영상 어려움을 극복하고 비용 절감을 통한 경쟁력 확보를 위해 구조조정의 일환으로 해고를 단행할 필요성이 인정된다"며 원고 패소 판결했다.

쌍용차 "납득할 수 없다…상고할 것"

쌍용차는 이번 판결을 이해할 수 없다는 입장이다. 2009년 진행된 구조조정이 법원의 인가를 받은 사안이기 때문이다.

쌍용차 관계자는 "당시 회생(파산)법원은 쌍용차의 구조조정 및 자금 조달 완료 여부에 따라 파산이나 회생 여부를 결정한다는 방침을 갖고 있었다"며 "이에 따라 임금 동결, 자산 매각, 구조조정 등의 자구계획을 수립해 법원의 승인을 받았고 이를 충실히 이행했는데 고법이 이를 다시 무효화한 것"이라고 지적했다.

회계 전문가의 '손상차손 감정보고서'가 이번 판결에 전혀 반영되지 않은 점도 이해할 수 없다는 지적이다. 회사 관계자는 "작년 10월 최종학 서울대 경영대학 교수가 법원의 의뢰를 받아 조사한 결과 쌍용차의 유형자산 손상차손이 합리적으로 계상된 것으로 나타났다"며 "이런데도 1심과 달리 2심에서 판결을 뒤집은 것을 이해할 수 없다"고 했다.

재계도 이번 판결이 미칠 파장을 크게 우려하고 있다. 한국경영자총협회는 이날 "쌍용차는 과거 극심한 노사 갈등으로 큰 위기를 겪었고 현재 경영정상화를 위해 최선의 노력을 다하고 있다"며 "이번 고법 판결로 노사 갈등 재연은 물론 노노 갈등까지 예상되는 등 회사 경영에 악영향을 끼칠 것"이라고 지적했다.

한국경제신문. 2014.2.8.

구조조정이라는 것은 정리해고의 대상이 되는 노동자에게는 무척이나 가슴 아픈 사건이기는 하지만 회사 자체를 살려야 한다는 大義하에서는 어쩔 수 없는 극약 처분일 수밖에 없으며 당연히 법의 태두리 안에서 적법하게 진행되어야 하는 경영의사결정이다. 또한 이러한 의사 결정은 失機하지 않도록 시의적절하게 결정되어야 하는데 법의 판단이 이러한 기업의 의사결정에 발목을 잡아서는 안 될 것이다. 단, 법이 보장하는 근로자의 생존권이 훼손되어서 안 된다는 것은 너무도 당연하다.

손상차손의 개념은 매우 주관적인 판단의 영역이다. 매도가능증권의 손상차손의 경우는 예를 들어, 손해보험업계에서는 다음의 금융감독원의 권고사항이 그 판단기준이 된다. 물론, 감독기관의 권고사안은 권고사안에 그치는 것이기는 하지만 금융기관에서의 감독기관의 권고는 권고 이상의 의미가 있다. 물론, 감독원의 이러한 권고사안은 금융기관에만 국한된 것이므로 일반적인 상장기업에까지 영향을 미치는 내용은 아니다.

> 문서번호 보험건전 −00018
> 시행일자 2013.03.07
>
> 제 목 지분증권 손상차손 인식여부 판단시 유의사항 통보
>
> 1. 귀사의 무궁한 발전을 기원합니다.
> 2. 귀사에서 보유하고 있는 매도가능지분증권의 손상차손 인식과 관련하여 아래와 같이 유의사항을 통보하오니 이행에 만전을 기하여 주시기 바랍니다.
>
> − 아 래 −
>
> ① 지속적 하락의 의미 : 일정기간 동안 원가이하로 반등 없이 지속적으로 하락하는 상태를 의미하지 않으며, 단지 공정가치가 원가이하로 하회한 상태가 일정기간 이상으로 지속되는 상황을 의미
> ② 유의적 하락과 지속적 하락 기준의 독립성 : 두 가지 기준을 결합한 조건으로 판단하는 것은 적절하지 않으며, 유의적 하락 기준과 지속적 하락 기준 중 어느 하나라도 만족하는 경우에는 객관적 손상사건이 발생한 것으로 보는 것이 타당
> ③ 유의적 하락과 지속적 하락 기준의 수준 : 지분증권이 원가이하로 30% 이상 하락하거나 원가이하 하락한 상태가 6개월 이상 지속되는 경우에는 일반적으로 객관적 손상사건이 발생한 것으로 보는 것이 적절하며, 이러한 판단 기준은 일관성 있게 적용되어야 하며 재무제표 주석사항에 상세하게 공시하여야 함. 끝.
>
> 금융감독원장

　　손해보험업계에서는 권고사항에 의해서 30% 이상 주가가 하락하였을 경우에 손상을 인식하게 된다. 기업회계기준에서는 가능하면 이와 같은 내용에 대해서 확정적으로 정의하지 않는 경우가 대부분이며 이러한 영역은 기업의 주관적인 판단의 범주이다. 특히나 국제회계기준이 규범중심(rule base) 기준이 아니라 원칙(principle based) 중심의 기준이라서 더더욱 그러하다. 그러나 이는 규제가 강한 금융기관의 경우이고 그렇지 않은 경우에는 기업의 자의적인 판단에 의해서 손상을 인식하는 것이 일반적이다.

한 가지 의아스러운 점은 사법부가 expert witness를 세워서 전문가 의견을 받은 후에도 이를 고려하지 않았다는 점이다. 물론, 사법부가 판단을 할 때, 전문가의 의견에 구속될 필요는 없다.

이러한 쌍용자동차의 회계이슈는 더 이상 쌍용자동차의 문제가 아니고 정치적인 이슈로 부각되었다. 국회에서도 이 문제를 논의하였고 국회의 요청에 의해서 감독원의 회계전문심의위원이 국회에 출석하여 소명했다고 한다.

극단적인 상황하에서 기업을 살리는 인력조정을 포함한 구조조정이라는 구제책을 시행할 수 없다면 기업의 생존에까지 영향을 미칠 수 있게 된다.

또한 법정관리를 신청한 법원의 의사결정과 2014년 진행되는 분식회계 소송을 담당하는 법원간의 동일건에 대한 법적 판단이 상이해진다는 것도 매우 혼란스럽다.

동일 건에 대해서, 정치적으로 균형된 시각을 유지하고 위하여 정치적인 시각을 달리하는 진보적인 신문의 기사를 대비하여 인용한다.

노동 ["쌍용차 정리해고 무효" 판결] 쌍용차 당혹… "대법원에 상고하겠다"

쌍용자동차는 해고노동자 153명을 복직시키라는 법원의 판단이 나오자 당혹스러워하는 기색이 역력했다. 노동계조차 승소 가능성이 높지 않다고 본 상황이어서 충격이 더 컸다. 쌍용차는 판결문을 검토한 뒤 대법원에 상고하겠다는 입장을 밝혔다.

쌍용차는 7일 "어려운 환경 속에서도 정상화 과정을 밟고 있는 쌍용차의 미래에 큰 부담을 안겨줬다"며 법원 판결에 유감을 표시했다.

이 업체는 지난해 내수 6만 3,970대, 수출 8만 1,679대 등 총 14만 5,649대를 판매했다. 이는 2002년 이후 최대 판매실적이다. 이번 판결이 이 같은 흐름에 '찬물'을 끼얹을 수 있다는 게 쌍용차 측 반응이다.

쌍용차는 또 이번 판결로 한국 사법부의 대외 신인도에 문제가 생길 수 있다고 밝혔다. 쌍용차 관계자는 "쌍용차의 대주주는 국내 기업이 아니라 인도 기업인 마힌드라"라며 "1심을 완전히 뒤집은 판결로 인해 외국 자본이 사법부에 대한 부정적인 인식을 가질 우려가 있다"고 말했다.

재판부는 쌍용차가 2009년 6월 당시 대량해고를 할 만한 긴박한 경영상 필요성이 있었다는 점, 해고를 회피하기 위한 노력이 있었다는 점을 받아들이지 않았다. 쌍용차 관계자는 "1심은 긴박한 경영상 필요성을 인정했다"며 "상하이자동차가 보증을 서고 산업은

6 금융시장에서의 회계의 역할과 적용

행 등으로부터 자금을 유치할 수 있었다고 하지만 당시 법정관리 상황에서 자금유치는 사실상 어려웠다"고 말했다. 사후적인 판단으로 쉽게 재단할 수 있는 부분이 아니라는 것이다. 이 관계자는 또 "해고를 회피하기 위해 희망퇴직, 순환휴직 등 다양한 시도를 했다"며 "경영 정상화 방안을 마련하기 위해 인적, 물적 구조조정을 피할 수 없었다"고 설명했다. 회계조작이 있었다는 판단에 대해서도 쌍용차는 받아들일 수 없다는 입장이다. 쌍용차 관계자는 "회계조작 여부를 가리기 위해 재판부가 선임한 특별감정인(최종학 서울대 회계학 교수)은 쌍용차의 회계장부에 문제가 없었다고 판단했다"고 말했다.

경향신문. 2014.2.7.

심상정의원, 금감원 쌍용차 회계 조작 은폐

진보정의당 심상정, 민주당 민병두·김기준 의원은 쌍용차 대규모 정리 해고의 근거가 된 '회계 감사조서'가 조작됐으며 금융감독원이 이를 은폐했다고 주장했다.

이들 의원들은 오늘 국회에서 기자회견을 열어, 회계법인이 금감원에 제출했다고 주장하는 쌍용차 회계감사 '최종조서'가 조작된 만큼, 이를 감리한 금감원도 회계 조작을 은폐한 것이라고 밝혔다.

심 의원 등은 최종조서가 조작된 근거로 현금 지출 고정비 총액이 계상되지 않고, 차종별 유형자산 사용가치의 계상수치와 근거 수치가 일치하지 않는 점 등을 들었다.

앞서 심 의원은 쌍용차 직원 2천 600여 명의 정리해고 근거가 된 감사 보고서가 숫자도 맞지 않는 감사조서에 근거해 만들어졌다며 이른바 기획 부도 의혹을 제기했다.

YTN. 2013.7.9.

구조조정 위해 적자 부풀리기 없어… "쌍용차 회계 조작 혐의 사실 무근"

이에 따라 법원은 쌍용차지부의 동의 아래 서울대 회계학과 교수를 감정인으로 선임해 특수감정을 벌여왔으며, 여기서 '쌍용차의 손상차손 계산이 합리적이었다'는 감정 결과가 나온 것이라고 쌍용자동차는 전했다.

쌍용차에 따르면 감정인 측은 감정 보고서에서 "손상차손에 대한 감정 결과 회사가 인식한 금액인 5,177억원보다 감정금액은 71억원이 증가하는 5,248억원이 적정하다"고 밝혔다.

다만 "그러나 과소계상된 금액은 회계원칙인 중요성의 원칙에 비춰 유의미한 금액이 아니므로 회사의 손상차손 금액은 합리적으로 계상됐다"고 판단했다.

　　쌍용자동차가 인력 구조조정 명분을 쌓기 위해 고의로 적자를 부풀렸다는 주장은 사실이 아니라는 전문가 분석 결과가 나왔다. 앞서 서울남부지방법원이 쌍용차 회계조작 의혹에 대해 '증거가 없다'는 판결을 하고, 금융감독원이 '무혐의' 처리한 것과 같은 맥락이다.

한국경제신문. 2013.11.27.

　　최종학 교수의 감정평가에 의하면 쌍용차의 감정금액은 (5,248억－5,177억)／5,248억＝1.3%의 오차가 발생한다고 보고하고 있다.

　　감정인의 판단은 오히려 손상차손이 과소계상되었다는 것으로 노조의 의견과는 완전히 반대되는 내용이다. 그러나 국제회계기준의 개념체계에서 보수주의 또는 신중성(prudence)의 개념이 완전히 삭제된 현 시점에서 보수적인 것이 바람직하다, 바람직하지 않다는 내용은 이제는 의미가 없다. 단, 당시에는 K－IFRS가 적용되는 기업회계기준이 아니라 K－GAAP이 적용되는 기간이었으므로 개념체계에서의 보수주의의 개념이 적용되던 기간이다.

　　보수주의 관련된 내용은 다음에서도 찾아볼 수 있다. 회계에서는 우발자산도 존재하고 우발 부채도 존재하는데 우발자산이 이슈가 되는 경우는 거의 없고 대부분은 우발부채만이 문제가 되는데 이 또한 회계적인 보수주의와 연관된다고 할 수 있다.

쌍용차 해고 노동자 153명, 항소심서 복직 판결

　　즉, 쌍용차가 해고 근거로 내세운 2008년 회계감사 보고서상으로는 정리해고 근거를 도출할 수 없다는 해석이다. 쌍용차 감사보고서에 신차종 미래현금 흐름이 전부 누락되고 구차종 판매량이 적게 계상되면서 유형자산손상차손이 과다하게 계상됐다는 것이다.

　　재판부는 또 근로 효율성과 관련해서도 자동차 1대당 노동시간 산정 역시 인원삭감 규모를 산출할 근거 자료가 뚜렷하지 않다고 판단했다. 이는 쌍용차 회계조작 의혹을 제기한 노조의 입장을 재판부가 받아들인 것이다. 재판부는 "정리해고 근거가 된 재무건전성, 효율성 위기, 인원삭감 규모의 적정성 등 주장을 그대로 인정하기 어렵다"고 설명했다.

매일경제신문. 2014.2.7.

쌍용차 '기획 부도' 진실 밝힐 차례다

쌍용차의 회계조작 여부에 대한 검찰 수사가 재개될 방침이라고 한다. 2009년 해직된 노동자 중 153명이 이 회사를 상대로 낸 소송에서 "당시 해고는 무효"라는 서울고법의 지난 7일 판결이 계기가 됐다. 법원은 쌍용차 해고의 부당성을 지적하면서 "쌍용차가 2008년 작성한 재무제표에서 손실 부분이 과다하게 계상됐다"고 밝혔다.

재판부는 판결문에서 "신 차종의 미래 현금 비율을 모두 0으로 산정하고, 구 차종에 대한 매출을 과소 계상하는 등 보고서 자체에 오류가 있었던 것으로 보인다"고 밝혔다. 정리해고의 필요성을 부각시키기 위해 부채비율을 부풀린 의혹이 있다는 노조측의 주장을 수용한 것으로 해석될 수 있다.

법원의 이 같은 판단에 따라 지난해 1월 쌍용차의 회계조작 여부에 대한 수사를 보류해 왔던 검찰도 다시 나설 수밖에 없게 됐다. 당시 검찰은 쌍용차 경영진의 회계 조작 의혹 고발 사건과 관련해 "해고 무효 소송의 항소심 재판부가 회계자료 조작 여부에 대한 감정에 들어간 상황에서 굳이 검찰이 같은 내용을 수사할 필요가 없다"면서 잠정적인 수사 중단을 선언했었다. 13개월 만에 검찰 수사가 다시 이뤄지는 것이다.

이에 국민들은 검찰 수사가 그동안 꾸준히 의혹이 제기됐던 쌍용차의 '기획부도' 여부를 가려줄 것으로 기대하고 있다. 쌍용차가 경영상 어려움에 직면했던 것은 물론 사실이다. 하지만 노동자들을 대거 해고하기 위해 회계장부를 조작하고, 이를 근거로 법정관리를 신청했다면 경영인으로서의 도덕성과 자질 문제를 넘어 불법적인 행위다.

중앙선데이. 2014.2.9.

감독원 차원에서는 감독기관이 무혐의 처리한 분식회계건을 사법부가 부정하고 분식이 존재한다고 판단한 것이니 이를 다시 조사하여 증권선물위원회에 관련자에 대한 조치를 요청하여야 하는 것인지에 대한 고민을 하여야 하는 매우 특수한 경우가 발생한 것이다. 단, 3권이 분립된 상황에서 일단, 감리가 종료된 건에 대해서 이를 다시 조사한다는 것이 쉽지만은 않은 일일 것이다.

통상적인 경우라면 금감원의 감리 업무에 사법부가 개입하는 경우는 감리 조치건에 대해서 피조치자가 행정소송을 제기하는 경우이다.

안진 측은 무형자산에 기록된 개발비도 실체가 없으니 다 깎아야 한다고 주장했지만 회사는 끝까지 이를 받아들이지 않았다. 그래서 안진은 그 문제 때문에 한정의견을 냈다. 이러한 회사와 감사인과의 관계에서 보는 바와 같이 회사가 회사의 상태를 부정적으로 보이게 하기 위해서 자산을 과소계상하는 방식으로 분식을 수행한 것은 아니라는 점을 이러한 측면에서도 엿볼 수 있다. 아래는 이러한 내용을 기술한 2008년 재무제표에 대한 안진의 감사보고서의 관련된 부분이다.

> 본 감사인의 의견으로는 개발비 및 충당부채에 대하여 만족할 수 있는 감사를 실시했더라면 발견할 수 있었던 수정사항의 영향을 제외하고는 상기 재무제표는 쌍용자동차 주식회사는 2008년 12월 31일 현재의 재무상태와 동일로 종료되는 회계연도의 경영성과 그리고 결손금 및 자본의 변동과 현금흐름의 내용을 대한민국에서 일반적으로 인정되는 회계처리 기준에 따라 중요성의 관점에서 적정하고 표시하고 있습니다.

이와 같이 법원이 위촉한 감정인의 의견이 수용되지 않는 건에 대해서 고등법원의 한 부장판사의 의견이다.

> 일반적으로 손해배상 사건을 심리하는 구조는 거칠게 말하면 첫째 책임의 존재 인정, 둘째 손해액수의 결정이라는 두 단계 구조이다.
> 여기서 당초에 책임이 인정되지 않는다면 손해액수는 문제가 되지 않는다(설계에 따르지 않고 부실 시공됐다고 주장해서 손해배상청구를 했는데 알고 보니 설계가 변경됐고 시공은 그에 따라 됐다면 책임이 인정되기 쉽지 않을 것이다).
> 그렇지만 마지막 판결 선고 전까지는 책임이 인정될지 아닐지 모르는 상태에서 어쨌든 원고는 손해액수에 대해 가능한 한 많은 금액을 주장하고 피고는 그 액수를 줄이기 위해 주장한다. 이런 경우 그 금액에 영향을 미치는 여러가지 변수가 있다.
> 예컨대 설계변경이 없었다는 주장, 설계변경이 있었다 하더라도 원고가 승인한 것이 아니라는 주장, 설계변경에 따르더라도 여전히 부실시공된 부분이 있다는 주장, 그 불일치 중 일부는 오히려 개선된 것이므로 손해가 아니라는 주장, 일부는 이미 손해가 변제됐다는 주장, 손해산정의 기준시점에 관한 주장, 단가나 회계원칙에 관한 주장, NPV에 도달하기 위한 discounting rate에 대해 어떤 이율을 적용할지에 대한 주장 등등 무수히 많은 주장이 있고 이 모든 것들이 손해액 결정에 영향을 미친다.
> 이런 상태에서 감정인에게 감정을 명하게 되면 재판부는 감정에 대해 이런 저런 조건을 제시하면서 각 조건이 만족되는 경우와 그렇지 않은 경우를 나누어서 감정가를 모두 계산해서 제출하도록 한다.
> 따라서 감정의견이 있더라도 그 전제가 되는 여러 사실관계가 인정돼야 그에 해당되는 감정가가 의미를 가지는 것이고 사실관계가 인정되지 않는다면 감정가가 낮아지거나 심지어 무용하게 되는 경우도 자주 있다. 재판 실무에서 이것은 전혀 놀라운 일이 아니며 세계 어느 나라의 재판에서도 이것은 마찬가지이다. 미국에서는 이런 소송 구조를

bifurcation of liability & damages라고 표현한다.

이런 경우에도 어쨌든 믿을 수 있는 전문가의 의견이나 계산이 필요하기 때문에 감정은 하게 되며 감정이 불필요했던 것은 아니다.

물론 때로 감정이 불필요할 정도로 책임이 인정되기 어려워 보이는 사건도 있지만 그런 사건에서도 원고는 감정을 해야 한다고 고집하며 감정 절차를 책임입증을 위한 기회로 사용하기도 한다. 재판부나 사건 당사자들의 심증에 사실상의 영향을 미칠 수 있는 기회로 쓰는 것이다. 이것은 특히 미국과 같이 배심재판을 하는 경우 손해배상소송에서 직접 사건과 관련 없는데도 무리하게 관련성을 주장하며 피해자의 동영상 등을 보여주거나 막대한 손해액수를 보여줌으로써 배심원들의 심증에 영향을 미치려는 시도와 비슷한 것이며, 인간의 심리 중 framing 또는 anchoring이라고 하는 편향 오류를 이용하려는 시도이다. 이런 인간 인식의 오류는 판사들에게는 잘 알려져 있다.

위의 부장판사의 의견과 같이 감정인의 전문가 의견을 고려하지 않았다고 해서 문제가 되는 것은 아니다. 재판의 최종적인 의사결정 권한은 사법부에 있고 감정인도 재판과정에서의 조력자에 불과하다.

감독원이 분식이 아니라고 판단한 내용에 대해서 사법부가 분식이라고 판단하였다는 점이 감독원의 입장에서는 조금 난감할 수도 있는데 이는 다음과 같이 생각할 수 있다. 감독원은 사법부의 분식회계 판단에 기초하여서는 감리를 수행할 수가 없으며 유형자산 손상차손의 과대계상과 단종차종의 향후 예측 자동차판매량이 과소평가된 결과라는 2심의 내용이 대법원에서 확정된 경우라도 소송결과가 아닌 노조 등의 민원제기 등에 의해서만 감리가 진행될 수 있다. 이는 3권 분립의 정신과도 부합하는 것이다.

다만, 민사소송은 자유심증주의로서 판사의 재량이 많은 편이나 감리의 경우 행정처분으로서 민사소송보다는 엄격한 증거를 제시하여야 하고(증거주의), 논란이 된 부분이 추정과 관련되어 있어 감리를 실시하더라도 회사의 회계처리기준 위반을 지적하기는 쉽지 않을 수 있다.

"10원도 맞춰야 하는 회계, 쌍용차는 숫자 제각각"

판결 이끈 김경율 회계사

김경율 참여연대 회계사(45)는 지난해 10월 중순 한상균 전 금속노조 쌍용차지부장과 술잔을 기울였다. 쌍용차 회계조작 의혹에 대해 '사실무근'이라고 결론내린 최종학 서울대 경영학과 교수의 특별감정보고서가 나온 직후였다.

"한 전 지부장이 '나는 더 이상 자살하는 사람이 나오지 않도록 다독이는 분위기'라고 말했다. 그때가 가장 밑바닥이었다. 나는 그날 '회계 쪽은 내가 책임지겠다. 걱정하지 말라'고 약속했다."

김 회계사는 지난 6일도 무거운 맘으로 밤을 꼬박 새웠다. 서울고등법원의 쌍용차 해고무효 소송 판결 전날이었다.

"변호사들이 이기기 어려울 것 같다고 하고, 해고자들도 큰 기대를 하지 않고 있었다. 재판이 공정하게 진행돼왔기 때문에 이번에 지면 '더 이상 무얼 해야 하나', '내가 잘못 생각한 건 아닐까' 하는 생각들로 잠을 잘 수가 없었다."

쌍용차 정리해고 노동자 '해고 무효' 판결의 출발점이 된 회계조작 문제를 2009년부터 파헤쳐 온 김경율 회계사가 9일 서울 덕수궁 대한문 앞에서 경향신문과 인터뷰하고 있다. 한때 쌍용차 희생자 천막 빈소가 차려졌다 철거된 덕수궁 앞에서는 쌍용차 노동자들이 국정조사를 촉구하는 가두서명을 받고 있다.

자료 파고들다 오류 찾아내… 금감원 간부 보더니 손 떨어

법원 감정인 최종학 교수는 1,000억을 미미한 차이 치부

회계법인과 고객사는 '갑을'… 손실 과다계상 사례 많을 것

이튿날 '혹시' 하며 지켜본 결과는 예상을 뒤엎었고 김 회계사는 한 전 지부장과의 약속을 지킬 수 있었다. 대전에서 밀린 업무를 하고 있던 그는 승소 소식을 듣고 곧바로 경기 평택으로 향했다. 쌍용차 해고자와 가족 30~40명이 노조 사무실 뒤편 공터에서 연 조촐한 파티에 참석했다. 쌍용차 노동자들의 파업과 자살·재활 이야기를 담은 책 < 의자놀이 > 를 쓴 공지영 작가가 50인분 이상의 쇠고기 선물을 보내 파티상은 풍족했다. 김 회계사는 "정말 기분 좋았다. 쌍용차 노조에 희망적인 일은 이번이 처음"이라며 "개인적으로도 많이 외롭고 힘들었는데 재판부로부터 보상을 받은 기분이었다"고 말했다. 그날 끝없이 오가는 술잔과 대화에 그는 많이 취했다.

김 회계사는 1·2심에서 뒤집힌 판결의 핵심인 회계 문제를 2009년 파업 당시 처음으로 제기했고, 지난해 6월에는 안진회계법인의 2008년 말 쌍용차 회계감사 보고서와 그 기초 자료인 조서 내용이 서로 다르다는 결정적인 회계 부실 정황을 밝혀냈다. 쌍용차 해고무효 판결이 나오기까지 '숨은 주역'인 그는 "말도 안 되는 회계로 시작돼 엄청난 피해와 해고 사태를 빚은 과정이 여실히 드러났다"면서 "이제는 쌍용차와 안진회계법인의 회계조작 여부, 금융감독원의 부실 감리 등에 대해 규명해 나가야 한다"고 말했다.

- 쌍용차 해고 문제에 관여한 것은 언제부터인가.

"15년 전쯤부터 참여연대에서 재벌의 부당거래 등에 대해 감시활동을 해왔다. 파업 중이던 2009년 7월 쌍용차 노조가 회계 처리의 문제점이 있는지 봐달라고 해서 들여다보기 시작했다. 그때 (파업을 앞두고 다시 나온) 삼일회계법인 조사보고서가 자산가치를 저평가했다는 점을 제기했고 2012년까지 회계조작 의혹의 주된 근거가 됐다."

- 신차 생산 없이 기존 차종을 단종시킨다는 전제로 유형자산 가치를 낮춘 것이 회계 문제의 핵심이다. 어떻게 알게 됐나.

"지난해 3월 회의할 때 노조 간부가 안진의 감사조서를 손에 쥐고 있었다. 쌍용차가 1심 재판부에 제출한 자료인데 그때 처음 봤다. 의혹을 밝혀낼 주된 단서였다. 하지만 재판부에 제출된 자료인데도 식별이 불가능하고 조서엔 필수적인 레퍼런스(참고)가 없었다. 마치 훼손된 조선시대 비문을 복원하듯이 자료를 파고들다가 유형자산을 평가하면서 모든 차종이 공통으로 쓰는 자산을 제로(0)로 한 부분을 찾아냈다. '잡았다' 싶었고, 전율이 왔다."

- 지난해 6월 심상정 정의당 의원을 통해 이런 사실이 알려졌다.

"발표 전에 심 의원실에서 회계감사를 감리했던 금융감독원 국장을 불렀는데, 자료를 보는 그 국장의 손이 덜덜 떨리더라. 이때 눈치를 챘다. 전혀 다른 얘기가 이제 시작되는구나, 이걸로 됐다고 생각했다."

- 하지만 소송 과정에서 노조와 쌍용차가 함께 선임한 최종학 서울대 교수의 감정 결과는 달랐다.

"최 교수의 감정 결과가 나온 이후에 변호사들과 함께 모였는데 그때는 '이제 끝났다'는 분위기였다. 정말 바닥이었다. 한상균 전 지부장이 술 한잔하자고 해서 만났더니 '자살하지 말자고 다독이는 분위기'라고 하더라. 나는 포기하지 말고, 회계 쪽은 내가 끝까지 책임지겠다고 약속했다."

- 쌍용차는 상고 입장을 밝혔다. 대법원에서 뒤집힐 수도 있지 않나.

"판결문의 회계 부분을 보고 깜짝 놀랐다. 한국 회계사들 중에서 이런 정도 수준으로 쓸 수 있는 비율은 5% 정도밖에 안 될 것이다. 전문가인 내가 써도 열흘은 걸릴 것 같은데 판사가 썼다는 게 믿기지 않았다. 논리적이고 구체적인 숫자로 뒷받침된다. 이걸 배척하기는 힘들 것으로 본다."

– 회계가 조작됐다고 보나.

"감사조서와 감사보고서, 1·2심에 각각 제출된 감사조서, 금감원에 제출된 조서 등의 숫자가 모두 다르다. 10원 단위까지도 맞춰야 하는 게 회계다. 예를 들어 감사조서와 감사보고서에서 1,600만원의 차이가 나는 것을 단순 오류로 치부하고 최 교수의 감정보고서에서는 1,000억원이 넘는 돈을 미미한 차이라고 해버렸다. 회계조작을 드러내지 않으려고 하다 보니 곳곳에서 숫자가 일치하지 않는 결과로 나타난 것 같다. 제대로 감리하지 못한 금감원에는 재감리를 요구하고 책임을 물어야 한다."

– 회계법인의 공정성이 문제될 상황이다.

"정리해고 요건인 긴박한 경영상 위기를 입증하는 가장 대표적 문구가 자본잠식이다. 결국 회계상 손실의 과대 계상 문제가 핵심이다. 회계법인과 고객인 회사는 일종의 갑을 관계다. 실제로 대기업 감사를 하면 아예 자료를 주지 않다가 철수하기 직전에야 던져준다. 회사 자료를 그대로 받아 적을 수밖에 없다. 회사 입장에서는 회계법인이 깐깐하게 하면 업체를 바꿔버리면 된다고 생각한다. 정리해고 과정에서 부실한 회계감사가 광범위하게 기초자료로 작용하고 있는 것으로 봐야 한다."

– 고법 판결을 보며 생각과 소회가 남달랐을 듯하다.

"쌍용차 사건을 맡으면서 까닭 없이 많이 울었다. 특히 최 교수의 감정보고서가 나온 후에는 매일 잠이 오지 않았다. 누구 하나 이길 것이란 사람이 없었고 가망 없다고 말하더라. 이번 판결이 나올 때까지 너무 힘들었다. 스스로는 절대 질 리가 없다고 생각했고, 지더라도 평생 이 문제를 안고 싸우겠다고 다짐하고 또 다짐했다. 재판부가 힘든 과정을 보상해준 것 같다. 희망을 봤고, 앞으로의 삶은 이전과 다를 것 같다."

경향신문. 2014.2.9.

회계에서 중요성 기준이라는 것이 현실적인 제약점이다. 중요한 금액의 차이만이 회계에서는 문제가 된다. 1,600만원이 큰 금액이지만 이러한 금액은 항상 상대적인 크기의 잣대로 판단되어야 한다.

예를 들어 삼성전자의 자산이 200조를 넘어섰다. 자산 규모 200조를 넘는 기업에서 1,000억원의 자산의 오류는 0.0005 즉, 0.05%의 상대적인 크기 규모이다. 중요성의 기준이 회계기준이나 감사기준에서 수치적으로 정의되고 있는 개념은 아니지만 2008년 쌍용의 자산은 1조 7,052여 억원, 매출은 2조 4,952억원이다. 따라서 1.7조원의 자산 규모인 기업에서의 중요성이란 자산 또는 매출의 상대적인 금액의 크기여야 한다.

외감법개정, 비례책임제도의 도입

chapter

02

외감법(주식회사의 외부감사에 관한 법률) 1조(목적)는 다음과 같이 규정되어 있어서 회계정보의 1차 책임자인 기업보다도 감사인이 주된 책임이 있는 듯이 기술되어 있다.

> 이 법은 주식회사로부터 독립된 외부의 감사인(監査人)이 그 주식회사에 대한 회계감사(會計監査)를 실시하여 회계처리를 적정하게 하도록 함으로써 이해관계인의 보호와 기업의 건전한 발전에 이바지함을 목적으로 한다.

회계처리를 적정하게 '하도록 함'으로써의 의미는 외부의 힘에 의해서 적정하게 하라는 뜻인데, 회계처리의 주체가 감사인이 아니고 기업이므로 뭔가 외감법의 목적부터 주객이 바뀐 것은 아닌지에 대한 의문을 가질 수 있다. 이 법안은 1980년대 제5공화국의 초반 국보위시절 입안된 내용으로 정부 주도로 진행되었다.

즉, 감사과정을 통해서 회계정보의 적정성을 이루겠다는 간접적인 의미가 담겨 있다고 할 수도 있다. 감리도 감사보고서 감리와 품질관리감리로 구분될 수 있는데 감사보고서 감리라는 것이 감사보고서를 통해서 재무제표의 잘못된 부분을 찾아내겠다는 의도이다.

이러한 이유에서 최근에 와서는 이 법의 명칭을 '주식회사 등의 회계 및 외부

감사에 대한 법률'로 명칭을 변경하는 논의가 진행되고 있다. 이 법에 '회계'라는 명칭을 포함한다는 것은 위에 지적된 문제를 해결할 수 있다.

따라서 현재 진행되는 분식회계/부실감사에 대한 기업, 감사인, 공인회계사에 대한 조치도 불균등하게 분식을 범한 기업에 대한 조치에 비해서 감사인이나 공인회계사에 대한 조치가 과중하게 진행된다는 주장도 있다. 이는 회계정보의 공시의 주된 책임을 가지고 있는 회사가 종된 책임을 지는 듯한 모습을 보이는 것이다. 동시에 회계 전문가인 감사인, 공인회계사를 통제함으로 이들이 기업의 회계를 통제할 것이라는 순차적인 논리도 가능하다.

즉, 감사인과 공인회계사에 대한 제재 권한을 이용하여 투명하고 공정한 회계가 이러한 제재를 통해서 부차적으로 쫓아올 것이라는 논리도 적용되었다.

회계와 관련된 법안은 외감법, 공인회계사법, 자본시장법이 근간을 이룬다. 그중에서도 감사와 관련되어 가장 중요한 법률이 외감법인데 외감법의 1조의 목적 자체에 대해서도 논란이 있을 수 있다.

위의 논의 관련되어서는 금융기관이 과연 어느 정도까지 제출된 재무제표를 검증할 수 있는 위치에 있는지에 대해서는 아래의 신문기사를 참고할 수 있다.

단, 규모가 크지 않는 기업의 회계부정의 건인 경우, 기업의 영세성 때문에 회계전문가가 없어서 오류가 발생하였고 그래서 기업의 잘못은 인정하지만 회계전문가 집단이라고 하는 회계법인은 뭘 하고 있었는지라고 논리가 전개되면 감사인은 책임을 면하기 어렵게 된다.

금융기관은 감사인이 아니기 때문에 재무제표의 적정성의 파악에 한계가 있다는 것은 사실이다. 단, 일반적인 투자자에 비해서 금융기관이 재무제표를 판독하고 이해할 수 있는 능력이 뛰어난 것 또한 사실이다.

이종구 의원이 17대 국회에서 발의한 내용은 입법화되지 못하였다. 의원입법으로 국회상임위원회를 통과한 후 국회 본회의를 통과되지 못하면 자동으로 폐기되는데 입법 성공 여부를 떠나서 우리가 고민할 내용을 담고 있다.

외감법개정안 통과
기관투자자 – 권한 책임 별개 적용 불합리
회계법인 '감사인 입증 책임은 과잉규제'

은행과 보험 등 기관투자자들은 이번 외감법 개정으로 부실회계에 대한 입증책임을 지게 되자 권한과 책임의 조화측면에서 앞뒤가 맞지 않는다고 반발하고 있다.

회계법인과 달리 회계자료 제출 요구권이나 재산상태에 대한 조사권은 물론 기업의 감사 과정에서 취득할 수 있는 각종 정보, 이른바 감사조서에 대한 접근권이 전혀 없는데도 앞으로 부실 피해가 생길 경우 입증책임을 묻도록 하는 것은 비합리적이라고 주장하고 있다.

이에 대해 공인회계사 업계는 기관투자자는 일반 개인투자자와 달리 고도의 전문성을 갖고 있어 감사보고서의 해독 능력이 있는 만큼 감사인에게 입증책임을 물리는 것은 과잉규제라고 맞서고 있다. 또한 민법이나 상법상으로도 손해배상소송에서 인과관계에 대한 입증책임은 원고가 지는 것이 원칙이라고 덧붙였다. (저자 추가: 여기서 원고라 함은 투자 손실을 입은 금융기관이 소송을 제기했을 경우)

하지만 기관투자자들은 감사권한이 없는데 입증책임을 부담하는 것은 형평성에 맞지 않는다고 반박했다. 이들은 '최근 의료사고에 대한 대법원 판례에서도 의료행위 등 전문직 행위의 부실책임은 환자가 아닌 의사가 져야 한다고 판결하고 있다'며 '특별한 전문가만이 권한과 정보능력을 갖고 있다면 민법의 원고 입증 책임 부담은 부당하다'고 주장하고 있다.

특히 기관투자자는 회계법인의 부실 입증에 필요한 감사조서에 대한 접근권이 없기 때문에 소송을 하지 않고서는 알 길이 없고 소송을 한다 하더라도 입증책임이 있어 승소 가능성도 낮다고 지적했다.

기관투자자 중에서도 입증책임 부담에서 자산운용사, 증권 등은 빠져 있고 은행, 보험 등만이 들어가 있는 것도 이해하기 힘들다는 지적이다. 입법발의를 한 이종구 의원 측은 '은행, 보험 등은 대출 금융기관이기 때문에 대출시 거래 기업의 정보 취득이 용이하고 이에 따라 입증 책임을 지게 했다'고 설명하고 있다.

서울경제신문. 2008.2.22.

해당 기업을 조사할 수 있는 권한과 관련되어서는 최근의 이슈가 되고 있는 신용평가업(chapter 20의 내용)에서도 기술한다.

입증책임을 어느 경제주체가 지는지는 재판의 결과에 심대한 영향을 미칠 수 있다. 이는 무엇을 입증한다는 것이 결코 쉽지 않으며 시간과 자원을 많이 필요로 하는 작업이다.

반면에 회계자료 제출권이나 재산상태에 대한 조사권을 가지고 있는 감사인들도 아래의 신문 기사에서와 같이 실명을 확인할 수 없다고 해서 업무에 한계를 느낀다고 한다.

강성원 한국공인회계사회 신임 회장

강회장은 감사인의 독립성을 다시 한 번 강조하면서 "금융실명법의 예외 조항에 감사인을 포함시킴으로써 감사의 실효성을 높일 수 있어야 한다"고 주장했다. 현재는 감사과정에서 회계법인은 금융실명제법 상 실명을 확인할 수 없고 금융감독원 등 일부 관계자만이 알 수 있다.

매일경제신문. 2012.7.3.

주식회사의 외부감사에 관한 법률 등 개정. Feb. 2014. 금융팀

국회는 2013. 12. 19. 「주식회사의 외부감사에 관한 법률(이하 "외감법")」 개정안을 가결하였는데,* 개정안의 주요 내용은 ① 재무제표 작성 및 제출 의무 강화, ② 분식회계에 대한 책임자의 범위 및 증권선물위원회의 조치권한 확대와, ③ 외부감사인 등의 손해배상책임 제한 등입니다. 또한, 이와 같은 외감법 개정에 따라 「자본시장과 금융투자업에 관한 법률(이하 "자본시장법")」의 외부감사인 등의 손해배상책임관련 조항도 외감법 개정 취지에 따라 개정되었습니다(자본시장법 개정안 2013. 12. 31. 국회 본회의 가결).**

---

* 참고로, 유한회사 등으로 적용 대상을 확대하는 내용의 외감법 개정안은 현재 국회 계류 중이며, 아직 통과되지 않았습니다.

** 자본시장법 규정 중 외부감사인 등의 손해배상책임 관련 조항(제115조, 제170조, 제241조)이 외감법 개정 내용(외부감사인 등의 책임 제한)에 부합하도록 개정되었습니다.

1. 회사의 재무제표 작성책임 및 제출의무 강화

개정 전의 법률에 의하면 재무제표 작성 책임자가 누구인지가 불명확하였으나, 이를 회사의 대표이사 및 회계담당이사(또는 회계업무 담당 직원)로 명시하였고(외감법 제7조 제1항), 정기주주총회 6주 전에 재무제표를 감사인에게 제출하는 동시에 증권선물위원회(한국거래소에 위탁)에도 제출하도록 하였습니다(외감법 제7조 제2항). 이 개정 규정은 2014. 7. 1.부터 시행될 예정이므로 2014회계연도 재무제표부터 적용됩니다.

2. 분식회계 책임자의 범위 및 증권선물위원회의 조치권한 확대

이번 개정으로, 분식회계 등으로 증권선물위원회로부터 해임권고 등의 조치를 받거나 동법 위반으로 형사처벌(7년 이하의 징역 또는 7천만 원 이하의 벌금)을 받는 대상자에 상법상 업무집행지시자[***]가 추가되었습니다(외감법 제16조 제2항 및 제20조 제1항). 또한, 증권선물위원회가 회계처리기준 위반사항에 대한 시정을 요구할 수 있도록 하였습니다(외감법 제16조 제2항).

[***] 업무집행지시자는 회사에 대한 자신의 영향력을 이용하여 이사에게 업무집행을 지시한 자, 이사가 아니면서 명예회장·회장·사장 등 기타 회사의 업무를 집행할 권한이 있는 것으로 인정될 만한 명칭을 사용하여 회사의 업무를 집행한 자 등을 뜻하는데(상법 제401조의2 제1항), 회사에 대한 영향력을 행사하는 전형적인 예는 다수의 주식을 보유한 지배주주가 주주총회를 지배하여 선임한 이사를 통하여 간접적으로 회사의 경영에 영향력을 행사하는 경우입니다.

3. 손해배상 비례책임제도 도입

외부감사인 등은 고의가 없었으나 결과적으로 부실감사가 발생한 경우 법원이 귀책사유에 따라 정하는 책임비율의 범위까지만 손해배상책임을 부담하게 되었습니다(외감법 제17조 제4항 단서). 다만, 소득액이 일정 수준 이하인 피해자에 대하여는 다른 손해배상책임자와 연대하여 손해배상책임을 부담하고, 손해배상책임자 중 일부가 배상할 능력이 없는 경우에는 법원이 정한 각자 책임비율의 50% 범위에서 손해액을 추가로 배상할 책임이 있습니다(외감법 제17조 제5항 및 제6항). 손해배상책임 제한관련 개정 규정은 개정법률의 시행일(2013. 12. 30.) 후 최초로 시작되는 사업연도에 대한 재무제표 및 감사보고서부터 적용됩니다.

화우 legal update. 2014.2

이를 정리하면 자본시장법/외감법 개정 전은 연대책임, 즉, 무한책임을 적용하였는데 개정한 이후는 원칙적으로 비례책임 제도가 적용되며 예외적으로 연대책임이라고 이해하면 된다.

소득액이 일정 수준이하인 피해자는, 즉, 소득인정액이 1억원 이하인 경우는 연대책임이라고 이해할 수 있다. 따라서 거의 모든 경우에 대해서 비례책임제도가 도입되었다고 이해하면 된다.

1억원은 국민기초생활보장법에 따른 소득인정액(소득평가액＋재산의 소득환산액)이다.

외감법에 의하면 회계사는 고의는 연대책임이고 과실 또는 중과실이면 비례책임이라고 하였는데 어지간하면 고의로는 구분되지 않는다. 따라서 연대책임이 적용될 경우는 거의 희박할 수 있고 따라서 거의 비례책임이 적용된다고 보면 된다.

외감법 제7조(재무제표의 작성 책임 및 제출) ① 회사의 대표이사와 회계담당 이사(회계담당 이사가 없는 경우에는 회계업무를 집행하는 직원을 말한다)는 해당 회사의 재무제표(연결재무제표를 작성하는 회사의 경우에는 연결재무제표를 포함한다. 이하 이 조에서 같다)를 작성할 책임이 있다.

② 회사는 해당 사업연도의 재무제표를 작성하여 대통령령으로 정하는 기간 내에 감사인에게 제출하여야 한다.

③ 주권상장법인인 회사 및 대통령령으로 정하는 회사는 제2항에 따라 감사인에게 제출한 재무제표 중 대통령령으로 정하는 사항을 대통령령으로 정하는 바에 따라 증권선물위원회에 동시에 제출하여야 한다.

④ 회사의 감사인은 해당 회사의 재무제표를 대표이사와 회계담당 이사를 대신하여 작성하거나 재무제표 작성과 관련된 회계처리에 대한 자문에 응하는 등 대통령령으로 정하는 행위를 하여서는 아니 된다.

외감법 제16조의2(위반행위의 공시 등) ① 증권선물위원회는 회사 또는 감사인이 다음 각 호의 어느 하나에 해당하면 금융위원회가 정하는 바에 따라 그 위반사실이 확정된 날부터 3년 이내의 기간 동안 해당 위반사실을 공시할 수 있다.

1. 제13조에 따른 회계처리기준을 위반하여 재무제표 또는 연결재무제표를 작성한 경우
2. 감사보고서에 기재하여야 할 사항을 기재하지 아니하거나 거짓으로 기재한 경우
3. 그 밖에 이 법 또는 금융 관련 법령을 위반한 경우

② 증권선물위원회는 제15조 제1항에 따라 행한 감사보고서의 감리결과 및 이에 대한 증권선물위원회의 조치내용을 금융위원회가 정하는 바에 따라 인터넷 홈페이지에 게시하고 거래소(대상회사가 주권상장법인인 경우만 해당한다)와 대통령령으로 정하는 금융기관에 각각 통보하여야 한다. 〈개정 2013.5.28, 2013.12.30〉

외감법 제17조 (손해배상책임) ④ 감사인이 회사 또는 제3자에게 손해를 배상할 책임이 있는 경우에 해당 회사의 이사 또는 감사(감사위원회가 설치된 경우에는 감사위원회 위원을 말한다. 이하 이 항에서 같다)도 그 책임이 있으면 그 감사인과 해당 회사의 이사 및 감사는 연대하여 손해를 배상할 책임이 있다. <u>다만, 손해를 배상할 책임이 있는 자가 고의가 없는 경우에 그 자는 법원이 귀책사유에 따라 정하는 책임비율에 따라 손해를 배상할 책임이 있다.</u> 〈개정 2013.12.30〉

⑤ 제4항 단서에도 불구하고 손해배상을 청구하는 자의 소득인정액(「국민기초생활보장법」 제2조 제8호에 따른 소득인정액을 말한다)이 대통령령으로 정하는 금액 이하에 해당되는 경우에는 감사인과 해당 회사의 이사 및 감사는 연대하여 손해를 배상할 책임이 있다. 〈신설 2013.12.30〉

⑥ 제4항 단서에 따라 손해를 배상할 책임이 있는 자 중 배상능력이 없는 자가 있어 손해액의 일부를 배상하지 못하는 경우에는 같은 항 단서에도 불구하고 같은 항 단서에 따라 정하여진 각자 책임비율의 100분의 50 범위에서 대통령령으로 정하는 바에 따라 손해액을 추가로 배상할 책임을 진다. 〈신설 2013.12.30〉

외감법 17조의 손해배상책임에 있어서 회사는 빠져 있고 회사의 이사와 감사만 포함되었다. 이들은 실질적인 경영의사 결정을 수행하는 대리인으로서의 책임을 지는 것이다.

2009년 2월 3일 개정된 구 외감법 제17조 (손해배상책임)의 4항은 아래와 같다.

구 외감법 제17조(손해배상책임) ④ 감사인이 회사 또는 제3자에게 손해를 배상할 책임이 있는 경우에 해당 회사의 이사 또는 감사(감사위원회가 설치된 경우에는 감사위원회위원을 말한다. 이하 이 항에서 같다)도 그 책임이 있으면 그 감사인과 해당 회사의 이사 및 감사는 연대하여 손해를 배상할 책임이 있다.

신규 외감법 제17조 밑줄 친 부분은 수년 동안 비판의 대상이 되었던 연대책임제도에 대한 대안으로 비례책임제가 법안으로 도입된 경우이다. 즉 구법의 제17조 제4항에는 연대책임만 규정이 되어 있지 비례책임에 대해서는 전혀 언급되어 있지 않다.

실질적으로 이러한 외감법 개정안이 2013년 12월 30일 통과되기 이전에도 최근에 법원에서 내려진 판결을 보면 이미 비례책임제의 방향으로 판결되는 경우가 다수 존재하였다. 다만, 이러한 부분 책임이 사법부의 주관적인 판단에 의해서 수행된 것이고 이제부터는 법에 근거하여 이러한 판결이 수행되는 것이다. 다음의 판결을 보면 이러한 내용이 명확해 진다.

'부실감사' 삼일회계법인 법원 "140억 배상금 내라"

"외부 감사인 책임 다 못해… 손해본 투자자 137명에 지급"

국내 최대 회계법인인 삼일회계법인이 코스닥 상장 기업의 분식 회계를 제대로 감사하지 못한 책임을 지고 투자자들에게 거액의 손해배상금을 지급하라는 판결이 나왔다.

서울중앙지법 민사21부(재판장 최승록)는 컴퓨터 소프트웨어 개발 판매 업체인 포휴먼의 투자자 137영이 "삼일회계법인이 작성한 감사보고서를 보고 투자했다가 손해를 봤다"
며 이모씨 등 회사 대표와 삼일회계법인 등을 상대로 낸 손해 배상 소송에서 "이씨 등은
투자자에게 총 384억원을 지급하고, 이중 삼일회계법인은 140억원을 지급하라"고 판결
했다고 17일 밝혔다.

판결문에 따르면 이씨는 포휴먼의 경영 전반을 총괄하면서 계약서 등을 위조해 허위
매출을 만들어 회사 주가를 높이려고 했다. 그 후 이씨는 회사 자금 100억여 원을 횡령
하고 허위 재무제표를 작성한 혐의 등으로 지난해 기소해 현재 재판을 받고 있다.

삼일회계법인은 "포휴먼 임직원들이 조직적으로 공모하고 관련 서류를 위조해 분식 회
계 사실을 발견할 수 없었다"고 주장했지만 재판부는 "삼일회계법인은 외부 감사인으로
서 최소한의 의무를 다하지 못한 책임이 인정된다"고 밝혔다.

재판부는 "투자자들이 허위로 기재된 사업보고서만 의존해 투자를 판단했다고 보기 어
렵고, 삼일 회계법인은 포휴먼 임직원의 조직적인 공모로 분식회계를 쉽게 적발하기 곤란
했던 점으로 보여 삼일회계법인의 책임을 손해액 470억원의 30%로 제한한다"고 밝혔다.
삼일회계법인은 판결에 불복해 지난 13일 항소했다.

조선일보. 2013.11.18.

위의 판결문에서의 금액을 구분해 보면 회사에 244억원, 삼일회계법인의 책
임을 140억원으로 보고 있다. 손해공평부담의 원칙이 적용되었다고도 할 수 있다.

흥미로운 점은 구 외감법이나 개정된 외감법은 감사인과 이사 및 감사(또는
감사위원)에게 연대 책임을 묻고 있는데 포휴먼의 경우는 이사 및 감사에게 책임을
물은 것이 아니라 대표이사에게 전적인 책임을 물은 것이다.

아래의 경우는 2005년에 대법원에서 최종 확정된 널리 알려진 소송의 case
로, 그 소송의 대상이 대표이사 뿐만 아니라 이사에까지 확장된 경우이다. 그러나
회사 측에서 누가 원고가 되는지는 의사결정의 주도권이 누구에게 있는지에 의해
서 결정될 듯하다. 포휴먼과 같이 상장기업이지만 코스닥 상장기업으로서 이사회
보다는 대표이사 1인(아마도 최대주주)에게 주도적인 의사결정 권한이 있다고 하면
대표이사 1인이 원고가 될 확률이 높을 것이다. 반면에 기업지배구조가 잘 정착된
기업으로 이사회가 실질적으로 경영의사결정을 주도하였다고 하면 이사회의 등기
이사가 피고가 되는 것이 더 적합할 것이다.

손해의 공평 책임이라는 개념은 이사의 책임한도에서 가장 두드러지게 나타난다. 가
장 최초로 판결에 등장한 것은 삼성전자 대표소송 제2심이었는데, 회사의 손해를 600

억원이라고 한 다음 손해 분담의 공평에 근거하여 이사의 손해배상책임을 그 20%인 120억원으로 결정하였고 그후 대법원에도 승인하였다.

이는 1994년 12월에 삼성종합화학 주식을 염가에 매각하고 1,480억을 투자자산처분 손실로 인식한 건에 대한 손해배상소송을 지칭한다. 단순히 책임을 감경하는 것에서 그 치지 않고 손해발생에 대한 기여도에 따라 이사의 손해배상책임을 서로 다르게 정하기 도 하는데, 회계법인의 책임과 관련하여 흔히 주장되는 비례적 책임과 실질적으로 비슷 한 기능을 할 것으로 기대되는 내용이다.

자본시장법 제 125조 제1항 제3호는 "허위기재된 증권신고서의 기재사항 또는 그 첨 부서류가 진실 또는 정확하다고 증명하여 서명한 공인회계사 감정인 또는 신용평가를 전문으로 하는 자" 등 (그 소속단체를 포함한다)을 공모 발행과 관련된 손해배상의 주체 로 규정하고 있으며, 외감법 제17조 제2항은 "감사인이 중요한 사항에 관하여 감사보고 서에 기재하지 아니하거나 거짓으로 기재를 함으로써 이를 믿고 이용한 제3자에게 손해 를 발생하게 한 경우" 그 감사인에게 손해배상을 인정한다.

손성규 저, 「회계환경, 제도 및 전략」, Chapter 83

위의 125조는 발행공시에 해당된다.

20조(벌칙)의 제1항에서 5년을 7년으로, 5천만원을 7천만원으로 개정하였다. 이는 감사조서의 보관기간을 최근 8년으로 연장되는 점과 같은 맥락으로 이러한 부문의 규제는 지속적으로 강화되고 있다.

외감법 제20조(벌칙) ① 「상법」 제401조의2 및 제635조 제1항에 규정된 자나 그 밖 에 회사의 회계업무를 담당하는 자가 제13조에 따른 회계처리기준을 위반하여 거짓으로 재무제표 또는 연결재무제표를 작성·공시한 경우 7년 이하의 징역 또는 7천만원 이하 의 벌금에 처한다. 〈개정 2013.12.30〉

위의 내용 중에서, 정기주주총회 6주 전에 재무제표를 감사인에게 제출하는 동 시에 증권선물위원회(한국거래소에 위탁)에도 제출한다는 외감법 제7조 ③항의 내용 은 많은 논란을 거쳤던 내용이다.

이러한 제안의 초기시점에는 증권선물위원회에 제출하는 것으로 되어 있었으 나 기업들이 정부가 이러한 정보에 접근 가능하다는데 대해서 많은 부담을 느꼈 다. 이러한 과정에서 증선위에 제출하는 대신에 거래소에 위탁하는 대안이 제시되 었다.

일부 기업에서는 정기 주주총회 6주 전에 재무제표를 증선위에 제출한다는 것이 기업으로 하여금 시간적으로 많은 부담을 안게 되기도 한다.

특히나 다단계로 연결재무제표를 작성하여야 하는 기업일 경우, 종속기업의 연결재무제표가 작성되어야 이를 기초로 하여 다시 연결재무제표를 작성하여야 하는데 이 과정이 많은 시간을 필요로 할 수 있다.

별도 재무제표의 경우 원가법 또는 공정가치법을 적용하였고 대부분의 기업은 원가법을 선택하였는데, IAS 28에 의하면 별도재무제표에도 2016년 1월 1일부터는 지분법을 적용할 수 있다는 기준서의 exposure draft가 공개되었다. 물론 이 기준서가 적용된다고 하여도 얼마나 많은 기업이 별도 재무제표에 지분법을 적용할지는 알 수 없지만 회계는 점점 더 복잡해 지는 추세인데 잠정 재무제표까지를 보고해야 하는 기업의 고충을 충분히 이해할 수 있다.

외감법 제17조는 손해배상책임에 대해서 규정하고 자본시장법 제115, 제170, 제241조는 회계감사인의 손해배상책임에 대해서 규정한다.

개정 전후의 회계감사인의 손해배상책임을 비교하면 다음과 같다. 자본시장법 제115조, 제170조, 제241조 모두 회계감사인의 손해배상책임과 관련된 내용을 규정하고 있는데 제170조는 주로 손해배상금액과 관련된 내용을 규정하고 있고 제115조와 제241조는 손해배상책임을 지는 자에 대한 내용을 규정하고 있다.

제115조와 제241조를 비교하면 거의 같은 문구의 유사한 내용이기는 하지만 제115조는 신탁자산에 대한 감사를 지칭하므로 수익자에게 미친 손해를 의미하게 되며 책임의 배분 또한 신탁업자의 이사와 감사에 대한 연대 책임에 대해서 기술하고 있다. 제241조는 집합투자업을 수행하는 집합투자업자에 관련된 부분을 규정하고 있으므로 제115조와 같이 수익자에게 미치는 손해를 기술하는 것이 아니라 투자자에게 미치는 손해를 규정하고 있으며 투자회사의 감독이사, 집합투자업자의 이사, 감사에 대해서 언급하고 있다.

개정 전후를 비교하기 위해서 제115, 제170, 제241조 모두 신구 조문을 대비한다.

개정전 자본시장법 제115조(회계감사인의 손해배상책임) ① 회계감사인은 제114조 제3항에 따른 회계감사의 결과 회계감사보고서 중 중요사항에 관하여 거짓의 기재 또는 표시가 있거나 중요사항이 기재 또는 표시되지 아니함으로써 이를 이용한 수익자에게 손해를 끼친 경우에는 그 수익자에 대하여 손해를 배상할 책임을 진다. 이 경우 「주식회사의 외부감사에 관한 법률」제3조 제1항 제3호에 따른 감사반이 회계감사인인 때에는 그 신탁재산에 대한 감사에 참여한 자가 연대하여 손해를 배상할 책임을 진다.

② 회계감사인이 수익자에 대하여 손해를 배상할 책임이 있는 경우로서 그 신탁업자의 이사·감사(감사위원회가 설치된 경우에는 감사위원회의 위원을 말한다. 이하 이 항에서 같다)에게도 귀책사유가 있는 경우에는 그 회계감사인과 신탁업자의 이사·감사는 연대하여 손해를 배상할 책임을 진다.

③「주식회사의 외부감사에 관한 법률」제17조 제5항부터 제7항까지의 규정은 제1항 및 제2항의 경우에 준용한다.

재무제표 감리시 내부감시기구가 역할이 미흡한 경우 감사(감사위원)에 대하여 조치를 부과하여 감사(감사위원)에 대한 해임권고 등 행정조치 근거 도입하였다(외감법 개정 2013.12). 상법상의 감사가 이러한 이슈에 대해 전적으로 책임을 진다는 것을 이해할 수 있지만 비상근인 감사위원에게까지 이러한 책임을 지우는 것이 적절한지에 대해서는 고민해 보아야 한다. 단, 상법상의 감사가 맡아야 할 업무를 감사위원회가 대신하는 것이므로 이에 따르는 책임도 져야 한다고 생각할 수 있다.

사내이사와 사외이사에 상법상에 동일한 선관의 의무가 있기 때문에 동일하게 책임을 지도록 법에서 되어 있기는 하지만 실질적으로 법정에서 이들의 책임의 정도를 동일하게 보지 않는 경우도 있고, 2012년 4월에 개정된 상법에서 등기이사에 대해서는 급여의 6배, 사외이사에 대해서는 3배 등의 손해배상 한도금액을 두는 것을 논의하는 것과 같은 맥락이다.

개정 자본시장법 제115조(회계감사인의 손해배상책임) ① 회계감사인은 제114조 제3항에 따른 회계감사의 결과 회계감사보고서 중 중요사항에 관하여 거짓의 기재 또는 표시가 있거나 중요사항이 기재 또는 표시되지 아니함으로써 이를 이용한 수익자에게 손해를 끼친 경우에는 그 수익자에 대하여 손해를 배상할 책임을 진다. 이 경우「주식회사의 외부감사에 관한 법률」제3조 제1항 제3호에 따른 감사반이 회계감사인안 때에는 그 신탁재산에 대한 감사에 참여한 자가 연대하여 손해를 배상할 책임을 진다.

② 회계감사인이 수익자에 대하여 손해를 배상할 책임이 있는 경우로서 그 신탁업자의 이사·감사(감사위원회가 설치된 경우에는 감사위원회의 위원을 말한다. 이하 이 항에서 같다)에게도 귀책사유가 있는 경우에는 그 회계감사인과 신탁업자의 이사·감사는 연대하여 손해를 배상할 책임을 진다. 다만, 손해를 배상할 책임이 있는 자가 고의가 없는 경우에 그 자는 법원이 귀책사유에 따라 정하는 책임비율에 따라 손해를 배상할 책

임이 있다. 〈개정 2014.1.28.〉

③ 제2항 단서에도 불구하고 손해배상을 청구하는 자의 소득인정액(「국민기초생활보장법」 제2조 제8호에 따른 소득인정액을 말한다)이 대통령령으로 정하는 금액 이하에 해당되는 경우에는 회계감사인과 신탁업자의 이사 · 감사는 연대하여 손해를 배상할 책임이 있다. 〈신설 2014.1.28〉

④ 「주식회사의 외부감사에 관한 법률」 제17조 제6항부터 제9항까지의 규정은 제1항 및 제2항의 경우에 준용한다. 〈개정 2014.1.28〉

외감법과 자본시장법의 이 관련된 손해배상책임의 규정은 거의 동일한 내용을 규정하고 있다.

비례책임일 경우도 고의가 없는 경우로 그 적용을 한정하고 있다. 즉, 고의가 있을 경우는 과거의 연대책임을 묻겠다는 것인데 매우 예외적인 명백한 경우를 제외하고는 고의라고 위법동기를 구분하지는 않는다.

고의가 없다는 내용은 상법의 내용과도 연관된다. 회계법인에 대한 제재 수위에 따른 보험회사의 coverage에 차이가 있다.

감독기관이 부실감사 관련되어 회계법인에 취할 수 있는 동기판단은 과실, 중대한 과실, 고의 세 단계이다. 이는 감독원이 조치를 하는 데 기준이 되는 양정 기준에 근거하는 내용이다.

물론, 법에서의 고의, 중과실, 과실과의 해석과는 차이가 있을 수 있으며 이러한 판단이 주관적이기 때문에 금액에 근거한 판단일 수 있다.

보험회사와의 계약에 있어서 모 회계법인의 보험 계약서 내용은 다음과 같다. 보험회사는 이러한 소송과 관련된 상당한 전문성을 갖기 때문에 어느 정도로 보험에서 cover하는지를 보면 책임문제를 가늠해 볼 수 있다.

- 고 의 : 보험금 지급 대상에서 제외
- 중과실 : 명확한 언급이 없음. 따라서 중과실의 경우 보험사의 사실판단에
         따라 결정될 것으로 판단
- 과 실 : 배상 대상

미국의 보험에서의 약관의 조항은 다음과 같다.

Coverage - Professsional Liability(김주영, 2014, 6장)

회사는 피보험자의 전문적인 회계업무 수행 중에 피보험자의 행위(acts), 오류 (error), 태만(omissions)으로 인하여 제3자에게 법률상으로 부담하게 되는 책임에 대하여 보상한다.

참고로 상법에서는 보험사의 면책사유에 보험계약자 또는 피보험자의 고의 또는 중대한 과실로 인한 경우 보험금액을 지급할 책임이 없다고 규정하고 있다.*

신/구 자본시장법 제170조를 비교하면 다음과 같다. 위에서도 기술되었듯이 제170조는 주로 손해배상금액과 관련된 내용에 대해서 규정하고 있다.

외부감사인의 법적 책임은 자본시장법 제125조, 제170조와 외감법 제17조에 적용되며 동시에 민법상 불법행위책임에 적용된다.

구 자본시장법

제170조(회계감사인의 손해배상책임) ① 「주식회사의 외부감사에 관한 법률」 제17 조 제2항부터 제7항까지의 규정은 선의의 투자자가 사업보고서등에 첨부된 회계감사인 (외국 회계감사인을 포함한다. 이하 이 조에서 같다)의 감사보고서를 신뢰하여 손해를 입은 경우 그 회계감사인의 손해배상책임에 관하여 준용한다. 〈개정 2009.2.3〉

② 제1항에 따라 배상할 금액은 청구권자가 그 증권(그 증권과 관련된 증권예탁증권, 그 밖에 대통령령으로 정하는 증권을 포함한다. 이하 이 조에서 같다)을 취득 또는 처분함에 있어서 실제로 지급한 금액 또는 받은 금액과 다음 각 호의 어느 하나에 해당하는 금액(처분의 경우에는 제1호에 한한다)과의 차액으로 추정한다.

　1. 제1항에 따라 손해배상을 청구하는 소송의 변론이 종결될 때의 그 증권의 시장가 격(시장가격이 없는 경우에는 추정처분가격을 말한다)

　2. 제1호의 변론종결 전에 그 증권을 처분한 경우에는 그 처분가격

③ 제2항에 불구하고 제1항에 따라 배상책임을 질 자는 청구권자가 입은 손해액의 전부 또는 일부가 중요사항에 관하여 거짓의 기재 또는 표시가 있거나 중요사항이 기재 또는 표시되지 아니함으로써 발생한 것이 아님을 증명한 경우에는 그 부분에 대하여 배상책임을 지지 아니한다.

자본시장법 제170조는 외감법 제17조를 준용한다. 또 자본시장법 제125조 1

---

* 위의 모 회계법인의 계약서 내용과는 차이가 있다. 위에는 중과실의 경우는 명확한 언급이 없다고 되어 있기 때문에 주관적인 판단이 수행될 가능성이 높다.

항이 발행공시에 해당된다면 제170조는 계속 공시에 해당된다.

　　제162조(거짓의 기재 등에 의한 배상책임) ① 제159조 제1항의 사업보고서·반기보고서·분기보고서·주요사항보고서(이하 "사업보고서등"이라 한다) 및 그 첨부서류(회계감사인의 감사보고서는 제외한다) 중 중요사항에 관하여 거짓의 기재 또는 표시가 있거나 중요사항이 기재 또는 표시되지 아니함으로써 사업보고서 제출대상법인이 발행한 증권(그 증권과 관련된 증권예탁증권, 그 밖에 대통령령으로 정하는 증권을 포함한다. 이하 이 조에서 같다)의 취득자 또는 처분자가 손해를 입은 경우에는 다음 각 호의 자는 그 손해에 관하여 배상의 책임을 진다. 다만, 배상의 책임을 질 자가 상당한 주의를 하였음에도 불구하고 이를 알 수 없었음을 증명하거나 그 증권의 취득자 또는 처분자가 그 취득 또는 처분을 할 때에 그 사실을 안 경우에는 배상의 책임을 지지 아니한다. 〈개정 2009.2.3.〉

　　1. 그 사업보고서등의 제출인과 제출당시의 그 사업보고서 제출대상법인의 이사

　　2. 「상법」 제401조의2 제1항 각 호의 어느 하나에 해당하는 자로서 그 사업보고서등의 작성을 지시하거나 집행한 자

　　3. 그 사업보고서등의 기재사항 및 그 첨부서류가 진실 또는 정확하다고 증명하여 서명한 공인회계사·감정인 또는 신용평가를 전문으로 하는 자 등(그 소속단체를 포함한다) 대통령령으로 정하는 자

　　4. 그 사업보고서등의 기재사항 및 그 첨부서류에 자기의 평가·분석·확인 의견이 기재되는 것에 대하여 동의하고 그 기재내용을 확인한 자

　　② 예측정보가 다음 각 호에 따라 기재 또는 표시된 경우에는 제1항에 불구하고 제1항 각 호의 자는 그 손해에 관하여 배상의 책임을 지지 아니한다. 다만, 해당 증권의 취득자 또는 처분자가 그 취득 또는 처분을 할 때에 예측정보 중 중요사항에 관하여 거짓의 기재 또는 표시가 있거나 중요사항이 기재 또는 표시되지 아니한 사실을 알지 못한 경우로서 제1항 각 호의 자에게 그 기재 또는 표시와 관련하여 고의 또는 중대한 과실이 있었음을 증명한 경우에는 배상의 책임을 진다.

　　1. 그 기재 또는 표시가 예측정보라는 사실이 밝혀져 있을 것

　　2. 예측 또는 전망과 관련된 가정 또는 판단의 근거가 밝혀져 있을 것

　　3. 그 기재 또는 표시가 합리적 근거 또는 가정에 기초하여 성실하게 행하여졌을 것

　　4. 그 기재 또는 표시에 대하여 예측치와 실제 결과치가 다를 수 있다는 주의문구가 밝혀져 있을 것

　　③ 제1항 및 제2항에 따라 배상할 금액은 청구권자가 그 증권을 취득 또는 처분함에 있어서 실제로 지급한 금액 또는 받은 금액과 다음 각 호의 어느 하나에 해당하는 금액(처분의 경우에는 제1호에 한한다)과의 차액으로 추정한다.

　　1. 제1항 및 제2항에 따라 손해배상을 청구하는 소송의 변론이 종결될 때의 그 증권

의 시장가격(시장가격이 없는 경우에는 추정처분가격을 말한다)

2. 제1호의 변론종결 전에 그 증권을 처분한 경우에는 그 처분가격

④ 제3항에 불구하고 제1항 및 제2항에 따라 배상책임을 질 자는 청구권자가 입은 손해액의 전부 또는 일부가 중요사항에 관하여 거짓의 기재 또는 표시가 있거나 중요사항이 기재 또는 표시되지 아니함으로써 발생한 것이 아님을 증명한 경우에는 그 부분에 대하여 배상책임을 지지 아니한다.

⑤ 제1항 및 제2항에 따른 배상의 책임은 그 청구권자가 해당 사실을 안 날부터 1년 이내 또는 해당 제출일부터 3년 이내에 청구권을 행사하지 아니한 경우에는 소멸한다.

개정 자본시장법 제170조(회계감사인의 손해배상책임) ① 「주식회사의 외부감사에 관한 법률」 제17조 제2항부터 제9항까지의 규정은 선의의 투자자가 사업보고서등에 첨부된 회계감사인(외국 회계감사인을 포함한다. 이하 이 조에서 같다)의 감사보고서를 신뢰하여 손해를 입은 경우 그 회계감사인의 손해배상책임에 관하여 준용한다. 〈개정 2009.2.3, 2014.1.28〉

② 제1항에 따라 배상할 금액은 청구권자가 그 증권(그 증권과 관련된 증권예탁증권, 그 밖에 대통령령으로 정하는 증권을 포함한다. 이하 이 조에서 같다)을 취득 또는 처분함에 있어서 실제로 지급한 금액 또는 받은 금액과 다음 각 호의 어느 하나에 해당하는 금액(처분의 경우에는 제1호에 한한다)과의 차액으로 추정한다.

1. 제1항에 따라 손해배상을 청구하는 소송의 변론이 종결될 때의 그 증권의 시장가격(시장가격이 없는 경우에는 추정처분가격을 말한다)

2. 제1호의 변론종결 전에 그 증권을 처분한 경우에는 그 처분가격

③ 제2항에 불구하고 제1항에 따라 배상책임을 질 자는 청구권자가 입은 손해액의 전부 또는 일부가 중요사항에 관하여 거짓의 기재 또는 표시가 있거나 중요사항이 기재 또는 표시되지 아니함으로써 발생한 것이 아님을 증명한 경우에는 그 부분에 대하여 배상책임을 지지 아니한다.

또한 신구 자본시장법 241조를 비교하면 다음과 같다.

개정 전

제241조(회계감사인의 손해배상책임) ① 회계감사인은 제240조 제3항에 따른 회계감사의 결과 회계감사보고서 중 중요사항에 관하여 거짓의 기재 또는 표시가 있거나 중요사항이 기재 또는 표시되지 아니함으로써 이를 이용한 투자자에게 손해를 끼친 경우에는 그 투자자에 대하여 손해를 배상할 책임을 진다. 이 경우 「주식회사의 외부감사에 관한 법률」 제3조 제1항 제3호에 따른 감사반이 회계감사인인 경우에는 해당 집합투자

재산에 대한 감사에 참여한 자가 연대하여 손해를 배상할 책임을 진다.

　② 회계감사인이 투자자에 대하여 손해를 배상할 책임이 있는 경우로서 해당 집합투자재산을 운용하는 집합투자업자의 이사 · 감사(감사위원회가 설치된 경우에는 감사위원회의 위원을 말한다. 이하 이 항에서 같다) 또는 투자회사의 감독이사에게도 귀책사유가 있는 경우에는 그 회계감사인과 집합투자업자의 이사 · 감사 또는 투자회사의 감독이사는 연대하여 손해를 배상할 책임을 진다.

　③「주식회사의 외부감사에 관한 법률」 제17조 제5항부터 제7항까지의 규정은 제1항 및 제2항의 경우에 준용한다.

　개정 자본시장법 제241조(회계감사인의 손해배상책임) ① 회계감사인은 제240조 제3항에 따른 회계감사의 결과 회계감사보고서 중 중요사항에 관하여 거짓의 기재 또는 표시가 있거나 중요사항이 기재 또는 표시되지 아니함으로써 이를 이용한 투자자에게 손해를 끼친 경우에는 그 투자자에 대하여 손해를 배상할 책임을 진다. 이 경우「주식회사의 외부감사에 관한 법률」 제3조 제1항 제3호에 따른 감사반이 회계감사인인 경우에는 해당 집합투자재산에 대한 감사에 참여한 자가 연대하여 손해를 배상할 책임을 진다.

　② 회계감사인이 투자자에 대하여 손해를 배상할 책임이 있는 경우로서 해당 집합투자재산을 운용하는 집합투자업자의 이사 · 감사(감사위원회가 설치된 경우에는 감사위원회의 위원을 말한다. 이하 이 항에서 같다) 또는 투자회사의 감독이사에게도 귀책사유가 있는 경우에는 그 회계감사인과 집합투자업자의 이사 · 감사 또는 투자회사의 감독이사는 연대하여 손해를 배상할 책임을 진다. 다만, 손해를 배상할 책임이 있는 자가 고의가 없는 경우에 그 자는 법원이 귀책사유에 따라 정하는 책임비율에 따라 손해를 배상할 책임이 있다. 〈개정 2014.1.28〉

　③ 제2항 단서에도 불구하고 손해배상을 청구하는 자의 소득인정액(「국민기초생활보장법」 제2조 제8호에 따른 소득인정액을 말한다)이 대통령령으로 정하는 금액 이하에 해당되는 경우에는 회계감사인과 집합투자업자의 이사 · 감사 또는 투자회사의 감독이사는 연대하여 손해를 배상할 책임이 있다. 〈신설 2014.1.28〉

　④「주식회사의 외부감사에 관한 법률」 제17조 제6항부터 제9항까지의 규정은 제1항 및 제2항의 경우에 준용한다. 〈개정 2014.1.28.〉

분식회계에 있어서의 회사의 책임은 다음과 같다.

자본시장법 발행공시 125조

계속공시 162조

제3자에 대한 책임이므로 상법상 책임제한은 적용되지 않는다.

공인회계사의 사회적인 책임에 대한 문제가 최근에 와서 심각하게 대두되었다.

'부실감사' 공인회계사 첫 구속

금품과 향응을 제공받고 부산저축은행의 분식회계를 모른 척한 공인회계사들이 항소심에서 실형을 선고받고 법정구속됐다.

공인회계사가 부실 회계 감사로 실형을 받고 수감되기는 이번이 처음이다.

12일 서울고법 형사5부는 부산저축은행에 대한 외부감사 과정에서 분식회계를 묵인해준 혐의로 기소된 공인회계사 소모씨(49)와 김모씨(43)에게 원심을 깨고 모두 징역 1년을 선고하고 법정구속했다.

재판부는 이어 "이들은 부실을 눈감아 달라는 부정한 청탁과 함께 고급 룸살롱 등에서 2차 접대를 여러 번 받았고, 자신들의 임무 해태가 발각될 수 있는 근거 자료까지 파기했다"며 이들의 잘못을 꾸짖었다.

매일경제신문. 2013.12.13.

회계법인 부실 감사 피소 급증 작년 650억 규모. 3분의 2 이상 재판서 져

"부실감사로 인해 회계법인들이 투자자들로부터 피소당한 액수가 작년 한해 650억원 규모로 나타났다. 법원이 회계법인들의 책임을 엄격하게 묻는 추세라 투자자들의 승소율도 절반 이상(66.7%)이었다. 26일 법원에 따르면 지난해 부실감사와 관련해 1심이 선고된 사건 중 소송가액이 1억원을 넘는 손해배상 소송은 모두 21건이었다. 이 중 투자자들은 14건에서 승소했다. 이에 따라 회계법인들이 피감회사들과 함께 물어야 할 손해배상액수도 166억원에 달했다."

매일경제신문. 2014.1.27.

회계법인 '부실감사' 공포 작년 670억 규모 소송 당해

책임비율은 적게는 5%에서 많게는 70%였다.

서울중앙지법은 지난해 10월 "감사인으로서 임무를 게을리했다"며 삼일회계법인측에 140억원을 배상하라고 판결했다. 이는 삼일의 작년 순이익(48억원)의 약 3배에 달하는 금액이다. 사건은 현재 양측 항소로 서울고법에 계류 중이다.

한국경제신문. 2014.1.27.

위의 신문기사에서의 책임비율은 매우 주관적인 판단의 영역이다. 책임비율이 과학적인 근거에 의해서 도출될 수 있는 부분은 아니다.

회계법인 부실감사 처벌 '예외 없다'

"법원 고의성 없어도 책임 피해 투자자들에 배상" 회계사 형사 처벌 판결도

지난 2010년 서울에 사는 이모씨는 코스닥 상장업체인 A기업에 약 1억원을 투자했다. 당시 이씨는 A기업의 외부 감사를 맡았던 S회계법인이 A기업의 재무제표에 대해 2년 연속 '적정의견'을 낸 것을 중요한 투자 근거로 삼았지만, 불과 8개월 후 A기업이 상장폐지 실질심사 대상으로 결정되면서 투자금 전액을 날릴 위기에 처했다. 알고 보니 S회계법인의 적정의견과 달리 A기업의 재무제표에는 심각한 문제가 있었던 것으로 드러났다.

증권선물위원회는 2010년 12월 S회계법인에 대해 부실감사의 책임을 물어 7,600만원의 과징금을 부과했다. 결국 A기업이 이듬해 1월 상장폐지 되자 이씨 등 투자자 6명은 "회계법인의 부실 감사로 2억 2,000여 만원의 피해를 봤다"며 법원에 손해 배상 소송을 제기했고, 이에 대해 법원은 회계법인의 책임을 20%로 인정하며 일부 승소 판결을 내렸다.

18일 법원에 따르면 5월 서울중앙지법은 주식투자자 강모 씨 등 124명이 "부실감사로 손해를 봤다"며 또 다른 S회계법인 등을 상대로 낸 25억원대 청구소송에서 회계법인 측의 20% 책임을 인정하며 5억 1,000여 만원의 배상판결을 내렸고, 2월에도 황모씨 등 33명이 같은 이유로 D회계법인을 상대로 낸 소송에서 회계법인 측의 20% 책임을 인정하며 원고 일부 승소 판결을 내렸다.

비록 고의성이 없었다 하더라도 회계법인이 성실하게 감사를 하지 않아 투자자들이 손해를 봤다면 회계법인이 그에 관한 책임을 져야 한다는 취지다. 회계법인의 부실감사에 대한 이 같은 사법부의 경고는 민사사건뿐만 아니라 형사사건에서도 잇따르고 있다. 5월에는 부산저축은행의 감사를 담당한 회계사들에 대해 분식회계 등의 부실 감사를 회계사가 알고 있었음에도 모른 척했다는 '미필적 고의'를 적용해 유죄를 선고하기도 했다.

문화일보. 2013.6.18.

그러나 이 판결은 2심에서 '미필적 고의'를 적용하면 안 되는 것으로 1심의 판결이 뒤집히는 결과를 보였다. 2심(2015.1.22.) 판결에서는 수행한 감사절차에 비추어 미필적 고의를 인정하지 않고 분식회계에 대한 무죄판결을 선고하였으면 3심을 기다리고 있다.

법원이 회계법인의 부분적인 책임에 대한 내용을 객관적으로 측정하여 20%의 책임을 물리는 것이겠지만 관련된 자의 책임에 대한 판단은 상당히 주관적일 수밖에 없다.

한 법률 전문가는 만일 20% 전후로 부과한 판결이 많이 나온다면 일종의 기준으로 정립될 가능성도 있을 수 있다고 의견을 밝혔다. 즉, 감사인이 고의적으로 분식회계를 알고도 봐 준 것은 아니더라도 due care를 하지 못해서 부실감사가 진행되었다고 하면 어느 정도까지 감사인의 책임을 물어야 할 것인지가 이슈가 될 수 있으며 이러한 부분적인 책임은 임의적인 판단의 영역일 수 있다.

이렇게 회계법인에게 20%의 책임을 물리는 것은 연대 책임제한하에서 책임제한의 개념일 수 있다.

3월 '부실감사 대란' 오나

감사대상 기업 11% 증가한 2만 2,331곳

12월 결산 95% 몰려 회계법인 '과부하'

12월 결산 법인은 총 2,387개가 늘어났지만 덩치 큰 금융사가 대부분이어서 회계법인들이 체감하는 '과부하'는 심화됐다는 평가다. 12월 결산법인으로 전환된 상장 보험사 13곳의 자산가치 합은 435조원이며 23개 증권사의 총자산은 210조원이다.

특히 4대 회계법인의 과부하 정도는 더욱 심하다. 상장법인의 경우 4대 회계법인이 57.2%를 맡고 있고, 전체 외부 감사 대상 기업 중에는 22.5%를 맡고 있다.

회계법인의 감사부담을 줄이기 위해 회사의 재무제표 작성 책임을 강화하는 '주식회사 외부 감사에 관한 법률' 개정안이 지난해 말 국회를 통과했다. 내년부터 상장법인의 경우 3월말 주주총회 6주 전까지 재무제표를 감사인(회계법인)과 증권선물위원회에 동시 제출하도록 했다. 또 재무제표 작성 과정에서 감사인의 도움을 받지 못하도록 명문화했다. 회사 자체적으로 최대한 완성도 높은 재무제표를 작성하도록 해 감사인의 부담을 줄여 준다는 취지다.

회계법인을 중심으로 12월에 집중돼 있는 기업들의 결산기를 분산하거나 비상장사만이라도 세무신고 기간을 연장해 감사업무의 질적 향상을 도모해야 한다는 주장이 제기되고 있다.

매일경제신문. 2014.1.28.

이와 같이 비례책임의 적용이 고의, 중과실, 과실 등의 동기 판단에 의해서 결정되게 되면서 분식회계와 관련된 조치를 책임지고 있는 증권선물위원회도 동기판단의 구분에 있어서 유념하여야 한다고 생각한다. 물론, 증선위가 행정조치를

취한 건이 소송으로 진행된다고 하여도 사법부가 행정부가 판단한 동기 판단을 그대로 받는 것은 아니며 3권 분립의 정신에서 이에 구속될 것도 없다. 또한 증권선물위원회의 고의, 중과실, 과실 등의 동기 판단이 사법부가 판단하는 같은 정의하에서의 동기 판단을 수행하는 것은 아니다. 즉, 사법부는 행정부의 귀책사유를 그대로 받지 않을 가능성이 매우 높다.

사실 현재까지는 법원에서 분식회계 등 증권사건에 관한 민사책임에서는 고의냐, 중과실이냐, 경과실이냐 여부가 크게 문제가 되지는 않았다. 어느 경우든 모두 연대책임을 부담하게 되어 있고, 과실만 있어도 책임이 성립하기 때문에, 법원은 구체적으로 과실/중과실/고의를 구체적으로 설시하지 않고 손해배상책임을 인정해 왔다. 그러나 이제는 외감법 17조 등의 경우에는 고의냐, 과실이냐에 따라서 책임의 형태가 달라지기 때문에 앞으로 법원에서도 고의/과실 여부를 구체적으로 고민하게 되었다.*

비례책임제도의 취지는 회사 재무제표 작성의 일차적 책임이 있는 해당 회사의 이사 또는 감사와 전수조사가 아닌 일정한 감사절차에 따라 감사하는 회계감사인은 그 책임의 정도가 다름에도 불구하고 서로 연대 책임을 지도록 하는 것은 형평의 원칙에 부합하지 않다는 점을 고려한 것이다.

외감법은 감사인이 제3자에게 손해배상책임을 지는 경우 해당회사의 이사 감사를 추가로 끌어들여 연대책임을 부담시키게 되어 오히려 감사인에게 유리하고 해당 회사의 이사 감사가 연대책임관계로 끌려 온 것이다.

또한 외감법 제17조에 왜 이사와 감사에 대한 내용이 포함되어 있는지도 의문이다. 외감법에 회사 관련된 책임도 규정되어야 한다는 논리는 설득력이 약하다.

이사와 감사는 당연히 전체로 책임을 안아야 하며 외감법이 개정되면서 이사와 감사까지 비례책임을 지는 것으로 법이 개정된 것은 개정 취지에도 맞지 않고 뭔가 미비하게 개정되었다는 생각을 하게 한다.

이들 개정안과 현재 외감법 제17조 제4항의 단서 등은 감사인의 책임을 완화하기 위한 규정이지, 이사나 감사의 책임을 제한하기 위한 제도는 아니다. 이처럼 입법취지와 입법사를 고려하면 비례책임의 도입은 감사인에 한정하는 것으로 법안이 작성되었어야 한다.

* 이에 대한 법률적인 자문을 해 주신 강원대학교 법학전문대학원의 최문희 교수님께 감사합니다.

따라서 개정이유에 비추어 보면 현재의 외감법 제17조 제4항 단서 등은 문안 작성 과정의 오류에 기인한 것이라고 볼 수밖에 없고, 현재의 법문은 그 문헌에도 불구하고 개정 이유를 충분히 감안하여 해석하는 것이 바람직하다.

법문에 충실하여 이사/감사에 대해서도 비례책임이 적용되는 것으로 읽어서, 실제로 회계정보를 생산한 이사/감사도 — 고의가 없는 한 — 비례책임의 적용대상이 된다고 본다면, 감사인뿐만 아니라 이사/감사도 비례책임을 부담하기 때문에 결과적으로 감사인의 책임완화 효과는 제한적이라고 볼 수밖에 없다. 이것은 외감법 제17조 제4항의 도입취지에 부합하지 않는다. 즉, 이사와 감사의 책임을 연대책임에서 비례책임으로 경감하려는 법 취지가 아니므로 비례책임은 감사인에게만 적용하여야 하며 감사인의 책임완화가 달성되어야 한다. 이사 감사도 비례책임이 적용된다면 감사인을 비례책임의 적용으로 보호하려는 것이 법 개정의 취지인데 오히려 이사와 감사를 보호하려는 법 개정으로 오도될 수 있다.

이사, 감사는 비례책임이 아니라 연대책임을 부담한다는 것으로 해석되어야 맞다는 생각이며 상법 학계 일부에서는 이사와 감사의 비례책임으로 외감법 제17조 제4항을 해석하는데 이는 과도한 확대 해석이라는 주장이 지배적이다.

아래는 경영자의 손해 배상과 관련된 내용이라서 위의 내용과는 차이가 있지만 책임을 나누어 진다는 차원에서는 같은 맥락이기도 하다.

"배임이라도 경영 기여 인정해야" 법원, 이민화 손배액 80% 감액

올해 5월 대법원은 "이 전 회장의 관여 정도와 평소 회사에 대한 공헌도 등을 고려하지 않고 피고 측에 손해배상 책임을 모두 물은 것은 위법하다"며 원심을 깨고 사건을 서울고법으로 돌려보냈다.

법조계 관계자는 "비록 배임에 해당하는 경영상 결정이 있었다 하더라도 이에 대한 손해배상 책임을 경영진에게 모두 씌우는 것은 안 된다는 기존의 판례를 재확인한 것"이라고 말했다.

이 전 회장 측은 "정상적인 경영 판단이었던 만큼 손해배상 책임이 아예 없음을 주장하기 위해 대법원에 재상고했다"고 밝혔다.

한국경제신문. 2014.11.20.

비례책임제도가 감사인에게 더 불리할 수도 있다는 주장도 있다. 이 제도가

도입된 이후에 무슨 건이 되었든지 감사인에게 조금의 책임이라도 물릴 수 있는 방향으로 소송건이 계속 제기될 수도 있다고 한다.

회사에게 과징금이든 무슨 벌칙이 주어진다고 하면 회사가 이를 부담하여야 하고 궁극적으로는 주주에게 피해가 가게 된다. 그러나 회사가 경영을 잘못해서 부담하게 되는 피해가 회사의 경영에 참여하지 않았던 주주의 피해로 전가된다는 것은 문제가 있다는 주장도 있다. 이 경우의 책임은 경영자에게 있으며 주주가 이러한 생각을 할 때에는 대표소송을 통해서 주주가 아니라 이사가 이를 책임지도록 법률은 되어 있지만 대표소송이 제기되는 경우는 소수이다.

외감법 및 공인회계사법 개정안

chapter

03

김기식의원 등 10인이 2013년 11월 29일 제안한 주식회사의 외부감사에 관한 법률 일부 개정 법률안(1908220)

제안이유 및 주요내용

우리나라 자본시장의 대표적인 문제점으로 지적되는 부분이 신용평가와 재무제표의 신뢰도가 떨어진다는 것임. 특히나 재무상황이 악화된 기업은 자금조달 등에 어려움을 겪기 때문에, 더욱 큰 회계분식의 유인을 갖게 됨. 이에 더하여 외부감사인이 감사 대상 회사와 장기간의 선임 계약이나 용역 계약 등을 이유로 유착관계를 형성한 경우, 회계분식의 위험이 크게 증가할 수밖에 없음.

따라서 현행 지정감사제도를 재무구조개선약정을 체결하거나 부채비율이 일정 정도 이상에 달하는 등 회계분식의 개연성이 있는 회사로까지 확대하여 시행하고자 함(안 제4조의3 제1항 제7호·제8호 신설).

또한 외부감사인과 감사 대상 회사의 유착을 방지하고 외부감사인의 독립성을 제고하기 위하여 증권선물위원회로부터 지정받은 감사인에게 그 다음 회계연도의 외부감사를 맡기지 못하도록 하는 한편, 동일하게 외부감사인의 독립성 제고를 목적으로 발의한 「공인회계사법 일부개정법률안」에 맞추어, 감사인들이 용역제한규정을 위반할 경우 감사계약을 해지하도록 하고 이를 해지하지 않을 경우 증권선물위원회가 감사인을 지정하도록 함(안 제4조 제9항 및 제4조의3 제1항).

아울러 현재는 외부감사인이 어떠한 내용을 어떻게 감사하였는지를 확인할 방법이 없으므로 감사인의 감사 실시 내용을 감사보고서의 첨부서류로 공시하도록 함(안 제7조의2 제3항).

위에 상응하는 구체적인 내용은 아래와 같다.

주식회사의 외부감사에 관한 법률 일부개정법률안
주식회사의 외부감사에 관한 법률 일부를 다음과 같이 개정한다.
제4조 제목 중 "선임"을 "선임과 해임"으로 하고, 같은 조에 제9항을 다음과 같이 신설한다.
⑨ 감사인이 「공인회계사법」 제21조 또는 제33조를 위반한 경우 회사는 지체 없이 감사인과의 감사계약을 해지하여야 하고 해지로부터 2개월 이내에 새로운 감사인을 선임하여야 한다.
제4조의3 제1항 각 호 외의 부분 본문 중 "요구할 수 있다"를 "요구한다"로 하고, 같은 항 제7호를 제9호로 하며, 같은 항에 제7호 및 제8호를 각각 다음과 같이 신설한다.
7. 사업보고서 제출대상법인 중 재무구조개선약정을 체결하거나 대통령령으로 정하는 부채비율을 초과하는 등 대통령령으로 정하는 바에 따라 회계처리기준 위반 가능성이 높은 것으로 인정되는 회사
8. 제4조 제9항을 위반하여 감사계약을 해지하지 아니하거나 새로운 감사인을 선임하지 아니한 회사
제4조의3 제3항에 단서를 다음과 같이 신설하고, 같은 조에 제4항을 다음과 같이 신설한다.
다만, 제1항 제7호 및 제8호에 대해서는 적용하지 아니한다.
④ 회사는 제1항에 따라 증권선물위원회로부터 지정받은 감사인을 지정 사업연도 이후 최초로 도래하는 사업연도의 감사인으로 선임할 수 없다.
제7조의2에 제3항을 다음과 같이 신설한다.
③ 감사인은 감사보고서에 대통령령이 정하는 바에 따라 외부감사 참여자, 각 참여자의 감사내용, 소요시간 등 외부감사 실시내용을 기재한 서류를 첨부하여야 한다.
제20조 제5항에 제4호를 다음과 같이 신설한다.
4. 제4조의3 제4항을 위반하여 감사인을 선임한 경우

제7조의2에 제3항의 ③은 사업보고서에 기재하는 감사시간이 부정확하다는 비판에 대한 후속 조치일 수도 있다. 사업보고서를 보고하는 기업도 감사인이 제공한 정보를 받아 감사시간을 기입하는 것이므로 이 내용이 부실하다고 하여도 큰 부담을 느끼지 않을 수 있다. 단, 감사보고서에 감사인이 주도적으로 이러한 시간

을 기입하고 이 정보가 정확하지 않은 정보라고 하면 감사인이 이에 대한 책임을 져야 한다.

특히나 외부 감사 참여자의 내용은 감사계약서에는 포함되지만 감사계약서의 내용이 공개되는 내용이 아니라서 책임의 문제가 제기되었다. 그렇기 때문에 미국에서는 회계법인의 대표이사가 감사계약서에 서명을 하는 것이 아니고 담당 파트너가 실명으로 서명을 하여야 한다는 논의까지 진행되었다. 또한 이렇게 담당 파트너가 서명을 하여야 피감기업의 기관장의 counter part로서 감사용역에 있어서의 감사파트너의 위상도 올라간다는 주장도 제기되었다. 감사보고서 포함하여 모든 것이 회계법인의 대표이사 명의로 작성된다면 감사담당 파트너의 역할은 축소될 수밖에 없다.

현재로서는 회계법인의 대표이사가 실제서명을 하는 것이 아니라 인쇄하여 ××회계법인 대표이사 ×××라고 적은 후에 회계법인 대표이사의 인감을 날인하게 된다.

지속가능보고서의 검증보고서에는 ××회계법인 대표이사 ×××라고 인쇄한 후, 영어로 ErnstYoung HanYoung이라고 서명하기도 한다. CSR report는 미국에서도 자발적으로 진행되는데, 우리에게 익숙한 측정가능하거나 검증가능한 정형화된 숫자로 측정되는 정보가 아닌 정보도 CSR report에 포함되기 때문에 CSR이 과연 회계의 영역인지에 대한 의문이 있다.

CSR report에 대해서 국내에서는 여러 종류의 기관이 이를 인증(assure)하며 이 중에 한 기관이 회계법인이다. 회계법인이 인증을 한다고 하면 검토, 감사 등의 인증의 단계에 무관하게 이를 이용하는 이용자들은 회계법인이 재무제표 수준의, 또는 내부통제에 대한 인증(검토) 수준의 인증이 수행되었다고 잘못 생각할 수도 있다.

위의 내용: '④ 회사는 제1항에 따라 증권선물위원회로부터 지정받은 감사인을 지정 사업연도 이후 최초로 도래하는 사업연도의 감사인으로 선임할 수 없다.'에 대해서 기술한다.

지정시기가 끝나고 자유수임계약을 맺기 위해 공정하게 지정감사를 수행하지 못할 가능성이 있다는 취지로 개정안을 제출한 것으로 이해된다. 특별히 최근에 이슈가 된 문제는 아니었지만 지정대상 확대 등 지정감사의 중요성이 커질 예정에 따라 지정감사의 공정성과 독립성을 더욱 강화하려는 취지로 이해된다. 현재의 지정에 의해서 (전체 상장 기업 중 1.2%) 지정 감사인으로 선임된다는 것 자체가 회계법인에 대한 상당한 특혜인 경우도 있을 수 있다. 물론, 지정을 받는 감사인들이 지정을 환영하지 않는, 문제가 많은 기업이라고 하면 그 반대의 경우도 있을 수 있다. 이러한 특혜를 받는 회계법인이 지속적으로 선임된다는 것에 대해 공평성의 이슈가 문제가 될 수 있다. 즉, 과거에 ××은행이 분식회계로 인하여 회계감사인을 지정받은 경우도 있다.

물론, 지정이 된 기업이 문제가 있는 기업들이므로 감사위험은 높지만 이에 대응하여 수임료를 높게 받았으므로 또한 이 기업이 태생적으로 불량기업이 아니라고 하면 지정제로 감사인이 지정되는 것을 마다치 않을 가능성도 있다.*

즉, 감사인 지정 기간이 종료되는 시점에 피감기업은 감사인을 선임하여야 하는데 지정되었던 감사인이 계속 선임된다면 이는 지정으로 인한 혜택을 회계법인이 받는 것뿐만 아니라 지정된 감사인이 계속 감사인으로서 선임되는 것과 같은 과도한 혜택을 최소화 한다는 의미가 있는 정책 제안이라고 판단된다.

단, 이러한 정책 방향은 지정된 감사인이 자유수임에 의해서 선임될 수 있는 권한이 원천적으로 봉쇄된다는 문제점도 동시에 존재하여서 지정의 대상이 되기는 하였지만 감사인들이 선임을 희망하는 우량기업일 경우는 지정을 회피하는 경우도 있을 수 있다. 즉 1년의 수임을 포기하더라도 최소 3년 이상의 자유수임으로 인한 계약을 수임할 수도 있으며 특히나 최우량기업일 경우는 얼마든지 이러한 현상이 발생할 수 있다.

현재는 외부감사인이 어떠한 내용을 어떻게 감사하였는지를 확인할 방법이 없으므로 감사인의 감사 실시 내용을 감사보고서의 첨부서류로 공시하도록 한다는 내용은 최근에 감사보고서의 양식이 너무 간략하여 감사보고서의 내용만을 검토하여서는 감사가 어떻게 진행되었는지를 파악하기 어려워서 long form의 감사보고서에서 더 많은 내용을 감사보고서에 포함하여야 한다는 주장과 궤를 같이 한다.

그러나 전문적인 지식이 없는 감사보고서 이용자가 매우 상세한 내용이 포함된다고 하여도 이를 이해할 수 있는지가 이슈로 남는다.

---

* 자유수임에서 지정수임으로 변경되는 경우 수임료가 2012년 5천 1백 80만원에서 2013년 8천 2십만원으로 증가하였고, 지정수임에서 자유수임으로 변경되는 경우는 2012년 6천 8백만원에서 2013년 6천 2백만원으로 감소하였다.

공인회계사법 일부개정법률안(1908216)

제안이유 및 주요내용

외부감사는 그 특성상 부실감사가 발생할 경우 그 피해가 광범위하게 나타날 수 있으므로, 외부감사의 품질이 중요함. 외부감사의 품질은 독립성과 전문성에 의해 결정되나, 현재 외부감사인의 독립성이 완전히 확보되었다고 보기 어려운 실정임.

특히 외부감사 시장은 경영진들이 외부감사인에게 수수료를 지급하는 당사자임과 동시에 외부감사인으로부터 감사를 받는 대상이기도 하다는 독특한 특성이 있음. 따라서 외부감사인의 경영진으로부터의 독립성은 감사품질을 결정하는 데 매우 중요한 요소임.

그러나 회계법인의 컨설팅 업무 범위가 확대되고 이에 대한 기업들의 의존도가 크게 높아지는 한편 컨설팅 업무 발주로 인해 감사인의 외부감사 대상회사에 대한 의존도도 높아지고 있는 상황임. 이는 감사인의 독립성과 외부감사의 품질을 심각하게 저해할 수 있는 요소라 할 것임.

이에 공인회계사 등이 특정 회사의 재무제표를 감사하거나 증명하는 업무를 수행하는 계약을 체결하고 있는 기간 중에는 해당 회사, 해당 회사와 사실상의 영향력을 행사하는 관계에 있는 회사 및 특수관계인에 대하여 감사·증명업무와 세무조정 외의 업무를 할 수 없도록 함으로써 회계감사의 독립성을 강화하고자 하는 것임(안 제21조 제2항·제3항).

그 구체적인 내용은 다음과 같다.

공인회계사법 일부개정법률안

공인회계사법 일부를 다음과 같이 개정한다.

제21조 제2항 및 제3항을 다음과 같이 한다.

② 공인회계사는 특정 회사의 재무제표를 감사하거나 증명하는 업무를 수행하는 계약을 체결하고 있는 기간 중에는 다음 각 호의 어느 하나에 해당하는 자에 대하여 감사·증명업무, 법인세 외부조정 및 이에 부대되는 업무 외의 업무를 할 수 없다.

1. 재무제표의 감사 또는 증명업무를 수행하는 계약을 체결한 해당 회사
2. 제1호의 회사에 대하여 또는 그 회사가 사실상의 영향력을 행사하는 관계로서 대통령령으로 정하는 관계에 있는 자

③ 제2항의 규정에 의하여 감사·증명업무, 법인세 외부조정에 부대되는 업무를 수행하기 위해서는 사전에 대통령령이 정하는 절차에 따라 해당 회사의 감사(「상법」 제415조의2의 규정에 의한 감사위원회를 포함한다)의 승인을 받아야 한다.

이 공인회계사법 일부 개정의 내용은 개정전에 비해서 '그 회사가 사실상의 영향력을 행사하는 관계로서'라고 그 범주를 확대하고 있어서 관련된 회사에 대한 비감사서비스의 제공까지도 제한하고 있는 점이 특이하다.

재무상태 나쁜 기업 외부감사 강제 지정

11월부터… 재계 반발

정부는 오는 11월부터 재무상태가 부실한 상장사에 외부감사인을 강제 지정하기로 했다. 부채비율이 업종 평균의 1.5배 이상이면서 이자보상비율이 1 미만인 상장사가 대상이다. 이 기준을 적용하면 1,654개 상장사 중 10% 가량이 감사인 강제 지정 대상이 될 것으로 보인다.

금융위원회는 이 같은 내용을 담은 '주식회사의 외부감사에 관한 법률(외감법)' 시행령 개정안을 이르면 이달 마련, 발표할 계획이다.

지금은 관리종목에 편입되거나 회계 분식이 적발된 회사만 감사인이 강제 지정되고, 나머지 상장사는 외부감사인을 자율로 정하고 있다. 금융위는 STX, 동양 등의 회계부정 사건이 잇따라 불거지자 회계분식 가능성을 사전에 차단하려는 목적에서 감사인 지정제 확대를 추진해 왔다.

이자보상비율은 영업이익을 이자비용으로 나눈 값으로, 1에 못 미칠 경우 영업이익으로 이자도 못 낸다는 것을 의미한다.

금융위는 한진 금호아시아나 등 채권단과 자율협약을 맺은 14개 그룹에 소속된 상장사도 채권단이 요청하면 지정감사를 받도록 할 방침이다.

재계는 반발하고 있다. 감사인을 지정받으면 감사비용이 50% 이상 늘어날 뿐 아니라 감사 강도도 강화될 수밖에 없어서다. 재계 관계자는 "지정 감사인 제도는 선진국에서 찾아볼 수 없는, 한국에만 있는 규제"라며 "상장 활성화에 팔을 걷어붙였다는 정부가 새로운 부담을 신설하는게 말이 되느냐"고 비판했다.

한국경제신문이 한국상장회사협의회와 에프앤가이드에 의뢰해 1,654개 상장사의 작년 말 기준 별도 재무제표를 분석한 결과, 270개 기업(16.3%)이 재무상태 부실에 따른 감사인 지정 대상에 포함되는 것으로 나타났다. 부채비율이 업종의 1.5배 이상 높으면서 이자보상비율이 1 미만인 기업을 추려낸 결과다.

그러나 금융당국은 업종 평균보다 1.5배 이상이더라도 전체 상장사 평균 부채비율(84.4%)보다 낮을 경우 감사인 지정 대상에서 빼 주기로 했다. 국제결제은행(BIS) 자기자본 비율 등 다른 건전성 지표를 활용하는 금융회사도 제외된다. 동종업체수가 5개 미만인 경우 '업계 평균 부채비율' 대신 '상장사 전체 평균 부채비율'을 강제지정 여부를 가르는 잣대로 쓴다.

업계에선 이런 예외조항을 적용하면 최종 감사인 지정 대상은 10% 안팎이 될 것으로 전망하고 있다. 다만 관리종목 편입, 분식회계 적발 등의 이유로 강제 지정 받는 기업 (2013년 65개)과 자율협상 체결 기업 중 채권단이 지정감사를 요구한 기업을 더하면 비율은 소폭 오를 수 있다.

건설 철강 해운 조선 등 불황 업종의 경우 감사인 지정 대상기업수가 최대 20% 이상 될 것으로 전망된다. 건설의 경우 삼성엔지니어링 신세계건설 동부건설 두산건설 한라 등이 일단 이 기준에 해당된다. 철강금속업종에선 동부제철 동국제강 포스코강판 등이, 조선업종에서 STX중공업 오리엔탈정공 등이 대상이다.

정부와 국회는 '특정 기업의 지정감사로 선임된 회계법인은 이듬해 해당 기업 감사업무를 수행할 수 없다'는 조항을 외감법에 집어 넣었다. 지정감사인으로 선임된 회계법인이 다음해 감사업무를 수주할 목적으로 기업 편의를 봐줄 가능성을 원천적으로 차단하기 위해서다.

재계에선 그러나 반대 목소리가 커지고 있다. 자율적으로 선임할 때보다 감사비용이 평균 54% (2013년 기준) 늘어나는 데다 훨씬 '깐깐한' 감사를 진행하기 때문이다.

감사인 지정대상 현황
기존: 상장 예정기업
      관리종목
      분식 등으로 제재 받은 기업
      감사인 미지정
2014년 7월: 우회상장기업
2014년 11월: 재무구조 개선 약정 기업 중 채권단 요청기업
논의 중: 전체 상장사와 금융기업

2013년 감사인 지정 상장사 65개, 약 5%
감사인 지정 외감대상 기업 273개, 약 1%(2만개 외감 대상 기업 중)

한국경제신문. 2014.8.7.

이익으로 이자 못 갚는 기업 11월부터 외부감사인 강제 지정

금융위는 또 한진 금호아시아니 등 채권단과 재무구조 약정을 맺은 14개 그룹 소속사에 대해서도 채권단이 요청할 경우 지정 감사를 받도록 했다. 횡령, 배임 사건이 발생했거

나 내부회계관리제도를 제대로 갖추지 않은 기업도 강제 지정 대상에 포함된다.

반면 기업은 자율선임 때보다 감사비용이 평균 54%(2013년 기준) 확대되는데다 감사기간도 늘어난다며 반발하고 있다. 금융위는 이런 점을 고려해 강제 지정받은 기업에 1회에 한해 지정 감사인 거부권을 주기로 했다.

금융위가 외감대상 기준을 끌어올린 것은 외감대상 기업 수가 지나치게 늘어나는 것을 막기 위해서다. 2009년 1만 5,441개였던 외감 대상 기업수가 5년만에 2만개 이상으로 (2013년) 늘어난 점을 염두에 둔 것이다. 금융위가 외감대상 기준을 조정한 것은 2009년 (70억원->100억원) 이후 5년 만이다.

한국경제신문. 2014.8.26.

부실기업 외부감사인 강제 지정 외감법 시행령 개정안 통과

부채비율이 200%를 넘는 등 재무상태가 부실한 기업과 횡령 배임 적발 사실이 많은 기업들은 앞으로 외부감사인이 강제로 지정된다. 금융위원회는 이 같은 내용이 담긴 '주식회사의 외부감사에 관한 법률' 시행령 개정안이 국무회의를 통과했다고 25일 밝혔다. 부채비율이 200%를 초과한 상장사 중 동종 업종 평균 부채 비율의 150% 초과 및 이자보상배율 1 미만인 회사가 외부감사인 지정대상이다.

매일경제신문. 2014.11.26.

감사인 지정제는 이제까지는 외감법에서 규정하였으나 개정과정에서 시행령으로 조정되었다.

이와 같이 감사인 지정제가 확대되면 이제까지는 전체 감사인 수임료 7,000억원 중, 약 200여 억원이 지정제로 인한 수임료였는데 이 금액이 500여 억원으로 증가하게 된다.

이제까지 감독원이 감사인을 지정할 때는 주로 공인회계사 수, 경력 등에 기초한 회계법인의 규모가 가장 중요한 잣대였는데 가장 이상적이기는 품질관리감리의 결과 등이 반영될 수 있을 수 있다. 그러나 아직까지 품질관리감리 결과는 공개되지 않고 따라서 이러한 정책적인 목적으로 사용되지 않고 있다.

지정감사인 거부권은 무척이나 흥미로운 제도이다. 공정거래위원회가 자유수임제도하에서 수임료 가이드라인을 정해 주는 것에는 정부의 과도한 개입이라는 차원에서 반대하였다.

과거에도 지정제에 의해서 감사인이 선임되었을 때 수임료가 자유수임제도하에서 결정될 때보다도 높았기 때문에 (2013년의 경우 50% 이상) 지정제에 의해서 감사인이 선임되는 경우는 수임료에 대한 이견으로 인해서 양자간의 계약이 성사되기 어려움이 발생하였다. 이러한 경우에만 예외적으로 공정거래위원회가 감독원으로 하여금 수임료에 대한 가이드라인을 제시할 수 있도록 허용한 바가 있다.

그러나 감독원도 어떤 기준에 의해서 가이드라인을 정하는 것이 어렵기 때문에 이러한 내용을 공정위에서 통보받은 이후에도 수임료 가이드라인을 정하려는 시도는 하고 있지 않다. 적정 수임료에 대한 이해가 감사용역의 수요자와 제공자 간에 어느 정도 있어야 가이드 라인이 수용될 것이데 금액에 대한 이러한 합의를 도출한다는 것은 무척이나 어려운 일이다.

특히나 2008년 기준, 자산 1조원 규모인 한국 기업의 평균 감사수임료는 해당 기업이 홍콩에 있다고 가정할 경우와 비교해 33%, 싱가포르에 있다고 가정할 경우와 비교해 52% 정도에 불과하다(최종학 외 4인, 2009년). 이와 같이 국내의 수임료가 너무 낮다는 주장이 많은데 그렇다고 이 시점에 감독원이 지정제로 계약이 체결되는 경우에 높은 금액의 가이드라인을 책정하기도 부담이 될 것이다. 이러한 가이드라인은 가이드라인에 불과하지만 상당한 상징성을 가질 수도 있어서 감독원이 부담스러워 하는 점도 충분히 이해할 수 있다.

혹자는 감사수임료가 너무 낮다는 비판에 대해서 회계법인의 결산 시점에 파트너들이 분배하여 가는 금액을 보면, 수임료가 낮다는 얘기를 하기 어렵다는 주장도 한다.

물론, 회계법인 내에서 이익을 직원과 임원간에 또한 임원들간에 어떻게 배분하는지와도 연관되는 논의인 것이고 자본주의에서 기관 내 임원들의 높은 급여 수준을 놓고 왈가왈부한다는 것이 적절하지 않을 수도 있다. 더더욱 등기임원의 급여 공개와는 달리 회계법인은 공개된 기업의 형태가 아니다.

일반적으로 어느 국가의 일반적인 수임료가 높은지 낮은지에 대한 논의를 할 때에 여러 가지로 접근이 가능하지만 전체 국가의 GNP 대비 수임료의 상대적인 크기로 합리적이고 이해 가능한 측정치이기도 하다.

우리나라의 GNP 수준이 일반적인 1조 2천억 달러 수준이며 전체 회계업계의 수준이 약 2십억 달러(2조원)라고 한다. 그러므로 총 GNP대비 약 0.2% 정도의 규모를 보이고 있다. 회계가 자본주의를 떠 받드는 파수꾼과 같은 역할을 수행하고 있다고 하면 이러한 전체 GNP 대비 회계산업의 규모를 상대적으로 비교하는 것도 이해할 수 있다.

2013.4.1. 김교태 삼정KPMG 대표

우리나라의 국내 총생산(GDP) 대비 회계법인 매출 비중은 0.19%에 불과하다. 호주가 0.91%로 가장 높고, 미국과 일본은 0.6% 수준이다. 그는 "우리나라도 그 비중이 미국과 일본 수준으로 갈 수밖에 없다"고 밝혔다.

피감기업도 피감기업과 외부 감사인의 계약 관계에 있어서 계약을 해지할 수 있으며 외부 감사인 또한 계약을 해지할 수 있는 권한이 있다.[*]

자회사 부실해도 감사인 강제지정 추진

금융위, 연결 재무제표로 판단키로… 재계 일각 "연좌제" 반발

정부가 외부감사인 강제 지정 여부를 판단할 때 해당 기업뿐 아니라 자회사 자산과 부채까지 포함된 연결재무제표를 기준으로 삼기로 했다. 재계 일각에선 부실 자회사를 뒀다는 이유로 재무상태가 나쁘지 않은 모기업까지 감사인을 지정하는 것은 지나치다며 반발하고 있다.

금융위는 지난달 '주식회사 외부감사에 관한 법률' 시행령 개정안을 발표하면서 외부감사인 강제 지정 대상을 - 부채비율 200% 초과 - 동종업계 평균 부채비율 1.5배 초과 - 이자보상배율 1 미만 등 세 가지 요건에 동시에 해당하는 상장사로 정했다.

외감법 시행령 개정안은 다음달 29일부터 발표된다. 금융위는 그러나 당시 부채비율 및 이자보상배율 산정기준을 연결 재무제표로 할지, 별도 재무제표로 할지는 정하지 않았다. 업계에선 강제지정 대상이 그룹이 아닌 개별 기업인만큼 종속 자회사의 재무상태를 뺀 별도 재무제표가 기준이 될 것으로 예상했다.

금융위 관계자는 "재무상태가 나쁜 자회사를 둔 기업은 별도 재무제표로 산정할 때보다 부채비율이 높아지지만 반대로 우량 자회사를 둔 곳은 낮아진다"고 말했다. 금융위는 1,650여 개 상장사 중 8% 가량인 130여 개가 대상이 될 것으로 예상된다.

상장사의 업종 분류는 '한국표준산업분류'에 나오는 '대분류'를 기준으로 하되 제조업에 나오는 '중분류'를 적용키로 했다. 식음료, 유통, 의류, 제조, 방송 등 다양한 사업을

---

[*] 이에 대한 자세한 설명은 손성규 저, 「회계환경, 제도 및 전략」(2014)을 참조하면 된다.

벌이는 기업에 대해선 '주력사업'을 기준으로 업종을 분류하기로 했다.

　재계 일각에선 반발하고 있다. 자회사 실적이 급격히 나빠지면 재무상태가 괜찮은 모기업까지 강제지정 대상이 될 수 있다는 점에선 "연좌제와 다름 없다"고 주장한다. 종속회사 업종이 제각각인데 모회사 대표 업종만 따져 '업종 평균 부채 비율' 기준을 적용하는 것도 합리적이지 않다는 지적이다. 회계법인 관계자는 "재무상태가 나쁜 기업은 분식 가능성이 높아 예방 차원에서 감사를 강화하는 정책 방향은 바람직하다"면서도 "억울하게 감사인을 지정받는 기업이 나오지 않도록 세부 보완책이 추가로 마련돼야 한다"고 말했다.

한국경제신문. 2014.9.23.

　　과거의 지정제인 경우는 외감법에서 어떠한 기업이 지정제의 대상인지를 정해 주었다. 그러나 이 내용을 시행령에서 정할 수 있도록 됨으로써 감독기관이 입법의 과정을 거치지 않고도 정책의지에 의해서 시행령을 개정할 수 있도록 하게 되었다. 시행령은 국무회의를 통해서 개정될 수 있으므로 입법 과정에 필요한 시간과 에너지를 쓰지 않아도 무방하다. 단, 일부에서는 법안 본문에 포함되어야 하는 내용이 시행령에 포함됨으로써 입법부가 해야 할 업무를 행정부가 대신하면서 3권 분립의 정신이 훼손된다는 의견도 있다. 이는 법 정신에 기초한 매우 중요한 내용이다.

'위임입법' 견제 장치 유명무실

사회문제 전문화 · 다원화 추세
입법 무게추 국회서 행정부로 행정 편의주의에 남용 늘지만 국회 전문성 떨어져 견제 못해
2010년 행정입법 보고 1,187건 중국회의견 통보 16건 … 반영은 '0'
전문가들 "국회 권한 강화해야"

　'법 위의 시행령' 문제는 결국 행정부에 의해 위협받는 국회의 입법권을 상징한다. 국가권력의 세 가지 작용인 입법 · 행정 · 사법의 권력분립이 무너지는 과정이다. 대통령을 중심으로 한 행정부가 국회의 견제를 피하며 정책을 펼쳐나가는 수단으로 시행령을 활용하기 때문이다. 복잡한 사회 문제들을 다루기 위해 국회가 법률의 구체적 내용을 정부에 맡기는 위임입법이 늘어난 상황 속에서 '법 위의 시행령' 문제는 점점 늘고 있다.

무기력한 국회

행정부에 의해 국회의 입법권이 침해당하는 원인으로는 당사자인 국회의 무기력한 대응도 꼽힌다. 행정부 견제 구실을 제대로 해야 하는데도, 주요 사안에서 오히려 끌려 다니는 모습을 보이기 때문이다.

지난 9월 영유아 무상보육과 관련한 지원금을 놓고 중앙정부와 지방자치단체가 갈등을 벌이던 당시 야당은 영유아보육법을 개정해 국고 보조율을 20%포인트 올리려고 시도했다. 이때 기획재정부가 자신들이 주도권을 쥐고 있는 보조금관리법의 시행령을 고쳐 국고보조율을 10%포인트만 올리겠다고 발표했다. 아예 시행령을 명분으로 법률 제정을 막은 사례다. 민주당의 보건복지위원회 소속 의원들은 성명을 내어 "국회에서 여야 협의를 거쳐 의결해야 하는 법률이 아닌, 정부가 국회 동의 없이 임의로 조정할 수 있는 시행령 개정을 통해 국고보조율을 마음대로 조정하겠다는 것이다. 이는 헌법이 부여한 국회의 입법권을 무시한 처사"라고 지적했다. 그러나 따지고 묻는 것으로 끝이었다.

행정부가 국회를 무시하고 위임입법의 한계를 벗어나지 못하도록 하기 위한 견제 장치로 국회법 98조가 있다. 대통령령·총리령·부령·훈령·예규·고시 등을 제정·개정 또는 폐지한 때에 행정부가 10일 이내에 이를 국회 소관 상임위원회에 제출해야 한다는 '국회의 행정입법 통보제도'다.

하지만 이 제도는 국회가 제출받은 내용을 검토한 뒤 행정부에 '통보'하는 수준에 그친다. 강제력이 없다는 점에서 실효성이 없다. 법제처가 2010년 11월 낸 '국회의 행정입법 통제' 보고서를 보면, 2009년 9월부터 이듬해 11월까지 행정부가 대통령령인 시행령과 총리령 등을 새로 만들거나 고치면서 국회 해당 상임위원회에 보고한 건은 모두 1,187건에 이르렀다. 그러나 국회가 행정부에 의견을 달아 통보한 건 16건에 그쳤고, 이를 실제로 행정부가 반영한 경우는 단 한 건도 없었다.

국회 입법조사처의 한 관계자는 "이 절차는 형식적으로만 존재하지 실질적인 견제 역할을 하지 못하고 있다"고 지적했다.

행정부가 입법부?

지난 2010년 한국법제연구원이 법제처에 제출한 연구용역 보고서 '행정관계 법령의 위임입법 심사기준 및 포괄위임입법 금지원칙 위반 법령 발굴과 정비 방안 연구'를 보면, 행정형벌과 법규 등 5개 분야의 596개 법률을 검토한 결과 절반 수준인 245건의 시행령 등이 정비 대상으로 확인됐다. 같은 연구원이 2011년 낸 보고서 '신법치주의 실현을 위한 행정규칙 정비 방안'에서는 교육·과학기술 분야, 국토·해양 분야, 보건·식품 분야, 지식경제 분야에서 시행규칙 78개가 상위 법률의 내용 및 위임 취지를 벗어나는 등의 문제를 안고 있는 것으로 확인됐다.

행정관료 차원의 행정편의주의도 문제의 한 요인이라는 지적이 나온다. 한국법제연구원 성승제 행정법제연구실장은 "예전에는 외부에 공개되지 않은 채 만들어지던 고시나 훈령을 법률로 많이 바꾸는 등 법체계를 개선하기 위해 정부가 10여년 이상 노력을 해왔다. 그러나 법률을 운용하고 집행하는 과정에서 (행정부가) 집행의 편의를 도모하며 (권한 남용이) 나타나는 경우가 없어지지 않고 있다"고 말했다.

상황이 이렇다 보니 4대강 사업에서 볼 수 있듯 정부의 위임입법 권한은 정권 차원에서도 효과적인 수단으로 활용할 여지가 크다. 시행령은 입법예고와 공청회, 법제처 심의, 대통령이 주재하는 국무회의 등의 절차만 거쳐도 절차적 정당성을 확보할 수 있기 때문이다. 건국대 법학전문대학원 홍완식 교수는 "정부 입장에서는 민감한 문제일수록 국회를 관여시키지 않으려 하는 경향이 있다"고 지적했다.

사회갈등이 불거져도 행정부는 나름의 절차를 거쳐 만들었다는 이유로 시행령이나 훈령 등을 쉽사리 고치려 하지 않는다. 직접적인 피해자나 불만을 가진 이들이 이 문제를 해결하려 해도 헌법소원과 같은 사법적인 대응 말고는 딱히 방법이 없다. 사법부의 판단을 기다리기까지는 숱한 세월이 걸리기 때문에 문제는 더 복잡해진다.

'법 위의 시행령' 막으려면

전문가들은 정부가 시행령 등을 통해 권한을 남용하는 것은 전문화·복잡화·다원화된 한국 사회에 그 배경을 두고 있다고 해석한다. 영역별로 전문적이고 특수한 규율이 필요해진 상황에서 입법의 무게추가 이미 국회에서 행정부로 넘어갔다는 것이다. 하지만 헌법의 기본원리인 법치주의와 3권분립의 원칙을 훼손하는 수준까지는 용인할 수 없다는 게 전문가들의 공통된 의견이다.

따라서 행정부에 대한 국회의 실질적인 견제를 확대할 수 있는 방안이 필요하다는 지적이 나온다. 성균관대 법학전문대학원 지성우 교수는 "국회 법제실이나 입법조사처 등 기존의 국회 지원기관의 역할을 강화해 국회의 행정입법 통보제도가 실효성을 가질 수 있도록 해야 한다"고 말했다.

한겨레신문. 2013.11.4.

위의 내용 중에 입법부가 의견을 달아 통보를 한 건도 소수에 그치지만 그럼에도 이러한 내용이 반영된 건은 한건도 없다는 내용은 입법부의 통보는 거의 행정부에 의해서 무시되는 듯한 행태를 보였다.

2015년 6/7월에 행정부가 시행령을 과도하게 사용하면서 국회의 입법권을 과도하게 무력화한다는 행정부와 입법부가 극도로 대립하는 듯한 모습을 보였다.

헌법학자들 '한 글자 고친 국회법' 놓고 의견 갈려

김철수 서울대 명예교수는 "당초 절충안으로 함께 나왔던 '검토하여 처리한다'는 내용도 반영됐어야 의미가 있었다"고 했다. 당초 정의화 국회의장은 '국회가 시행령을 수정 변경토록 요구할 수 있고 기관장은 이를 처리한다'는 문구에서 '처리한다'를 '검토해서 처리한다'로 바꿀 것을 제안했지만, 여야 협의 과정에서 '요청'만 수용됐다.

헌법재판연구원장 출신인 허영 경희대 석좌교수는 "'검토 처리'라는 표현이 들어 갔다면 행정부의 재량권을 인정하는 것인 만큼 위헌성이 약화되지만, '요청' 하나만으로 그렇게 보기 어렵다"고 했다.

조선일보. 2015.6.18.

단, 행정부, 특히나 금융당국의 입장에서는 발생하는 문제에 대해서 규제와 감독을 위해서 신속하게 대응할 수 있다는 차원에서는 시행령의 장점이 분명히 존재한다. 특히나 의원입법에 비해서 정부입법으로 법안을 통과한다는 것은 무척이나 어려운 과정이라서 정부가 희망하는 내용을 법안에 담아낸다는 것은 더더욱 힘든 과정이다.

반면에 국회의 힘이 너무 강해서 행정부가 국회의 도움 없이는 할 수 없는 일이 거의 없다는 주장도 대두된다. 국회가 법제화를 해 주어야 이를 기반으로 정부가 행정을 진행하는데 국회가 정부의 정책에 동의하지 않는다면 행정부도 의지적으로 행정을 진행하기 어렵다.

19대 들어서만 1만 269건 폭주하는 의원입법 딜레마

의원입법은 과거 국회에 비해 급증 추세다. 2012년 5월 30일 시작된 19대 국회는 전반기 2년간 1,276개 법안을 통과시켰는데, 이 중 의원 발의 입법이 1,072건(84%), 정부 제출 입법이 204건(16%)이었다. 8월 20일 현재 접수된 의원 발의 법안은 1만 269건으로, 아직 7,467건이 미처리돼 계류 중이다. 19대 국회 후반기가 막 시작했음에도 불구하고 19대 의원 발의 법안 건수는 벌써 18대 전체 건수(1만 2,220건)의 84%에 육박하고 있다.

의원 입법이 급증한 것은 관행과 제도가 달라졌기 때문이다. 과거의 경우 개별 의원들이 법안을 제출하려면 당 지도부와 상의했으나 지금은 의원들이 자신의 판단만으로 훨씬 자유롭게 법안들을 제출할 수 있다. 의원 입법 발의 정족수도 17대 국회부터 20명에서 10명으로 완화됐다.

폭주하는 의원 입법이 비슷비슷한 규제 관련 법안들을 만들어내면서 기업 활동을 옥죄고 있다는 비판도 나온다. 한국경제연구원이 발표한 '규제관련 의원입법 개선대안 모색' 보고서에 따르면 18대 국회에서 발의된 의원입법 중 규제 신설 강화 법안 비중은 17.8%로 정부 발의안의 9.4%보다 높았다. 반면 의원발의 법안 가운데 규제 완화 폐지 법안 비중은 10.4%로 정부발의안(14.4%)보다 낮았다.

정부입법의 경우 법률안 입안-관계부처 협의-당정협의-입법 예고-공청회-규제개혁위원회 심사-법제처 심사-차관회의-국무회의-국회제출까지 총 10개의 관문을 거쳐야 한다. 의원입법은 법안작성-의원 10명 이상 서명-국회 제출까지 3단계만 거치면 된다.

바른사회시민회의 의정모니터단이 지난 7월 발표한 '18대 국회, 임기만료 폐기 법안 분석'에 따르면, 18대 국회에서 임기만료로 폐기된 법안 6,301건 가운데 94%가 의원 발의 법안이었다. 또 전체 의원 발의 법안 중 절반 가까운 48.5%(5,922건)가 임기만료로 폐기됐다.

특히 임기만료로 폐기된 법안 가운데 한 번도 논의되지 못한 채 폐기된 법안이 1,373건, 한 차례 회의가 열린 것은 2,049건이었다. 법안이 제출되면 통상 국회 소관 상임위원회 내의 법안소위원회 첫 번째 전체회의에서 상임위 내의 법안소위원회로 법안을 배분하는 회의가 열린다. 따라서 법안과 관련된 회의가 1회 이하로 열렸다면 그 내용에 대해서는 논의조차 되지 않고 폐기됐다는 것을 의미한다.

바른사회시민회의 측은 "임기만료 폐기 법률안의 증가로 법률안의 발의 과정 중 들인 시간과 비용이 낭비됐다"며 "전문성이 결여된 법안의 과잉제출과 표심을 얻기 위한 입법 활동으로 실질적으로 필요한 법률안 심의가 되지 않았다"고 평가했다.

정부는 내년부터 연간 100억원 이상의 비용을 일으키는 규제가 포함돼 있으면 국회의원이 발의한 법안도 사전에 규제영향평가를 받도록 하는 방안을 추진할 방침이다.

국무조정실과 기획재정부가 이번 달 말 국회에 제출하기로 한 행정규제기본법 제정안에 따르면, 현재 규제개혁위원회가 자체 기준으로 정하는 중요 규제를 법으로 명문화해 중요 규제에 해당하면 의원 발의 법안도 사전에 규제영향평가를 받아 규제 도입으로 인한 비용과 편익을 분석해 법안에 첨부하도록 할 방침이다.

이러한 정부 방침과 별도로 홍의락 의원(새정치민주연합 비례대표)은 정부가 국회법에 명시돼 있는 정부 입법 절차를 거치지 않고, 국회의원을 통해 우회적으로 법안을 발의하는 것을 막기 위한 국회법 일부 개정법률안을 지난 6월 대표발의하기도 했다. 이 개정안에는 정부가 당초 국회에 제출한 법률안 계획에 없던 법률안을 제출할 경우, 해당 중앙행정기관장의 소명을 첨부해야 한다는 구속 조항을 명시했다.

주간조선. 2014.8.25.-31.

의원들 '재탕 삼탕 입법' 난무, 발의 법안 10건 중 7건 폐기

바른사회시민회의가 19대 국회 전반기 입법 활동 현황을 조사한 결과 국회의권 310명이 발의한 법안은 총 9,351건이었다. 이중 처리(가결, 부결, 철회, 폐기, 대안 반영 폐기) 건수는 2,282건으로 처리율이 24.4%에 그쳤다.

국회에서 처리한 2,282개 법안 중 가결 건수는 560건, 가결율은 24.6%였다. 대안 반영 폐기 건수는 1,534건으로 67.2%를 차지했다. 바른사회시민회의 관계자는 "다른 법안에 반영돼 폐기된 법안이 많다는 것은 내용이 비슷비슷하거나 기존 법안을 재탕한 법안이 많다는 것을 보여주는 통계"라고 지적했다.

한국경제신문. 2014.11.25.

박근혜 정부는 과도한 규제를 막기 위해서 규제 철폐를 주창하고 있으며 규제 철폐를 위한 관계 장관들의 끝장 토론을 이끌고 있다. 이러한 시점에 국회의원들이 표를 의식하여 많은 비용과 시간이 소비되는 의원입법을 남발하고 있다면 이는 심각한 자원 낭비의 문제를 내포하고 있으며 특히나 이러한 의원 입법의 배후에 이권단체와 국회의원의 후원금 등이 관련되어 있다면 이는 국민의 혈세를 낭비하면서 국회의원 본인의 잇속을 행기는 전형적인 도덕적 해이(moral hazard)의 모습을 보일 수도 있다. 입법로비라는 표현이 사용되기도 하는데 매우 위험한 국회의원들의 행태이다.

회계법인은 최소 10명의 회계사로 구성되어야 하며 현재 약 134개의 회계법인이 활동하고 있다. 상장기업을 한 개라도 감사하는 회계법인의 수가 97개에 이른다. 중소회계법인협의회 이외에도 big 4 회계법인이 아닌 회계사 50인 이상의 16개 중견회계법인들은 별도의 모임을 갖고 있으면서 회계법인 규모별로 여러 가지 이슈에 대한 이해가 얽히고 있다. 또한 한국공인회계사회는 모든 회계사의 의견을 대변하여야 하는 입장이므로 어느 특정 회계법인군의 이익을 대변할 수도 없어서 많은 건에 대해서 명확한 입장을 취하기 힘든 경우도 있다.

반면 감사인 지정제 확대에 대한 이러한 내용은 의원 입법에 의해서 진행되는 내용인데 정부가 반드시 이러한 의원 입법에 대해서 동일한 생각을 갖고 있는 것은 아니다.

신제윤 "지정 감사인 전면 확대안 반대"

신제윤 금융위원장이 "전체 상장사에 대해 외부감사인을 강제 지정하자"는 정치권 일 각의 주장과 관련 법 개정 시도에 대해 반대 입장을 분명히 했다.

"정부가 전체 상장사에 대해 외부 감사인을 지정하는 것은 시장 자율성을 해치는 일" 이라고 말했다. 그는 "국내 상장사의 회계 투명성을 끌어 올린다는 명분이 있더라도 그동 안 아무런 문제 없이 잘 해온 기업에까지 외부감사인을 강제 지정하는 것은 기업에 불필 요한 부담을 안기는 것"이라고 강조했다.

한국경제신문. 2014.9.1.

한신공영 '회계쇼크'에 힘받는 지정감사제

건설사 회계 불신 후폭풍 "특수관계 시행사 반영해 재무제표 수정을"

한신공영이 지정 감사인의 의견에 따라 과거 5년치 회계처리를 뜯어 고치면서 건설업 계의 불투명한 회계가 다시 논란이 되고 있다. 특히 장기 프로젝트를 진행 중인 건설사 의 경우 한신공영처럼 감사인이 바뀌면서 과거 회계처리가 뒤바뀔 리스크가 있다는 지적 이다.

지난달 한신공영은 외부감사인을 삼일회계법인으로 변경한 후 과거 5년치 재무제표를 수정공시했다. 순익이 2012년을 제외하고 모두 흑자에서 적자로 바뀜에 따라 투자자들은 '패닉' 상태에 빠졌다. 한신공영이 시공을 맡고 있는 안산유통업무시설의 시행사 '위트러 스트에셋'의 금융비용과 분양 임대수수료 500억원 가량을 한신공영 실적에 반영했기 때 문이다. 위트러스트에셋은 한신공영 최대주주의 특수관계인이다.

실질적으로 하나의 회사로 보고 안산유통업무시설을 자체사업으로 봐야 했지만 한영회 계법인은 시행사가 별도법인이라는 점을 근거로 도급사업으로 분류했다. 하지만 한신공영 우선주가 관리종목으로 지정됨에 따라 올해 초 증권선물위원회로부터 새 감사인 지정을 받은 삼일회계법인은 안산유통업무시설을 '회계상 자체사업으로 분류해야 한다'는 의견 을 제시했다.

한신공영이 수정한 재무제표를 다시 감사받아 모두 적정의견을 받고 공시하는 것으로 끝이 났지만 후폭풍이 작지 않을 것으로 예상된다. 한신공영처럼 특수관계에 있는 시행사 를 내세워 개발사업을 하고 있는 다수의 건설사들이 재무제표를 다시 수정해야 한다는 얘기가 되기 때문이다.

회계업계 관계자는 "이번 사례는 지정감사인 확대 또는 6년 주기 감사인 강제교체 제도 부활이 왜 필요한지 여실히 보여준다"고 말했다.

매일경제신문. 2014.9.10.

이 chapter의 주간조선 기사에서 인용되었듯이 의원입법이라고 하여도 홍의락 의원(새정치민주연합 비례대표)은 정부가 국회법에 명시돼 있는 정부 입법 절차를 거치지 않고, 국회의원을 통해 우회적으로 법안을 발의하는 것을 막기 위한 국회법 일부 개정법률안을 지난 6월 대표발의하기도 했다. 이 개정안에는 정부가 당초 국회에 제출한 법률안 계획에 없던 법률안을 제출할 경우, 해당 중앙행정기관장의 소명을 첨부해야 한다는 구속 조항을 명시했다.

즉, 이 경우에 지정제 확대를 정부기관의 기관장이 반대하는데도 불구하고 국회가 의원입법으로 이를 강행하는데 대해서 입법부와 행정부의 이해가 상충되는 문제가 발생할 수 있다.

의원입법이라고 하여서 정부의 의견과 상이한 내용이 입법된다는 것은 문제가 아닐 수 없다. 의회는 입법기관이고 정부는 행정부의 집행기관이다. 정부가 집행하는 과정에서 여러 가지의 문제에 봉착하게 되며 특히 규제/감독기관의 입장에서는 이러한 문제를 해결하기 위한 입법에 대해서 고민하게 된다.

의원입법의 경우도 현장에서의 감독기관의 실무자의 의견이 반영되어서 법안이 개정되는 것이 매우 중요하다. 그렇지 않으면 현실과 동떨어진 입안이 될 가능성도 높으며 그렇게 되는 경우 잘못된 정책방향으로 입법의 실행단계에서 국력이 낭비될 수도 있다. 물론, 입법을 발의하는 국회의원이 의원입법을 발의하기 이전에는 많은 연구와 의견수렴을 거치고 있다. 그러나 현장의 의견이 충분히 반영되지 않는다면 현실성이 부족하고 이상론에 치우치며 따라서 실효성이 의심되는 입법이 될 수 있다.

감사인 지정제만 해도 1980년부터 감사인 배정제에서 자유수임제로의 정책이 전환되었고 전 세계적인 추세가 자유수임제도이다. 물론, 자유수임제도에서 나타날 수 있는 여러 가지 문제가 있기 때문에 자유수임제도에 대한 예외로 지정제를 운영하는 것인데 지정제를 너무 과도하게 확대한다면 이는 자유수임제라고 하는 시장 경제에 기반을 둔 제도에 역행하는 정책 방향이라서 문제가 있다. 자유수임제를 도입하는 외국에서도 분식회계/부실감사 등의 문제가 발생하고 있지만 근간이 되는 자유수임에 대해서 손을 대지는 않는다. 즉, 제도가 모든 문제를 해결할 것이라고 예단하는 것은 너무 성급한 기대이다.

분식회계/부실감사 등의 문제가 발생한다면 이는 시장, 소송 등의 어느 정도의 시장 기능으로 해결해야 하지 모든 경제활동을 계획된 틀안에서 움직일 수는 없다.

모든 제도는 시장 경제에 기반을 두고 여기에 예외를 인정하는 방식으로 접근되어야 한다. 1999년 감사보수규정이 폐지되던 시점에도 IMF가 이 제도의 폐지를 요구한 이유가 시장의 mechanism에 기반한 제도가 아니라는 점이다. 감사보수규정이 폐지된 이후에도 국내시장에서의 낮은 감사수임료를 높이는 방법은 감사보수규정을 다시 살리는 대안밖에는 없다는 의견이 있었지만 감사보수규정의 폐지가 대의에 의해서 결정되었기 때문에 이 제도의 예외적인 적용은 허용되었지만 이 규정을 다시 살리는 대안은 심각한 고려의 대상이 아니었다.

미국 자본주의라고 하여도 엔론과 같은 회계부정, 부실감사와 관련된 사고가 발생하지 않는 것은 아니지만 그럼에도 불구하고 우리와 같이 지속적으로 회계분식과 부실감사의 문제가 심각하게 제기되고 있는 것 같지는 않다. 왜 이러한 것인지를 생각해 본다.

회계부정과 부실감사에 대해서 미국에서는 매우 강하게 조치를 하게 된다. 엔론사태가 발생했을 때, 당시 대형회계법인인 아서앤드슨이 철퇴를 맞으면서 회계법인을 청산하게 된다. 우리의 현실에서 big 4 회계법인이 부실감사를 수행한다고 할 때, 이들 회계법인에게 영업정지라는 극약 처분이 가능할까를 생각해 본다. 물론, 경제위기 시점에 대우 감사를 맡았던 산동이라는 회계법인이 해체의 수순을 밟게 되었다. 회계법인은 인적 조직이므로 좋은 회계법인을 구축하는 것은 매우 어려운 과정이다. 또한 경제발전과 양질의 회계감사 용역은 불가분의 관계가 있기 때문에 정부는 대형 회계법인을 육성할 책임도 갖는다. 일본의 경우 가네보* 사건으로 PwC가 어려움을 겪었으며 전 세계적인 network을 가진 일본 PwC이지만 수년전의 가네보 사건의 충격으로부터 아직 회복을 못하고 있다.

또한 서비스업으로서의 회계산업이 국제 경쟁력을 갖기 위해서는 대형화가 선행되어야 하며 그래야만 중국 등에서 경쟁력을 가질 수 있다.

매우 정치적인 이슈이기는 하지만 법무법인에서 고문 제도를 두어서 이들이 어느 정도 로비스트로 활동을 하는 것과 투명성을 최고의 가치로 두어야 하는 회

* 가네보 사건은 손성규 저, 「회계환경, 제도 및 전략」(2014)의 chapter 11을 참조한다.

계법인에서 고문, 부회장 등을 영입하여 영업에 도움을 받는 것이 한국의 회계업계의 발전에 도움이 되는 것인지에 대해서 생각해 본다.

미국의 경우는 합법적으로 로비스트들이 활동을 하고 있고 big 4 회계법인이 의회가 있는 Washington DC에 Center for Audit Control(COQ)라는 이익단체를 만들어서 활동을 하고 있다.

경제의 여러 분야에서 많은 활동을 하였던 인사가 모 은행의 감사위원을 맡으면서 회계법인 교체시 회계법인의 로비력이 정말 대단하다고 하시는 것을 들은 적이 있다. 어느 누구를 선임하는 과정보다도 감사인 선임은 더 많이 로비에 노출되어 있다는 얘기다.

외국에서도 로비스트들이 본인들의 network을 이용하여 합법적인 로비 활동을 수행하고 있을 것이다. 법무법인의 경우는 그나마 경제 정의 또는 투명성 등의 성격과는 밀접한 관련성이 없는 활동을 수행하기 때문에 로비스트가 활동할 수 있는 영역이 있다고 양보할 수 있다. 또한 전직 관료 등이 관피아 등의 이슈 때문에 기관장 등으로 갈 수 있는 길이 막혀 있는 현 시점에 오랜 공무원 생활로 인해서 경제적인 기반을 닦는다는 것이 어려웠기 때문에 경제적인 기반을 닦는 기회를 제공한다는 순기능도 있다. 이렇게 이들이 경제활동을 할 수 있는 숨통이 터 있지 않다면 오히려 공무원으로 활동할 때 부정을 범할 가능성도 있고 후진을 위해서 길을 터주지 않을 수도 있기 때문이다.

품질과 수임료로 경쟁하는 것만 해도 감사품질이 확보되기 어렵다고 하는데 고문 또는 부회장 등의 역할은 투명한 감사인의 선정을 복잡하게 한다. 외부에서 영입되지 않은 고문 또는 부회장의 경우는 법인 내부 사정에 의해서 임명된 것이니 논외로 한다. 회계법인은 원칙적으로 소속 회계사들로 하여금 사외이사 활동을 금하고 있다. 이는 대형회계법인에 해당되며 이는 소속 회계사가 사외이사를 맡고 있을 경우 이해 상충 등의 이슈 때문에 감사를 포함한 여러 용역을 수임함에 문제가 있기 때문이다. 단, 일부 회계법인은 고문 등에는 이 원칙을 적용하지 않는 경우도 있다. 부회장, 고문 등의 직급자는 외부에서 영입된 경우가 많고 회계법인의 파트너십의 한 일원이 아닐 경우가 많은데 파트너십에 근거한 사원이 아니기 때문에 예외로 인정하는 듯하다.

또한 부회장, 고문 등이 맡고 있는 회사가 해당 회계법인의 client가 될 기회가 있는 경우에는 이 분들이 사외이사 직을 맡으면서 감사인으로 선임되기는 어려우므로 이 시점에 사외이사를 사퇴할 수도 있다. 어쨌거나 회계법인의 고유업무가 회계감사라는 것을 생각하면 회계법인의 파트너십을 가진 소속 회계사는 아니더라도 부회장, 고문 등이 이렇게 회사 내에서 사외이사로서의 역할을 할 수 있도록 하는 것이 바람직한지에 대해서는 생각해 보아야 한다.

물론, 수년 전부터는 어느 정도 이상 규모의 회계법인에 전직 관료가 퇴임하면서 바로 채용되는 것을 금지하는 제도가 적용되고는 있다.

중소형회계법인일 경우는 대기업을 감사할 가능성이 낮기 때문에 중소형 회계법인의 대표급 회계사들이 회계전문가로서 대기업의 이사회에 참여하는 경우는 다수 있다.

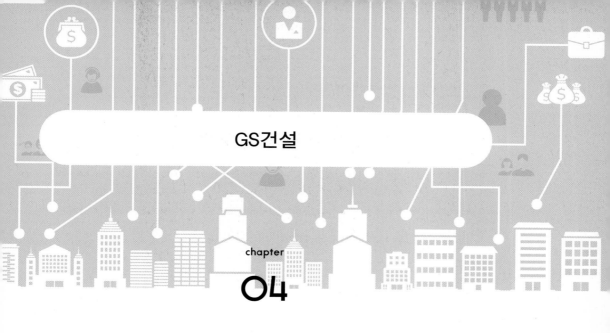

GS건설

chapter

04

GS건설 '적자 회계'에 주주들 집단 소송

'실적 양호 보고서 믿었는데' 상승장에도 주가 2.5% 하락

GS건설은 '지난 1분기 갑작스러운 5,354억원의 적자 회계처리에 투자자에게 입힌 손해를 배상하라'는 취지의 증권 관련 집단소송에 피소됐다고 17일 공시했다.

법무법인 한누리는 투자자 김모씨외 14명을 대리해 '실적이 양호하다는 사업보고서를 믿고 GS건설 주식에 투자해 손해를 봤다'며 지난 8일 서울중앙지법에 소송을 냈다.

법원이 손해배상을 인정하면 소송에 직접 참여하지 않는 관련 투자자 모두가 손해를 배상받을 수 있다. 원고 측이 청구한 4억 2,600만원은 초기 소송에 참여한 15명 몫이다.

원고 측 주장에 따르면 GS건설은 2009년 하반기 이후 해외 플랜트 저가 수주, 원가 상승 등으로 인해 손실이 예상됨에도 기업회계기준을 어기고 매출 영업이익을 부풀렸다.

GS건설이 3월 발표한 사업보고서에는 해외공사를 수주하며 총 계약원가를 낮게 추정하거나 추정원가 변경을 제대로 반영하지 않은 재무제표가 포함됐다는 게 한누리측 주장이다. 이 때문에 올해 4월 1일~10일 GS건설 주식을 사 손해를 본 모든 사람이 손해배상의 대상이 된다.

현재까지 소송 규모와 손해배상 대상자 수는 정확하게 파악되지 않았다. 그러나 하루 평균 50만주 가량의 GS건설 주식이 거래되는 점에 미뤄보면 최대 수만명에 이르는 투자자가 손해배상의 대상이 될 전망이다.

또 주가가 단기간에 40% 가까이 떨어졌기 때문에 1인당 배당 금액도 비교적 클 것으로 전문가들은 보고 있다.

이날 GS건설 주가는 집단소송 피소 소식에 2.55% 떨어진 3만 6,250원으로 마감됐다.

한국경제신문. 2013.10.18.

한누리법무법인은 집단소송제도의 법률 대리인으로 적극적으로 활동하는 법무법인이다.

"GS건설 공시 의무 어겼다" 작년 어닝 쇼크 발표 전 "실적 좋다"며 회사채 발행

"당사는 지속적으로 우수한 수준의 영업이익을 달성해 오고 있으며, 비교적 우수한 재무 안정성을 견지해 오고 있습니다."

GS건설이 지난해 2월 회사채를 발행하면서 내놓은 투자설명서의 일부다. 문제는 이 같은 투자설명서가 '어닝 쇼크' 실적을 발표하기 직전에 나왔다는 데 있다.

GS건설은 지난해 2월 7일 2012년 영업이익이 1,332억원으로 2011년 대비 64.8% 감소했다고 발표했다. 2012년 4분기만 놓고 보면 900억원이 넘는 적자를 기록한 것으로 사실상 어닝 쇼크에 가까웠다. 그런데 GS건설이 '우수한 재무 안정성'을 언급하며 3,800억원 규모 회사채를 발행한 시점은 이보다 이틀 전인 2월 5일이었다.

금융감독원은 GS건설의 이런 투자설명서를 '공시의무 위반'으로 보고 조사를 진행해 왔다. 금융감독원 관계자는 "조사가 사실상 마무리 단계에 있다"면서 "공시의무 위반 시점이 지난해 초였지만 시점에 관계없이 위반 사항이 있으면 제재한다는 방침"이라고 말했다.

GS건설의 어닝 쇼크 원인은 중동 지역에서의 저가 손실을 2012년 4분기에 한꺼번에 반영하는 데 있다.

GS건설은 당시 투자설명서에서 "해외 수주의 대부분이 중동지역을 중심으로 이루어져 지정학적 리스크에 노출된 점과 더불어 최근 해외 플랜트 사업의 수주 경쟁이 치열해 지고 있다는 점은 투자시 유의해야 한다"고 적시했다. 그러나 염가 수주로 인한 손실 발생 가능성을 별도로 언급하지는 않았다.

매일경제신문. 2014.2.28.

'공시위반' GS건설, 최대 과징금 받을 듯

적자 안 알리고 회사채 발행,

금융위, 20억 부과 안건 심의

대규모 적자를 파악하고도 투자 위험을 밝히지 않은 채 수천억원 대 회사채를 발행한 GS건설이 공시 위반으로 최대 과징금을 부과 받을 예정이다.

한국경제신문. 2014.3.1.

염가 수주로 인한 손실 발생 가능성을 별도로 언급하지는 않았지만 GS건설이 처한 경제/경영 환경을 언급하고 있으므로 문제가 되지 않는다고 회사는 판단하고 있다.

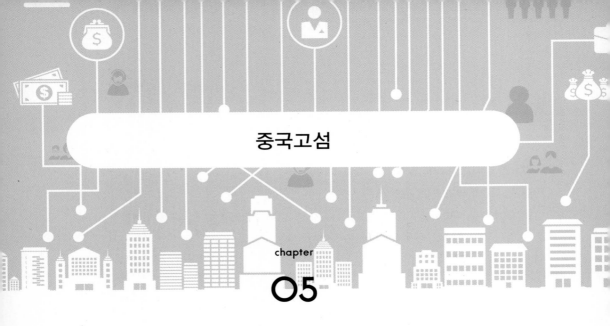

중국고섬

chapter

05

'회계부정' 중국고섬 고발 대우증, 싱가포르 경찰에

KDB 대우증권은 14일 싱가포르 경찰국 상무부(CAD)에 한국고섬과 중국은행, 싱가포르 회계법인(EY)을 회계부정 혐의로 고발했다고 발표했다. CAD는 싱가포르 경찰국에서 증권 금융 등이른바 '화이트칼라 범죄'를 전담하는 특수 수사 부서다.

대우증권은 중국고섬 등의 회계부정 책임을 묻는 동시에 관련 증거를 최대한 입수해 향후 이들을 대상으로 제기할 손해배상소송에 활용할 방침이다.

한국경제신문. 2014.1.15.

대우證, 중국서 중국고섬 상대로 소송 제기한다

금융당국 소극적 대처에 피해 증권사가 발 벗고 나서

KDB대우증권(006800)이 싱가폴 경찰에 중국고섬을 고발한 데 이어 중국 현지에서도 소송을 준비하고 있다. 금융감독원의 중국 현지 조사가 사실상 중단되면서 피해를 입은 증권사가 직접 나서게 됐다.

KDB대우증권 관계자는 28일 "중국고섬의 회계부정을 입증하기 위해서는 중국에 있는 증거를 확보하는 것이 중요하다"며 "중국 현지 민사소송 등 법적 절차를 준비하고 있다"

고 말했다.

분식회계 의혹의 핵심은 재무제표와 일치하지 않은 중국은행의 예금 계좌다. 중국고섭은 2011년 제출한 재무제표에 11억 위안의 현금과 은행잔액이 있다고 밝혔지만 특별감사 결과 현금이 1,655위안 적은 것으로 드러났다.

대우증권이 직접 해외 소송을 준비하게 된 것은 금융당국의 중국고섭 회계부정 수사가 답보상태에 머물고 있기 때문이다.

금융감독원 관계자는 "중국 증권감독관리위원회에 회계부정과 관련된 조사 협조를 요청했지만 중국고섭과 중극은행 측에서 조사를 거부했다는 답변을 들었다"며 "금감원의 요청에 대한 답변이 계속 연기되고 있다"고 설명했다.

앞서 금감원은 지난해 10월 2일 중국고섭의 주관 업무 소홀 책임을 물어 대우증권과 한화투자증권에 각각 20억원 과징금을 부과했다.

반면 국내 회계법인인 한영회계법인에 대해서는 낮은 과징금을 부과하면서 중국 자료에 접근할 수 있게 되면 추가적인 제재를 가할 수 있다고 밝혔다.

대우증권 관계자는 "상장 주관사로서 국내 투자자에게 책임질 부분은 책임져야 하겠지만 중국고섭의 분식회계 의혹을 밝히는 것도 중요하다"며 "금감원의 중국 조사가 진척을 보이지 않으면서 직접 나서게 됐다"고 설명했다.

한편, 대우증권은 지난 17일 중국고섭 투자자가 제기한 손해배상청구소송 결과 공모주 투자자에게 손해배상 책임이 있다는 판결을 받았다. 공모주 투자자의 손해배상금 62억원 중 31억원을 물어주게 됐다.

토마토 뉴스. 2014.1.28.

대우증권, 중국고섭 투자자에 배상 위기 처하자 IPO 주관사, 분기 재무제표

법원이 중국 고섭 공모주 투자자들의 손해액에 대해 KDB대우증권에 50% 배상 책임을 지도록 판결한 뒤 기업공개(IPO) 업계가 바짝 긴장하면서 대책 마련에 나서고 있다.

법원이 외부감사 검토를 받지 않은 중국 고섭 분기 재무제표에 대해 적절한 검증을 하지 않은 것을 근거로 대우증권에 손해배상 책임을 부과한 것으로 알려지자, 다른 증권사들은 주관사 계약을 맺은 IPO 추진 기업들의 재무제표 검증 작업을 강화하려는 움직임을 보이고 있다.

"통장 확인 안한 것은 부실 검증"

투자은행(IB) 업계에 따르면 서울 남부지방법원 민사 11부는 지난 17일 중국고섭 투자자 550명이 대우증권 등을 상대로 제기한 손해배상 청구소송에서 "중국고섭 공모주에 투자했던 125명에 대해 대우증권은 이들이 입은 손해액의 절반(31억원)을 배상하라"고 판결했다. 법원은 그러나 상장 후 유통주식을 샀던 원고들의 손해배상 청구는 기각했다.

중국고섬은 대우증권을 대표 주관사로 해 2011년 1월 한국 증시에 상장했다가 증권신고서에 기재한 재무제표에 예금 잔액을 거짓 기재한 혐의가 드러나 그해 3월 거래정지됐다.

법원은 대우증권에 일정 비율의 손해배상을 물린 근거로 "중국고섬의 2010년 9월 기준 분기 재무제표 중 현금과 현금성자산, 담보 제공 단기성예금에 대한 적절한 검증을 수행했다고 볼 수 없기 때문"이라고 제시했다.

법원은 중국고섬의 2007-2009년 말과 2010년 6월 말 재무제표는 외부감사인의 감사 또는 검토를 받은 이른바 '전문 정보'이기 때문에 대우증권이 별도 검증 없이 믿었더라도 중국고섬의 예금허위 기재에 대한 책임은 면제됐다고 판시했다. 그러나 감사 검토를 받지 않은 2010년 9월 재무제표는 주관사가 적절한 검증을 해야 했다고 지적했다.

법원은 "대우증권은 재무비율 분석만 했을 뿐 예금통장 확인, 은행의 잔액조회서 수령, 중국고섬의 현금 원장 명세서 수령 같은 절차를 진행하지 않았다"며 "금융투자협회의 대표주관업무 모범규준 등을 감안할 때 이는 적절한 검증 절차가 아니다"고 했다.

"반기 분기 재무제표 검증 강화"

대우증권은 재판 과정에서 "예금 통장이나 현금 원장 등은 조작이 쉬워 검증 증거로 활용할 필요성이 떨어지고 은행의 예금조회서는 증권사가 받을 수 없다"고 항변했지만, 법원은 "실효성이 없다는 가정으로 검증 절차 미이행을 정당화할 수 없다"고 했다.

IPO업체는 이 판결 이후 "제2고섬 사태"로 인한 손해배상 책임을 막기 위해 IPO 추진 기업들의 재무제표 검증을 강화할 태세다. 한 중형 증권사 IPO 담당 임원은 "고섬 사태 같은 문제가 실제 터지지 않아 그렇지, 상장 작업 과정에서 그동안 주관사들은 예금통장 확인 등 자산 부채 실사를 생략한 경우가 적지 않았다"며 "앞으로는 모든 IPO 대상 기업의 분기 또는 반기 재무제표에 대한 실사를 강화하고 사진 녹취 등 증빙도 철저히 남겨 놓을 방침"이라고 말했다.

다른 증권사 기업 금융부 이사는 "수치 검증은 물론이고 최고 경영자(CEO), 최고 재무책임자(CFO) 언행의 신뢰도 같은 '정성적 검증'도 강화해 의심이 드는 기업은 과감하게 IPO를 중단시킬 계획"이라고 했다.

한 증권사 관계자는 "상장 작업으로 증권사가 받는 수수료는 코스닥의 경우 2~3억원에 불과하다"며 "얼마나 추가 자원을 투입해야 할지 고민"이라고 말했다.

한국경제신문. 2014.1.27.

대우증권이 소명하였던 내용도 일면 일리가 있다. 은행의 예금조회서는 주간사가 받을 수 없다는 내용도 그렇고 감사인에 의한 분기 검토가 강제되지 않았다면 이러한 분기 재무제표를 주간사가 어느 정도까지 심층적으로 검토할 수 있는지도 논란의 대상이다. 금융기관(주간사)도 재무제표에 대한 전문가라고 할 때, 신규상장기업의 재무제표를 면밀하게 검토하여야 한다고 주장할 수 있다. chapter 2에서의 17대 국회에서 의원입법에 의해서 제기된 문제와 일맥상통하는 이슈이다.

대우증권, 중국고섬 피해자에 50% 배상해야

회계부정으로 상장폐지된 중국고섬의 투자자들이 회계검증을 소홀히 했다며 증권사 등을 상대로 제기한 손해배상소송에서 일부 승소했다. 투자자들은 법원의 판결을 받아들일 수 없어 항소하겠다는 입장이어서 소송전이 장기화될 것으로 전망된다.

17일 서울남부지방법원 민사11부(김성수 부장판사)는 중국고섬 투자자 550명이 한국거래소·대우증권·한화투자증권·한영회계법인을 상대로 제기한 손해배상소송에서 대표주관사인 KDB대우증권에 대해서만 중국고섬의 회계 상황을 적정하게 검증하지 못한 책임이 50% 있다고 판결했다.

다만 중국고섬이 상장된 후 주식시장에서 지분을 취득한 투자자의 피해는 인정하기 어렵다며 공모주 발행에 참여했던 투자자 125명에게만 손해배상을 하라고 판단했다. 이에 따라 대우증권은 원고 550명 중 공모주 발행에 참여했던 투자자들이 제기한 손해배상금 62억원의 절반인 31억원을 지급해야 한다.

한국거래소를 비롯한 다른 피고들에 대해서는 원고의 손해배상 주장이 "이유 없다"며 기각했다.

이번 소송을 제기한 투자자들은 손해배상 대상과 범위가 너무 제한적이라며 항소를 준비하겠다는 입장이다. 강정순 중국고섬 소액주주모임 대표는 "결국 공모주를 받은 사람들에 한해서만 손해를 인정해준 것일 뿐만 아니라 손해배상 비율 50%도 너무 낮다"고 목소리를 높였다. 강 대표는 이어 "가장 억울한 부분은 중국고섬이 싱가포르에서 거래가 정지된 날 한국시장에서 1시간 정도 더 거래된 것"이라며 "한국거래소가 주주들에게 사실을 제때 알려주지 않은 점이 기각됐기 때문에 법무법인과 협의해 항소를 준비하겠다"고 말했다.

KDB대우증권은 이번 판결에 관해 "이번 소송의 책임소재 및 책임범위에 대한 법원 판단을 매우 안타깝게 생각한다"며 "판결문을 수령, 내부적인 검토를 한 후 대응 방안을 세우겠다"고 밝혔다.

서울경제신문. 2013.1.17.

중국 주식 투자해 수백억 대 피해… 거래소·대리인 책임 공방

지난 3월 한국 거래소에 상장된 중국계 회사 주식이 매매정지되면서 투자자들이 수백억원대 피해를 봤습니다. 이미 전날 싱가포르 거래소에서 매매정지 신청이 이루어진 주식이었는데도 다음날 우리 주식시장에선 1시간 동안 거래가 이루어졌습니다. 한국 거래소와 공시 대리인은 서로 책임을 떠넘기고 있습니다.

사업을 하고 있는 33살 김 모 씨는 3월 22일 오전 9시 50분에 '중국고섬' 주식 2천 주, 천만 원 어치를 샀습니다. 그런데 10분 뒤, 이 회사 주식은 매매가 정지되고 말았습니다.

[인터뷰: 김모 씨, 투자자]

"거래처에도 대금을 지급해야 하는데 못하고 있는 부분도 있고, 저한테도 중요한 돈인데 그렇게 돼버렸어요." 싱가포르 거래소에도 상장된 중국고섬은 전날인 21일 현지에서 24% 폭락한 채 매매정지 신청됐습니다. 회사 은행잔고와 재무제표 사이에 9억 8천만 위안, 우리 돈 천 7백억 원 넘는 차이가 발견됐기 때문입니다. 그렇지만 우리 거래소는 그 사실을 전혀 몰랐습니다. 중국고섬의 대리인인 법무법인이 매매정지가 신청됐을 때 즉시 거래소에 통보해야 하는 의무를 어겼다는 겁니다.

[인터뷰: 류재만, 한국거래소 공시총괄부장]

"1월 25일 상장 시점에 대리인과 당해 법인을 불러 교육을 시켰거든요. 그때 즉시 공시하도록 교육을 했습니다."

그렇지만 법무법인은 그런 교육을 받은 사실이 없고 규정집에는 이틀 이내에 통보하면 되는 것으로 돼 있다며 절차상 하자가 없었다는 입장입니다. 싱가포르 거래소가 매매정지를 한 사실이 우리 거래소에 통지된 시간도 법무법인은 3월 22일 오전 9시 30분, 한국거래소는 9시 50분으로 주장해 20분의 차이가 있습니다. 우리 주식시장에는 중국고섬 외에도 해외 주식이 18개나 상장돼 있습니다.

거래소는 중국고섬 주식 매매정지 사태가 난 뒤에야 이 해외주식들을 실시간으로 감시하는 담당자를 뒀다고 밝혔습니다.

피해를 본 투자자 550여 명은 거래소와 상장 주관사인 대우증권, 한화증권을 상대로 190억 원을 청구하는 소송을 냈습니다.

YTN. 2011.10.21.

한영회계법인과 한국거래소가 피고였지만 그들에 대해서는 피해 보상 소송이 기각되었다. 아마도 주관사인 대우증권은 회계법인이 감사를 책임졌기 때문에 적어도 재무제표에 대해서만은 회계법인 책임이라고 생각했던 것 같고, 사법부의 판단은 IPO는 주관 증권사가 주도적인 책임을 지고 진행하는 것이라고 생각하였기 때문에 이러한 판결이 된 것 아닌가 한다. 해외 기업이 국내 시장에 상장했을 시 국내의 공시 대리인과 해당 기업의 공시 책임자, 담당자 모두에게 공시의 책임이 있다. 과거에는 국내의 공시 대리인(주로 법무법인)만을 지정하도록 하였다가 해외에 본사를 둔 기업의 공시 책임의 문제가 대두되자 해외 본사에도 공시책임자를 지정하도록 제도가 변경되었다.

부실상장 중국고섬의 집단소송은 예고된 사건. 대표 주간사 대우증권 부실실사 논란

국내 상장 외국 기업 중 처음으로 투자자의 집단소송 대상이 된 중국고섬공고유한공사의 상장을 위한 기업실사가 허술하게 진행됐다는 지적이 일고 있다.

문제가 된 회계부정에 대한 대우증권은 '회계법인의 감사보고서를 믿고 일을 진행할 수밖에 없는 게 현실'이라며 억울하다는 입장을 보였다.

중국고섬에 정통한 한 관계자도 '중국고섬 실무진과 경영진 간 소통에 있어 괴리가 커 보였다'며 '기업 공개 주간사도 이를 파악하기 어려웠을 것'이라고 전했다.

일부 주주는 기업실사를 담당하고 감사보고서를 작성했던 회계법인(언스트영)까지 법적 책임을 물어야 한다고 주장하고 나섰다.

이번 집단소송을 맡은 법무법인 송현 관계자는 '회계법인을 소송 대상에 포함할지를 고민하고 있다'며 '최종 방침은 8월초 중순 소장을 제출할 때 밝히겠다'고 말했다.

언스트영 관계자는 '2010년 재무제표의 신뢰성에 중대한 영향 사항을 발견해 적절한 조치를 취한 것도 이런 절차를 수행한데 따른 것'이라고 말했다.

투자자 보호를 위해 엄격하게 상장심사를 해야 할 한국거래소도 제 역할을 못했다는 비판이 쏟아지고 있다. 한국거래소 관계자는 '솔직히 우리도 언스트영이라는 세계적인 회계법인이 실사를 했기 때문에 신뢰한 측면이 있다'고 말했다.

마지막 '게이트키퍼' 역할을 해야 할 금융감독원 역시 정정 요구 없이 통과시켰다.

DR 형태 2차 상장의 경우 보다 까다로운 절차가 필요하지만 현행 자본시장법 시행 규칙에는 강해진 심사 기준이 없는 상태다. 중국고섬은 지난해 12월 15일 증권신고서를 금감원에 제출했고 세 차례 정정을 거쳤다. 그런데 이는 금감원이 정정요구를 한 것이 아니라 중국고섬 측이 자진해서 신고서 내용을 정정한 것이다.

매일경제신문. 2011.7.20.

사고는 터졌는데 어떠한 기관도 책임을 지지 않으려 하고 책임 회피에만 급급하다.

KDB대우증 중징계. 금감원, 중 고섬 관련 '기관경고' 2명 정직

금융감독원은 20일 제재심의위원회를 열고 중국고섬의 상장 주간사인 대우증권에 '기관경고', 임직원 2명에게 정직, 4명에게 감봉, 8명에게 견책 등의 조치를 내렸다.

금감원은 대우증권이 중국고섬 상장 대표 주간사로서 기업 실사 등 인수업무를 제대로 수행하지 않았다고 판단했다.

대우증권은 중국고섬 증권 신고서에 기재된 2010년 3분기 재무제표가 외부감사인의 감사 또는 검토를 받지 않았는데도 거래 내용 확인 등 심사를 하지 않았다. 또 중요 계약 체결 사실 등 투자 위험 요소를 파악하지 못하고 주요 토지계약 관련 공시자료가 일치하지 않은 것도 확인하지 못한 것으로 드러났다.

기관경고를 받은 증권사는 3년간 최대주주 자격요건에 제한을 받는다. 이렇게 되면 헤지펀드 운용을 위한 자회사 설립이 제한되는 등 신규사업을 펼치기 어려워질 수 있다. 금융회사에 대한 금감원의 제재는 기관주의, 기관경고, 영업정지, 인가취소의 4단계로 나뉜다.

매일경제신문. 2014.2.21.

중국고섬 상장 폐지 손해 물어내라. HMC IBK 증권, 대우증에 소송

HMC 투자증권과 IBK 투자증권이 중국 섬유회사 고섬의 상장 폐지에 따른 손실을 물어달라며 KDB대우증권을 상대로 손해배상 소송을 제기했다. 지난해 분식회계로 상장폐지된 중국고섬 사태가 증권사 간 소송전으로 비화되고 있다.

HMC증권과 IBK투자증권은 최근 대우증권을 상대로 각각 18억 8,000만원, 35억 2,000만원을 물어내라는 내용의 손해배상소 청구 소송을 관할 법원에 제기한 것으로 25일 확인됐다.

고섬에 투자한 이들 두 증권사는 2011년 고섬 상장 당시 주관을 맡은 대우증권이 부실을 제대로 검증하지 않은 만큼 책임을 져야 한다고 주장하고 있다.

고섬은 2011년 1월 주식예탁증서 형태로 한국거래소 유가증권시장에 상장했다. 당시 청약 부진으로 실권주가 발생하자 주식 인수단 자격으로 참여한 두 증권사는 각각 61만 2,827주, 30만 259주의 실권주를 떠안았다. 고섬은 그러나 상장 두달 만에 분식회계 은닉 논란이 불거지면서 거래가 정지된 데 이어 지난해 10월에는 분식회계가 사실로 드러나면서 상장폐지됐다.

그로 인해 개인투자자는 물론 실권주를 인수한 두 증권사도 50여 억원의 손실을 입은 것으로 전해졌다. 대우증권은 이와 관련, 금융감독 당국으로부터 기관 경고조치를 받았다.

고섬이 약 1,000억원에 달하는 부실을 감추는 등 분식회계를 했음에도 대표주관사로서 이를 검증하지 못했다는 이유에서다.

서울남부지법은 올초 중국고섬투자자 550명이 한국거래소와 대우증권, 한영회계법인 등을 상대로 제기한 손해배상 청구소송에서 "대우증권은 투자자들에게 31억원을 지급하라"는 내용의 1심 판결을 내렸다.

한국거래소와 한영회계법인은 손해배상책임에서 일단 제외됐다.

한국경제신문. 2014.8.26.

공정공시제도의 적용

chapter

06

금융위 '기업 정보 함구령' 애널들이 떨고 있다

강경 대응 나선 금융 당국 "보고서 없는 내용 발설 말라" 잘못된 관행 뿌리뽑기 나서

지난해 12월 31일, 주요 증권사 준법감시인팀에 금융위원회 발 공문이 일제히 날아들었다. 애널리스트들이 사전에 보고서를 통해 밝히지 않은 상장사 내부 정보를 외부 이해관계자에게 발설하지 말라는 내용이었다.

애널리스트들은 공문 한장에 '꿀 먹은 벙어리'가 됐다. 일반적 주가 전망을 묻는 기자나 투자자 질문까지 "아직 보고서를 쓰지 않아 말할 수 없다"며 몸을 사린다.

시장에선 상장 게임회사 CJ E&M '실적 유출 사건'의 후폭풍이란 관측이 나온다. 지난해 10월 16일 CJ E&M 측은 3분기 실적 발표에 앞서 애널리스트들에게 '좋지 않다'는 정보를 알려 줬고 이를 들은 기관투자자들은 주식을 팔아 개인투자자들만 손해를 봤다는 의심을 사고 있다. 사법경찰권을 가진 금융위 소속 자본시장조사단은 지난달 20일께부터 애널리스트들을 줄소환해 조사하고 있다.

애널리스트들이 정식 분석보고서를 내기 전, 주요 상장사 정보를 '갑'이자 '큰손' 고객인 기관투자자에 제공해 온 것은 공공연한 비밀이다. 기관 주식을 거래할 때 받는 수수료가 증권사 수입의 상당 부분을 차지하기 때문이다. 공정공시제도 위반과 내부거래 논란이 제기되곤 했으나 금융당국이 대대적인 조사에 나선 건 처음이다.

법무법인 율촌 관계자는 "내부자 거래에 대해 규정한 자본시장과 금융투자업에 관한 법률 제174조를 적용하면 충분히 애널리스트들을 처벌할 수 있는 사안"이라고 했다.

증권사들은 자칫 잘못을 바로 잡으려다 일을 그르칠 수 있다는 '矯角殺牛(교각살우)'*의 부작용이 나타날 수 있다고 항변한다. 한 증권사 리서치 센터장은 "공식 보고서나 언론을 통해 투자 정보까지 부실해지는 부작용이 나타날 것"이라며 "상장사 내부자들만 정보를 독점하는 일이 벌어질 것"이라고 주장했다.

미국 등 선진국은 한국에 비해 내부자 거래와 관련한 규정이 엄격하다. 미공개 내부정보의 1차 유포자뿐만 아니라 2차, 3차 유포자까지 처벌 대상에 포함시킨다. 미국 증권거래소(SEC)가 2009년 이후 법원에 제소한 내부자거래 사건만 200여 건에 이른다.

증권사들은 미국 사례를 그대로 적용해선 안 된다고 반발하고 있다. 한 증권사 임원은 "외국 증권사들은 정보 이용료를 받고 소수 기관에만 분석 리포트를 판다"며 "개인이 정보에서 소외되는 것은 미국도 마찬가지"라고 했다.

한국경제신문. 2014.1.13.

위의 기사에서 "공식 보고서나 언론을 통해 투자 정보까지 부실해지는 부작용이 나타날 것"이라며 "상장사 내부자들만 정보를 독점하는 일이 벌어질 것"이라고 주장했다는 내용은 매우 역설적이지만 흥미로운 내용이다. 이 리서치센터장의 주장은 증권사의 이러한 정보 유출이 존재하지 않는다면 이러한 정보가 공유되지 않을 것이며 이러한 정보가 공유되지 않으면 어차피 기업의 내부자에 의해서 내부자 정보로 악용될 것이므로 증권사가 이러한 정보를 유출하는 것이 순기능이 있다는 식의 논리이다.

기업 내부에서의 내부자 정보는 존재할 수밖에 없으며 내부자와 외부자간의 정보의 불균형도 태생적으로 존재할 수밖에 없다. 문제는 이러한 내부자 정보가 악용되는지 여부이며 제도와 규제에 의해서 내부자 정보가 악용되어 피해자가 발생하지 않도록 해야 한다.

내부자 정보가 내부자만의 정보로 이용되는 것을 방지하기 위해서는 이를 속히 공적인 정보 영역(domain)으로 올려 두어야 한다.

외국 증권사에서 소수의 이용자에서 정보 이용료를 받고 정보를 파는 이슈와 공정공시의 이슈는 별개의 이슈이다. 정보를 파는 것은 상행위이며 이런 것까지 규제를 하기는 쉽지 않다. 다만 이런 식으로 접근하면 거의 모든 증권사가 공정공

---

* 결점(缺點)이나 흠을 고치려다 수단(手段)이 지나쳐 도리어 일을 그르침.

시 제재에서 빠져 나갈 수 있다. 공정공시제도는 정보의 매매에까지는 깊은 고민을 하지 않은 듯하다.

미공개정보 '다른 처벌 잣대'

"미공개 정보를 이용해 수억대 손실을 피한 펀드매니저들은 2차 정보 수령자라는 이유로 어떤 처벌도 받지 않는게 말이 됩니까."

한 투자은행 관계자는 12일 "금융위원회 자본시장조사단이 CJ E&M 실적유출 사건 조사를 벌이고 있는 와중에도 미공개 기업정보를 요구하는 펀드매니저들의 '횡포'는 계속된다"며 이같이 목소리를 높였다.

금융당국이 CJ E&M 실적유출 사건에 대한 제재방침을 내놓았지만 관련 업계에서는 형평성 논란이 일고 있다. 금융위는 이날 증권선물위원회를 열고 CJ E&M의 미공개 실적정보를 누출한 기업설명 담당자 3명과 이 정보를 펀드매니저(기관투자자)에게 알려준 증권사 애널리스트 4명을 검찰에 고발 통보했다.

그러나 정작 이 정보를 이용해 수억원대 손실을 회피한 펀드매니저들은 '2차 정보 취득자'라는 이유로 사업처리를 피해 갔다. 현행 자본시장과 금융투자업에 관한 법률에 따라 미공개 정보와 관련한 처벌대상은 정보 유출자 (CJ E&M IR 담당자)와 1차 정보 취득자(애널리스트)로 한정되기 때문이다.

실제 미공개 정보를 이용해 이득을 본 펀드매니저들이 법망을 비껴 가면서 '상장사 IR 담당자->애널리스트->펀드매니저(기관투자자)'간 삼각 부당거래 근절을 내건 금융당국의 의지도 한풀 꺾인 분위기다.

그동안 2, 3차 미공개 정보 수령자의 정보이용 행위도 처벌대상에 포함시켜야 한다는 주장은 줄곧 제기됐다. 영국과 유럽연합(EU) 등은 이미 시장정보 2, 3차 수령자 등에 대해 강력한 행정제재를 가하고 있다.

금융위도 2, 3차 미공개 정보 수령자의 정보이용 행위를 '시장질서 교란행위'로 규정하고 과징금을 부과하는 안을 추진하겠다고 밝혔다. 이와 관련한 자본시장법 개정안도 발의되었지만 9개월째 국회에서 잠자고 있다. 모처럼 박근혜 대통령의 '주가조작 근절' 특명을 받고 출범한 자본시장조사단이 주도한 첫 조사 결과가 '절반의 성과'로 끝나 아쉽다.

한국경제신문. 2014.3.13.

2, 3차 정보수령자가 법령을 빠져 나가는 것을 방지하기 위해서 자본시장법이 개정되어야 한다는 주장은 오래전부터 있어 왔지만 2015년 7월 1일부터 이들을 범법으로 처벌할 수 있게 되었다.

공정공시제도가 2002년 도입되었던 시점에도 가장 우려하였던 점은 정보 경색과 관련된 부분이다. financial intermediary로서의 애널리스트들도 시장에서의 역할이 존재한다. 중개자로서의 애널리스트들로 경제활동에서 차지하는 순기능이 없지 않다는 주장이다. 중개자가 없다면 내부자정보가 더욱 확산될 것이라는 주장에 대해서 정책당국은 심각한 고민을 해 보아야 한다. 애널리스트들에게 정보 접근의 배타성을 인정하지 않기 때문에 애널리스트들의 경쟁력은 정보의 분석 능력만이 남게 된다.

어떻게 보면 공정공시제도는 매우 이상적인 상황을 추구하면서 입안된 제도라는 생각도 든다. 단, 정보에 대해서 완벽할 정도로 공정하게 접근한다는 것은 현실적으로 가능하지 않은 이상론적인 주장일 수 있다.

변호사와 공인회계사의 차이

chapter

07

대한변호사회가 기업 사내 변호사에 대한 윤리규정을 신설하는 등 변호사 윤리장전을 개정하기로 했다.

20일 법조계에 따르면 변협은 최근 이사회에서 확정한 변호사 윤리 장전개정안을 오는 24일 정기총회에 상정하기로 했다. 변호사 윤리장전은 변협이 비위 변호사를 징계할 때 근거로 삼는 규약으로 선언적 의미를 넘어 실질적인 구속력을 가진다. 변협이 윤리장전을 개정하는 것은 14년 만의 일이다.

변협은 우선 사내 변호사가 많아진 현실을 반영해 관련 규정을 신설하기로 했다. '사내 변호사가 업무 처리과정에서 위법 행위를 발견할 경우 조직의 장이나, 집행부, 다른 관계 부서에 말하거나 기타 적절한 조치를 취해야 한다'는 내용으로 윤리장전 53조를 새로 만들기로 했다. '사내 변호사는 업무 수행에 있어 변호사로서 독립성 유지가 기본 윤리임을 명심해야 한다'는 내용도 51조로 신설할 예정이다. 기업에서 발생할 수 있는 개인 비리 등과 관련해 내부 자정작용을 강화하기 위한 조치로 풀이된다.

이에 대해 이동응 한국경총 전무는 "기업이 경영 투명성을 유지하고 준법 경영을 해야 한다는 취지는 인정한다"면서도 "기업 내에 불법 행위가 많은 것처럼 오해를 불러일으킬 가능성이 있어 우려스럽다"고 말했다.

변협은 아울러 '의뢰인 또는 관계인과 수수한 보수액을 숨기기로 밀약해서는 안 된다'

(제36조) 내용의 기존 조항은 삭제키로 했다.

한국경제신문. 2014.2.21.

"기업비리 고발 의무 지나쳐" 사내변호사 반발

문제가 된 부분은 53조이다. 이에 대해 사내변호사들은 신고 대상인 '위법 행위'의 범위가 모호하고, 회사 내 역할 등을 감안할 때 사내변호사의 입지를 좁히는 과도한 규제라고 반발하고 있다.

금융사 소속 한 사내변호사는 "1,500여 명의 사내변호사들이 현실적으로 기업으로부터 독립성이 확보되지 않은 상태인데 기업 비리를 의무적으로 고지하라고 하는 것은 회사를 그만두라는 것과 마찬가지"라고 항변했다. 또 개정안이 '성공보수 선 수령 금지 조항'과 '변호사 직무는 영업이 아니라'는 조항을 폐지하는 등 변호사의 공익성보다 현실을 보다 중시하는 것과 모순된다는 지적이 나온다.

한국경제신문. 2014.2.24.

사내변호사에 기업 비위 신고의무, 성공보수 선수령 금지도 폐지

한국사내변호사회 관계자는 "업무를 하다보면 '이 프로젝트는 현행법상 허용되지 않는다. 또는 법적인 문제가 제기될 수 있다. 법적 문제의 소지가 있긴 하지만 해결 방법을 찾아보자' 등의 의견을 제시하는 때가 많은데 어느 범위까지를 '위법행위'로 봐야 하는지, 이런 경우까지 신고를 해야 하는 것인지 애매하다"면서 "신설된 규정은 전세계적으로 볼 때 미국의 극히 일부 주에서만 시행되고 있을 정도로 유례가 없는 규제"라고 비판했다.

이 관계자는 "사내변호사가 아닌 일반 변호사들은 이런 사실을 알게 돼도 비밀유지의무를 이유로 아무런 제재를 받지 않는데 유독 사내변호사에게만 이런 부담을 지우는 것은 과도하다"면서 "준법경영 확산을 위해 법조인들이 최근 사내변호사로 많이 진출하고 있는데 이런 흐름에도 악영향을 미칠 것"이라고 강조했다.

법률신문. 2014.2.21.

실질적인 위법과 관련된 의사결정은 매우 애매모호한 의사결정일 수 있으며 3심에 가서나 위법여부를 가리는 경우가 있다. 따라서 기업 현장에서의 사내 변호사들의 법적인 판단은 개인적인 현장에서의 해당 건에 대한 의견일 뿐이다.

이는 감사실장이니 내부감사인의 법적 지위와 동일하다. 미국의 내부감사인 협회(IIA, Institute of Internal Auditor)의 내부 규정에 보아도 내부감사인은 외관적으로 또한 실질적으로 독립적이어야 한다고 기술되어 있다. 그러나 조직의 일원으로서의 내부감사인에게 독립성을 강제하기는 쉽지 않다. 외부용역의 수행자로서의 외부감사인이 실질적/외관적으로 독립적인 것과 비교해서 너무 많은 것을 기대하고 있을 수도 있다.

이러한 독립성을 확보해 주기 위해서 감사실장의 임면은 감사위원회의 동의를 받기도 하는데 사내 변호사의 경우는 이러한 요건도 갖추고 있지 못한 상황에서 이들에게 너무 많은 것을 기대하는 이상주의적인 개정 방향이었다. 이렇게 신분적으로 보호받는 기업 내에서의 감사 기능도 제 역할을 찾기가 쉽지 않다고 하는데 단순히 변호사 자격증 소지자라고 해서 큰 역할을 기대함은 너무 무리한 요구이다. 변호사 자격증 소지자가 자격증은 있어도 신입 직원일 수도 있다.

또한 사내 변호사가 조직의 한 일원으로 근무하는 것인데 위법 행위를 조직의 장에게 보고하기를 기대하기는 현실적으로 어렵다. 또한 사내의 많은 변호사가 법무팀 또는 준법감시실에서 근무하는 것도 아닌 현실에서, 변호사 고유의 업무만 강조한 것은 아닌가에 대한 의문이 있다.

소송이 끝난 후에도 성공보수를 주지 않는 경우가 발생하기 때문에 성공보수 선 수령 금지 조항을 폐지하는 것으로 안을 제안하였다고 한다.

회계법인의 경우도 의견 거절을 표명하는 경우는 수임료를 받기 어렵다고 한다. 의견거절이 표명되면 상장폐지로 가게 되고 그러면 법정관리 등으로 진행될 확률이 높아지면서 수임료를 떼일 수 있다.

'변호사 직무는 영업이 아니라'는 내용을 폐지한다는 것은 상당한 정도의 의미가 있다. 위의 신문기사에서도 이는 변호사의 업무 중에 공익성이 중요한지 영리성이 중요한지의 상징적인 의미가 있는 내용이다. 변호사의 직무에 있어서 공익성과 영리성이 모두 중요하지만 공익성이 현실성에 우선한다고 규정할 수는 없다는 방향 설정으로 이해한다. 공익성과 영리성 모두는 변호사로서 추구해야할 가치인데 이 두 가치가 상충이 있을 경우, 어떠한 항목에 더 높은 가치를 두어야 할지는 매우 고민되는 내용이다.

이는 회계법인에게 공공성이 더 중요한지 아니면 회계법인의 영리성이 더 중요한지를 두고 한 가지를 선택하도록 하는 것과 동일하다. 두 요인 모두 중요하기 때문에 한 가지를 달성하기 위해서 한 가지를 포기하는 것은 어렵다.

외부에서 보기는 공익성이 더 중요하다고 판단하기 쉬우나 영리조직인 회계법인이 영리를 떠나서는 조직 자체가 존재할 수 없다.

수년 전 모 대법원장이 실무의 변호사들은 공익성보다는 개인의 경제적인 이윤만을 추구한다는 말을 공개적으로 해 상당한 논란이 있었다. 의료인들도 히포크라스 선서를 하면서 전문가로서의 그들의 업무가 환자의 생명을 지키는 고귀한 일을 하고 있다는 책임을 느끼게 한 것이다. 모든 자격증 소지자들이 이러한 소명감을 가져야 한다.

이 윤리장전에 공인회계사를 대체한다면 회계업계에서는 분명코 공익성이 영리성에 우선한다고 단언할 수 있다. 왜냐하면 대부분의 소송건에서 변호사가 수행하는 법률서비스의 이해관계자로는 원고와 피고만이 개입될 확률이 높은 반면에 공인회계사가 수행하는 감사업무는 '불특정 다수를 위한 공공재'적인 성격을 띠기 때문이다.

위의 신문 기사에서 언급된 내용인 '현행법상 허용되지 않는다 또는 법적인 문제가 제기될 수 있다'는 실무에서 빈번하게 발생할 수 있는 법적인 고민일 것이다. 재판에서도 법률 전문가들이 법의 해석에 대해서 원고/피고로 나누어져서 법리공방을 벌이게 된다.

회계적인 이슈에 대해서는 감리위원회, 증권선물위원회에서는 어느 회계처리가 적절한지에 대해서 회계전문가들이 의견을 달리할 수 있으며 하물며 행정부에서의 판단이 종료된 이후에도 조치를 받은 회사나 감사인이 행정소송을 통해서 증선위의 행정조치에 대해서 이견을 제기하기도 한다.

그렇기 때문에 매우 자명한 경우를 제외하고는 법의 해석이나 적용은 달라질수 있다.

사내변호사에 대해서 이러한 위법 행위를 신고하도록 한다는 것은 사내 회계사에게도 분식회계에 대해서 신고하도록 해야 한다는 것으로도 확대 적용할 수 있는데 위원회에서도 논란이 되는 분식회계 건을 개인적으로 판단하여 신고하도록한다는 것은 문제가 있다. 전문가라면 누구도 전문 영역에 대한 주관적인 판단을수행할 수 있는데 이러한 개인의 의견은 개인의 의견에 그치는 것이다.

이는 내부자 고발과는 차이가 있는 것이 내부 고발제도는 명백한 부정행위를고발하라는 것이다.

금융감독원도 민원에 의한 감리를 진행할 때도 있지만 그렇다고 감독기관이 본연의 업무를 떠나 모든 민원에 대해서 조사를 할 수는 없다.

사내변호사 '기업 비리 고발 의무' 법조계 일부 반발로 결국 삭제

다만 변협은 '사내 변호사는 업무 수행에 있어 변호사로서 독립성 유지가 기본윤리임을 명심해야 한다'는 51조를 원래 계획대로 신설했다. 최 대변인은 "위법행위를 보고도 그냥 넘기지 말아야 한다는 의무를 상징적으로나마 남겨 놓은 것"이라며…

법조계와 재계에서는 변협의 이러한 방침에 대해 논란이 분분하다. "비리가 있으면 이를 알려야 법질서를 확인하고 더 큰 피해를 막을 수 있다"는 의견과 "변호사도 기업 임직원으로서 회사의 지시를 따라 일할 의무를 진다"는 의견이 부딪치고 있다.

한국경제신문. 2014.2.25.

저자의 생각으로는 변협의 개정안이 너무도 이상주의적인 접근에 치우쳤다고 판단된다. 사내변호사의 조직원으로의 책무와 사회의 일원으로서의 자격증 소지자의 의무를 합리적으로 병행하여야 한다.

예측치에 대한 인증

예측치에 대한 인증에 있어서도 미국에서도 다음과 같은 역사적인 배경이 있다. 1980년대 초반, 미국의 Louisiana, Oklahoma, Texas와 같은 석유를 시추하는 주에서는 투자를 유치하는 한 package로서 추정 재무제표에 대한 검토라는 인증을 수행하였던 기간이 있었다. 그러다가 1980년대 초반의 오일 가격의 폭락과 과투자로 인해서 이렇게 감사인의 검토를 받은 재무제표의 신뢰성이 문제가 되자 회계정보 이용자들이 급기야는 감사인을 소송하는 결과를 초래하게 되었다. 이러한 과정에서 추정 재무제표에 대한 감사인의 인증은 감사인이 제공하는 용역에서 제외되게 된다.[*]

반면에 우리의 현실은 그렇지 않다.

한국공인회계사내의 회계감사기준위원회는 '추정 재무제표 검토업무 기준 2006.1.24.'을 제정하고 있다. 추정하는 내용에 대해서 감사인이 검토 인증이기는 하지만 인증을 수행한다는 것이 적절한지에 대한 비판을 할 수 있지만 회계 자체는 많은 추정과정이 불가피하기 때문에 현업의 공인회계사가 이미 추정에 익숙해 있다고 할 수 있다. 예를 들어 감가상각을 인식하는 과정에는 내용 연수와 잔존가

---

[*] Kinney, 2000, Information Quality Assurance and Inter Control for Management Decision Making, p. 268.

치라는 추정을 수행하여야 한다.

또한 공인회계사가 수행하는 업무 중에는 M&A 관련 업무, FAS(Financial Advisory Service)가 있는데 이러한 가치평가를 위해서는 미래 현금 흐름에 대한 현재가치 계산이 필수적이며 이 계산은 사용하는 discounting rate에 의해서 많은 차이를 보일 것이다.

따라서 추정의 과정은 어느 정도는 감사인이 수행하는 업무와는 무관하지 않다. 단, 추정에 의해서 재무제표가 작성되는 과정에는 많은 가정을 전제로 하게 되는데 이러한 가정이 사실과 다름으로 인한 변동성에 대해서는 감사인의 인증이 분명히 밝혀야 한다.

기업도 pro forma financial statement를 작성하는 경우가 있는데 이를 같은 맥락에서 생각할 수 있다.

이 기준의 부분적인 내용을 보면 다음과 같다.

1. 이 기준의 기초로서 국제회계사연맹(IFAC)이 제정한 추정재무정보 검토업무 기준(International Standard on Assurance Engagement 3400, The Examination of Prospective Financial Information)을 채택한다.
2. 감사인은 추정재무정보 검토업무를 수행함에 있어서 다음 사항에 대하여 충분하고 적합한 증거를 입수하여야 한다.
(1) 추정재무정보의 기초가 된 경영자의 최선의 예측가정에 합리성이 결여되어 있지 않은지, 가설적 가정의 경우 그 가정이 추정재무정보의 목적과 일치하는지 여부
(2) 추정재무정보가 이러한 가정을 기초로 적절하게 작성되었는지 여부
(3) 추정재무정보가 적절하게 표시되었는지, 관련 가정은 최선의 예측가정인지 또는 가설적 가정인지에 대한 명확한 표시 등 모든 중요한 가정들이 충분히 공시되었는지 여부
(4) 추정재무정보가 적절한 회계기준에 따라 역사적 재무제표와 일관성이 있는 방식으로 작성되었는지 여부
3. 또한 추정재무정보의 기초가정을 평가할 때 제반 유형의 증거를 이용할 수 있다고 하여도, 감사인이 그 가정에 중요한 왜곡표시가 없다는 적극적인 의견표명을 할 만큼 충분한 수준의 만족을 얻는 것은 용이하지 않다고 볼 수 있다. 따라서 감사인은 이 기준에 따라 경영자 가정의 합리성에 대하여 보고할 때 중간 수준의 확신만을 제공한다. 그러나 감사인이 경영자의 가정에 관해 충분한 수준의 만족을 얻었다고 판단할 때에는 그 가정에 대하여 적극적인 확신을 표명할 수도 있다.

여기에서 기술하는 적극적인 확신은 검토라는 인증에서의 소극적 확신에 대해, 감사라는 인증에서의 적극적 확신을 의미한다.

검토보고서에 포함될 내용으로는 다음이 있다.

> **다음 사항에 대한 기술**
> - 예상되는 사건이 기대와 다른 경우가 빈번하고 그 차이가 중요할 수 있으므로 실제결과는 추정재무정보와 다를 수도 있다는 사실. 마찬가지로 추정재무정보가 일정범위로 표시되는 경우 실제 결과가 그 범위 안에 존재할 것이라는 것에 대하여 어떤 확신도 제공될 수 없다는 사실
> - 재무추정치의 경우 추정재무정보는 ××의 목적으로 작성되었고 반드시 그 발생이 기대되지는 않는 미래 사건과 경영자의 행위에 대한 가설적 가정 등 일련의 가정이 적용되었다는 사실. 따라서, 정보이용자에게 추정재무정보는 기술된 목적 외에 기타의 목적에는 이용되지 않는다는 사실을 주지시킴

추정은 추정에 불과할 수밖에 없다는 내용은 자본시장법에서의 추정의 내용이 포함되었을 때의 규제의 내용과 거의 대동소이하다.

추정의 과정은 많은 가정을 전제한다. 이러한 추정의 과정은 매우 주관적인 작업이기 때문에 어떻게 보면 평가 과정과도 유사한다고 할 수 있다.

프랑스에서는 경영자의 예측에 대해서까지도 감사인이 인증을 제공하는 경우가 있다.

공인회계사는 감사기준에 기초하여 감사를 수행하기 때문에 모든 것이 매우 정확하여야 한다. 다만 기준에 근거하지 않은 즉, 어느 정도 주관성이 개입될 수밖에 없는 평가 업무도 공인회계사들이 수행하고 있기 때문에 평가 업무에 대한 가이드라인 중 흥미로운 부분을 기술한다.

금융감독원은 '09.6.25. 비상장법인 자산의 과대평가 등 부실평가를 방지하기 위하여 공인회계사회, 감정평가협회, 변리사회 등이 공동 참여한 TF팀 협의를 거쳐 「외부평가업무 가이드라인」을 제정하였다. 이 가이드라인 중, 몇 가지 중요한 내용을 다음에 기술한다.

- 평가자는 평가업무를 수행함에 있어 공정하고 불편·부당한 자세를 유지하여야 하고 평가업무를 수행하는 과정에서 객관성을 유지해야 한다(제2편 §5).
- 평가자는 대상자산의 평가를 위해 수집한 기초자료의 합리성·타당성에 대하여 검토한 후 적정한 경우에만 수집한 기초자료를 평가에 이용하여야 한다(제3편 §10).
- 감사받지 않은 재무제표의 경우 평가자가 당해 재무제표에 대한 신뢰성을 확보할 수 있는 정도의 필요한 절차를 수행하여야 한다(제3편 §22).
- 평가자는 회사 등이 제시한 평가를 위한 기초자료에 대하여 객관성·적정성 여부를 확인하기 위하여 상당한 주의를 기울여야 하며 이러한 적정성에 대한 검토과정 없이 동 자료를 평가에 사용해서는 안 된다(제3편 §24).
- 평가자는 평가접근법을 선택할 때 대상자산의 특성을 분석하여 반영하여야 한다. 예를 들어, 설립된 지 5년 미만인 기업이 발행한 지분증권을 자산접근법 이외의 평가접근법을 적용하여 평가하고자 하는 경우 거래처 목록, 고객 또는 공급자와의 관계, 고객 충성도 등을 고려하여 자산접근법을 적용하는 경우와의 차이금액에 대한 합리적 근거를 확보하고 이를 문서화하고 평가의견서에 기재하여야 한다(제3편 §27). 회계법인이 이러한 외부평가업무 가이드라인을 준수하지 않은 부분에 대해서 이 가이드라인이 구속력이 없는 가이드라인이라는 변명을 하기도 한다. 다만 감독기관의 가이드라인은 법적으로는 구속력이 없다고 하더라도 의미 없이 존재하는 것은 아니다.

상장 이슈

chapter

09

"상장한 이후 장점요? 회사에 대한 전반적인 인지도가 높아진 것을 빼고는 크게 못 느 낍니다. 공모 자금도 기대보다 못 받았고, 수시로 이런저런 사소한 경영사항들을 공시해 야 하는 탓에 공시 담당자 인건비 등 상장 유지 비용 부담만 늘어난 것 같습니다."

몇 년 전 코스닥 시장에 상장한 A기업의 최고경영자(CEO)는 상장 이후 장단점에 대해 이렇게 말했다.

자금 조달 창구로서 상장 기능이 시원찮은 반면, 공시 의무와 소액주주들의 배당 요구 등 안팎의 간섭만 늘어 부담스럽다는 요지였다.

16일 한국거래소에 따르면 유가증권시장과 코스닥시장에 신규 상장한 기업은 2010년 86개로 정점을 찍은 이후 최근 3년 연속 줄어들고 있다. 2012년엔 28개까지 급감했고, 2013년에도 41개로 50개를 넘지 못했다.

반면 상장 폐지 기업수는 최근 5년 연속 신규 기업 숫자보다 더 많았다. 전체 상장기업 수가 늘어나기는커녕 줄어 들고 있는 셈이다. 특히 주목할 만한 대목은 2009년 이후 자 진 상장폐지를 선택하는 기업 수가 크게 늘고 있다는 점이다. 거래소에 따르면 2009년 이 후 5년간 자진 상장 폐지한 종목은 16개다. 2000~2008년 15개에 불과했던 데 비춰보면 기간 대비 2배 가량 증가했다.

투자은행 업계 관계자는 "기업들은 상장 공모 가격을 산정할 때 유사 기업들의 평균

PER 및 주가 순자산 비율(PBR) 등을 비교 근거로 활용하는데, 한국 증시의 평균 PER와 PBR이 워낙 낮다 보니 기업들이 요구하는 자금 조달 눈높이에 맞지 않는 경우가 많다"고 지적했다.

기업들의 자본시장에 대한 불만은 상장뿐만 아니라 채권발행으로도 이어진다. 신용 등급 BBB급 이하 기업들뿐만 아니라 A급 기업들도 채권 발행을 통한 자금 조달에 어려움을 호소하고 있다.

한국예탁결제원에 따르면 지난해 전체 회사채 발행 물량 가운데 AA급 이상 기업 비중은 59%로 전년 대비 10% 포인트 증가했다. 반면 A급 기업의 발행 비중은 전년 34.2%에서 지난해 15.9%로 절반 이상 줄었다. BBB급 이하 기업 비중도 7.0%에서 5.0%로 낮아졌다. 이에 따라 경제활성화를 위해서는 무엇보다 증권시장의 기능을 살리는데 총력을 기울여야 한다는 지적이 일고 있다.

박경서 고려대 경영학과 교수는 "상장할 때 혜택이 무엇인지 느끼지 못하는 기업이 많다 보니 증시 활력이 일어나지 않는다"며 "실적과 성장 가능성이 좋은 기업들이 상장하면서 투자자들을 유인하고 시장을 뜨겁게 달구는 역할을 하도록 해야 한다"고 강조했다.

매일경제신문. 2014.2.17.

코스피 코스닥 "대어 카카오톡 잡아라"

내년 5월 개업 공개(IPO) 채비를 하고 있는 모바일 인터넷 서비스 업체 카카오를 유치하기 위해 한국거래소 산하 '한 지붕 두 가족'인 유가증권시장과 코스닥시장이 치열한 물밑 경쟁을 벌이고 있다.

국내 모바일 메신저 분야 1위인 카카오톡을 개발한 카카오가 상장되면 시가총액이 적어도 2조원에서 최대 5조원에 달할 것이라는 전망이 나오고 있다. 파이낸셜 타임즈는 27일 스페인 바르셀로나에서 열리고 있는 이동통신산업 전시회에서 만난 카카오 이석우 공동 대표의 말을 인용, "카카오의 현재 가치가 24억 달러(2조 6,000억원)에 달한다"고 보도하기도 했다.

몸이 단 쪽은 코스닥시장본부이다. 지난달 6일 카카오가 내년 기업공개 계획을 처음으로 공식화한 직후, 회사측이 코스닥보다는 유가증권시장 상장을 염두에 두고 있다는 얘기가 흘러 나왔기 때문이다. 코스닥 국내시장유치팀원들은 성남시 분당구에 있는 카카오 본사로 달려가 "우리시장으로 오라"고 구애를 펼쳤다. 카카오가 IT 콘텐츠 업종인 만큼, 코스닥에 상장되는 게 여러모로 '적합하다'는 논리를 펼쳤다는데, 카카오측은 답을 주지 않았다는데, 시장에서 인지도나 주가 관리 측면에서 유가증권시장을 더 매력적으로 여기는 것 같다는 해석을 내 놓고 있다.

사실 코스닥시장이 카카오에 따로 제시할 당근이 없음에도 애걸복걸하는 이유와 최근 정부가 증권거래소와 코스닥 분리 방침을 세운 이유는 서로 맞닿아있다. '2부 리그'로 전락한 코스닥을 살려, 당초 설립 취지대로 혁신 기술 기업 인큐베이터로 거듭나게 하겠다는 것이다. 코스닥시장이 모델로 삼고 있는 미국 나스닥에는 애플, 구글, MS, 페이스북 등 세계적 IT 기업들이 즐비하다. 반면, IT 강국이라는 우리나라의 코스닥 시장에서는 대표적인 IT기업들을 찾아보기 어렵다. 코스닥시장은 신생 기술 기업들이 왜 코스닥을 외면하는지 철저한 반성이 필요하다. 전면적인 쇄신으로 신생 기업에 꼭 필요한 증시로 거듭나지 못하면 '2류 증시'라는 오명에서 벗어나기 힘들 것이다. 카카오는 결국 코스닥으로 상장하게 된다.

조선일보. 2014.3.1.

다음과 카카오톡은 합병하면서 코스닥에 상장하게 된다.

코스닥 상장 심사 항목 절반 줄인다

투명성 지속성 등 질적 심사
신뢰 상실로 역효과 낳을 수도

한국거래소가 코스닥시장 상장에 도전하는 기업들의 상장 적정 여부를 심사할 때 기업 계속성, 경영투명성 등 질적 심사 항목을 상반기 중 절반 이하로 줄이기로 했다. 까다로운 질적 심사 요건이 코스닥 시장 상장 활성화를 막는 걸림돌이 되고 있다는 금융위원회의 판단에 따른 것이다.

21일 거래소에 따르면 코스닥시장본부는 상장 질적 심사와 관련한 4개 분야(기업 계속성, 경영 투명성, 경영 안정성, 기타 투자자 보호) 55개 항목을 상반기 중 50% 줄이기로 하고 작업에 착수했다.

거래소 관계자는 "질적 심사 항목이 지나치게 많다는 금융위와 증권업계의 지적에 따라 전면적인 개편작업에 들어간 상태"라며 "질적 심사 4개 부문 중 미래 성장성 분야를 제외한 기업 계속성, 경영 투명성, 경영 안정성 분야를 중심으로 손 볼 계획"이라고 말했다.

한 대형 증권사 관계자는 "거래소의 질적 심사에서 퇴짜 맞는 기업의 대략 70%는 기업 계속성과 경영 투명성 기준 문턱에 걸린 것"이라며 "이 분야의 심사 항목이 축소되면 코스닥 시장 상장 활성화에 상당한 도움이 될 것으로 보인다"고 말했다.

그러나 상장 심사 완화가 자칫 코스닥 시장의 신뢰를 떨어뜨려 오히려 중장기적으로 비상장기업들의 코스닥 행을 막는 역효과를 낳을 수도 있다는 우려도 나오고 있다. 한 회계 법인 관계자는 "상장 심사 잣대를 대폭 줄일 경우 제대로 된 검증 과정을 거치지 않은 '잠재적 문제 기업'이 상장될 가능성이 높아진다"고 지적했다.

한국경제신문. 2014.2.25.

위의 정책 방향은 최근 들어 신규 상장하려는 기업의 수가 적어지면서 상장을 활성화하려는 한 방편으로 모색된 것으로 이해한다. 어떠한 기업이 상장 후, 성장 가능성을 갖는 potential이 있는 기업인지를 가늠한다는 것은 매우 도전적인 작업이다. 외국 상장사에게 과도하게 상장의 문을 열려고 할 때 중국고섬과 같이 상장하면서 바로 상폐되는 기업이 나타날 수 있다. 또한 상장폐지 제도의 공과에 대해서 상당한 수준의 논란이 있기 때문에 한계기업에 대한 상장 허용에 대해서는 매우 철저한 준비와 점검이 선행되어야 한다. 일단, 상장을 시킨 다음에 상폐를 시키는 일은 선량한 투자자가 상폐로 인한 피해를 본다는 비판에 직면할 수 있어서 더더욱 복잡한 일이며 이 과정에서 많은 선의의 투자자들이 피해를 볼 수 있다.

즉, 상장폐지 의사결정에 있어서의 이슈는 문제 기업의 미래의 잠재적 투자자를 보호하기 위해서 현재의 투자자들이 피해를 보는 결과가 초래된다. 현재의 투자자들은 자유의사에 의해서 현재의 주주가 되었기 때문에 아무런 문제가 없다고도 할 수 있지만 상폐되는 기업의 투자자들이 기업의 잘못된 경영 행태로부터 피해를 보는 것에 대해 감독기관이나 자율규제기관이라고 할 수 있는 한국거래소가 제 역할을 다하지 못한 입장에서 규제만을 하려 한다는 비판에 직면할 수 있다.

회계법인 등록제

회계법인 등급 매긴다

감독당국 시스템 개선 추진

품질 좋은 곳이 대기업 감사

회계부정 등 선제적 차단

반발 커 감사인 지정제에 국한

4일 금융감독 당국과 김기식 민주당 의원실에 따르면 회계분식 개연성이 높은 기업으로 감사인 지정제를 확대하는 내용을 담은 '주식회사의 외부감사에 관한 법률' 개정안 (김기식 의원 발의)이 국회에 상정된 데 발맞춰 금융감독 당국이 회계법인 등급제 도입을 적극 검토하고 있다.

금융감독 당국 고위 관계자는 "감사인을 지정해야 할 경우 지금은 자산 규모가 큰 기업에 회계사 수 등 외형이 큰 회계법인을 매치시키고 있다"며 "회계 부정 가능성을 줄이려는 법 개정 취지를 살리려면 감사품질이 뛰어난 회계법인이 감사인을 감사하도록 하는게 합리적"이라고 말했다.

현재 금융감독원은 회계법인을 회계사 수, 설립 연한, 국제적 제휴관계 등 외형적 요건으로 평가해 감사인 점수를 매기고, 이 결과를 토대로 회계법인을 1~4그룹으로 분류하고 있다. 감사인을 지정할 때 1그룹에 속한 회계법인을 규모가 큰 기업에 배정하고, 감사인 지정 건수도 많이 할당한다.

이를 감사품질 등 정성적인 요소를 주로 평가하는 방식으로 바꿔 A, B, C 등급으로 나누고 상위 등급을 받은 회계법인에 혜택을 주겠다는 것이다.

가장 최근 자료인 2000-2009년 회계법인별 감사인 지정 현황에 따르면 삼일 20.7%, 안진 12.1%, 삼정 9.6%, 한영 9.0% 등 4대 회계법인이 감사인 지정 건수의 과반을 차지하고 있다.

김의원은 재무구조약정을 체결하거나 부채비율이 일정 정도 이상에 달하는 등 회계분식 개연성이 있는 회사로 감사인 지정을 확대하는 내용의 법 개정안을 작년 11월 발의했다.

금감원 관계자는 "법 개정이 국회를 통과하면 현재 1.7% 수준인 감사인 지정이 10%대로 높아질 전망"이라며 "지정 감사인 수요가 늘어날 경우에 대비해 회계법인 등급제를 도입할 필요가 있다"고 설명했다.

금융감독 당국은 과거 감사인 등록제를 추진하며 감사품질 등급을 매기려 했으나 회계업계 반대에 부딪혀 무산됐다. 이번에는 감사인 지정제에 국한해 등급을 매긴다는 구상이다.

한국경제신문. 2014.2.5.

위의 신문기사에서 정성적인 요소를 주로 평가하는 방식으로 변경한다 함은 어떻게 보면 이상적인 정책방향인 것도 같지만 일응, 조심되는 부분이 없지 않다. 정량적인 것만이 능사는 아니지만 정성적인 요소를 반영한다 함은 항상 누군가의 주관적인 판단이 개입됨을 의미한다.

'감사품질이 뛰어난 회계법인이 감사인을 감사하도록 하는 게 합리적'이라는 위 신문기사의 인용은 매우 합리적으로 보이지만 이를 실행할 때에 해결해야 하는 이슈는 그러면 누가 좋은 품질의 감사인인가라는 점이다.

품질관리감리가 정기적으로 수행되고 있으므로 이 결과가 감사인 등록제의 기초자료로 사용될 수는 있을 것이다. 단, 등록제라는 것 자체가 회계법인의 순위를 정하는 시도로 비춰질 수 있기 때문에 매우 민감하고 조심되는 부분이다.

언론사에서도 대학을 평가하고 있지만 이 또한 어떠한 잣대로 평가하는지에 따라서 결과는 천차만별로 달라진다.

그렇기 때문에 감독기관에서 분식회계에 대해서 조치를 취함에 있어서 정량적인 formula에 의해서 양정기준이 작성되어 있다, 물론, 증권선물위원회의 의사결정이 이러한 formula에 구속되는 것은 아니지만 회의체 의사결정이기 때문에 주관적인 판단이 가능한 것이지 그렇지 않은 경우는 담당자가 주관적인 판단을 수행하기가 용이한 것만은 아니라는 판단이 든다.

2014.2.5. 금융위원회 정책브리핑

금융위원회는 5일 한국경제신문의 〈회계법인 등급 매긴다〉 제하 기사와 관련해 "현재 감사인 지정과 관련된 '회계법인 등급제' 도입을 검토하고 있지 않다"며 "보도에 신중을 기해줄 것"을 당부했다.

한국경제신문은 제하 기사에서 "회계감사 품질에 따라 회계법인에 등급을 매기는 방안이 추진된다"며 "감사인 지정제를 확대하는 내용을 담은 외감법 개정이 국회에 상정된 데 발맞춰 금융감독당국이 회계법인 등급제 도입을 적극 검토하고 있다"고 보도했다.

채택 여부를 떠나 회계법인 등록제는 상당한 정도의 논란이 있었고, 논란의 대상이 될 수 있는 제도이며 지속적으로 고민할 내용이다.

자유수임이 해답인지 지정제가 해답인지에 대한 논의는 회계감사 교과서로부터 시작되어 양 제도의 장단점에 대해서 많은 논의가 있을 수 있다.

그러나 모든 경제행위가 그러하듯이 어느 제도가 더 적합한 제도인지에 대한 논의를 할 때는 그 문화적인 배경이나 민족성까지도 같이 고려를 해야 할 사안이다.

우리에게는 情이라든지 지연, 혈연, 학연이라는 network이 어떤 사회보다도 중요한 사회이다. 즉 system보다는 이러한 사적인 관계가 더 중요하다. 독일이 학문적으로 법이 발전하는 이유가 뭐는 할 수 있고 뭐는 해서는 안 된다는 규율이 명확한 국가이기 때문이라고 한다.

이러한 우리의 사회적인 분위기에서 규제나 제도로 감사인 선임과정을 묶어두지 않고 자유방임적(laisse faire)으로 시장의 자율적인 기능이 작동할 것이라고 기대하는 것은 조금 과한 기대일 수도 있다.

자유시장이 잘 작동하리라는 기대는 시장에서의 가격 mechanism을 의미한다. 즉, 품질과 가격의 상호작용을 의미한다. 시장의 실패는 가격에 바로 반영되는 시장 pattern을 의미한다.

그러나 인정이라거나 끈끈한 인간관계 등등이 business practice의 큰 부분을 차지할 경우는 시장 실패가 발생할 가능성이 높다.

감사인이 지정되는 경우는 위에서도 지적되었듯이 공정한 과정을 통해서 지정이 수행되어야 하므로 지정과정 자체가 비판의 대상일 수도 있으나 이제까지는 감독원에서 합리적인 formula에 의해서 공정하게 감사인을 배정해 왔기 때문에 크게 문제가 되지 않았다.

감사인 등록제도는 이미 미국의 감사인에 대한 규제를 담당하고 있는 PCAOB에서 시행하고 있는 제도이다. 새로운 정책을 채택할 때에 이러한 새로운 제도가 달성하는 점도 있지만 이러한 새로운 제도로부터 파생되는 문제가 발생한다. 등록제도의 도입에 있어서 가장 큰 반발을 하였던 그룹은 중소회계법인이다. 그렇지 않아도 상장기업의 거의 절반에 해당하는 경우는 big 4 회계법인이 감사를 수행하는데 등록에 의해서 감사를 제한한다면 상장기업에 대한 감사가 big 4 회계법인에 의해서 독점될 가능성을 우려하고 있다.

중견회계법인의 입장은 전체적인 중소회계법인의 입장과는 조금 차이가 있는 듯하다. 16개 회계법인으로 구성된 중견회계법인협의체의 대체적인 의견은 등록제에 반대하기보다는 등록제를 평가하는 평가 방식에 대한 반대의견을 표명하기도 한다.

특히나 연결재무제표가 주 재표제표가 되면서 연결자회사를 감사하던 감사인들을 모회사를 감사하는 감사인들로 일원화하려는 시도가 진행되고 있는데 이러한 점을 고려하더라도 모회사를 감사하는 big 4 회계법인에 대한 집중도는 높아질 수 있다.

흔히 연구 논문에서 감사인에 대한 quality에 대한 대용변수로 big4 여부를 포함하는데 이 변수가 품질을 proxy하는 듯이 기술될 때가 있다. chapter 16에서 기업의 규모에 대해서 기술하고 있지만 우리가 너무 크기에 매몰되어 있기 때문에 연구에서도 big 4여부가 품질에 대한 대용치로 사용된다고도 할 수 있는데 이는 보는 시각에 따라 달라진다.

감사인을 공모할 때, RFP(Request for Proposal)에는 감리지적 건수와 최근 3년간의 소송 건수 등의 정보가 제공된다. 물론, 품질관리감리의 결과의 공개는 아닐지라도 적어도 이러한 내용에 대한 대용치 정도의 정보는 될 수 있다고 판단할 수 있다.

물론, 기업별로 감사인을 선임하는 평가 방식은 모두 차이가 있다. 한 금융공기업의 외부 감사인과 용역을 수행할 회계법인의 평가표는 각각 아래와 같다. 회사 내부의 자료라서 어느 산업의 회사인지를 추정할 수 있는 내용은 ××로 표시한다.

외부감사 회계법인 선정평가표

평가항목	평 가 내 용	배점	A	B	C	D
계량적 평가 (30)	▶ 제안사 매출액 규모	10%				
	▶ 제안사 소속공인회계사 수	10%				
	▶ 제안사 금융기관 수임현황	10%				
비계량적 평가 (50)	▶ 우리회사에 대한 이해도	10%				
	▶ 국제회계기준 도입 관련 준비 현황	10%				
	▶ 국제회계기준 제·개정사항에 대한 이슈사항 제공 및 이에 대한 자문 능력	10%				
	▶ 회계제도 및 내부통제 등에 대한 자문 능력	20%				
감사보수 평가 (20)	▶ 감사보수 제안가격의 적정성	20%				
합 계		100%				

1. 계량적 평가: 평가항목별 총 3단계 [A(100), B(75), C(50)] 구분하여 절대 평가
2. 비계량적 평가·감사보수 평가: 평가항목별 총 5단계 [A(100), B(80), C(60), D(40), E(20)] 구분하여 절대 평가

우리가 흔히 감사인의 선임은 주로 수임료에 의해서 결정되는 것으로 알려져 있지만 적어도 이 회사의 경우, 그 수임료의 비중이 절대적으로 높은 것은 아니다. 물론 다른 평가 항목이 차별성이 없다면 수임료의 작은 차이가 결정적일 수도 있다. 국제회계기준이 도입되었던 시점의 감사인 선임과 관련된 평가표라서 국제회계기준 도입 관련 준비 현황이 평가 항목에 포함된다.

위의 경우와 같이, 공기업 또는 대기업일 경우는 감사인을 선정함에 있어서 감사보수가 절대 기준이 아닐 수 있지만, 그렇지 않은 기업들인 경우는 감사보수가 가장 중요한 선정기준일 수 있다.

용역업체 선정 평가표

평가항목	평 가 내 용	배점	A사	B사	C사
제안사 현황 (20)	▸ 제안사 현황 (조직, 인원, 주요 사업분야) ▸ 제안사의 유사분야 경험 실적(최근 3년간) 　－ 추정 재무제표 산출 경험	20			
회사의 이해 (20)	▸ 회사 환경 및 ×× 사업에 대한 이해정도	20			
사업수행 부문 (40)	▸ 단계별 추진일정 및 일정별 세부계획의 적정성 ▸ 경영정상화계획 지표 등 산출시 감안되어야 할 부분 및 기존 목표지표에 대한 제안사의 의견 　－ ××의 특성을 반영	20			
	▸ 사후 지원 방안 　－ 관계기관 협의 등 지원 ▸ 참여인력 　－ ××업권 유경험자 여부 　　(우리 회사 용역수행 유경험자 여부) ▸ 최종산출물에 대한 예상만족도	20			
수수료 적정성 (20)	▸ 용역수수료의 적정성	20			
합　　　　　계		100			

1. 항목별 평가: A, B, C, D, E 5개 등급으로 절대 평가
2. 평가방식: 평가점수 환산 = Σ(항목배점×등급별 배점 적용비율*)
　　*A : 100%, B : 80%, C : 60%, D : 40%, E : 20%

배당가능이익

chapter

11

2013년 적용되는 상법 개정안의 큰 내용 변화는 미실현이익이 배당 가능이익의 범주에서 제외되었다. 즉, 배당한도는 다음과 같다(법 §462① 및 영 §19, 부칙 §6).
시행령 19조

> 배당 한도 = 순자산액 - 자본금 - 자본준비금 - 이익잉여금 - 미실현이익

IFRS 도입으로 유가증권, 유형, 무형자산 등에 대한 공정가치 평가가 확대되며 시행령에서는 미실현이익은 회계원칙에 따른 자산 및 부채의 평가로 인하여 증가된 재무상태표의 순자산가액으로 규정하고 있으며 미실현손실과 상계할 수 없다. 미실현이익이 사외유출되지 않음으로써 회사의 자본충실성이 제고되고 또한 선택적으로 자산 및 부채를 공정가치로 회계처리한 회사와 그렇지 않은 회사간 배당가능이익 계산시 형평성을 유지할 수 있게 된다.

미실현이익만을 배당한도에서 차감하지 미실현손실은 가산하지 않는다. 이는 가능한 배당한도를 낮추려는 의도이다. 배당한도가 낮아져야 기업의 부가 사외로 유출되는 것을 막을 수 있다.

이는 최근 경제부총리가 현금을 유보하는 기업에 대해서는 중과세하겠다는 정책 방향과도 일맥상통하는 내용이다.

배당액 산정 때 미실현이익 포함 못해

올해부터 상법 개정으로 모든 기업들의 배당 재원이 크게 줄어들 전망이다. 보험사 카드사 등 금융회사, 대형 조선사는 물론 배당성향이 높았던 중소 상장회사 등은 배당 가능액이 감소해 이익배당을 줄일 것이란 전망이 나오고 있다.

31일 증권업계에 따르면 상법 (462조) 및 시행령(19조)이 개정돼 올해부터 모든 기업은 이익배상 한도액을 계산할 때 과거와 달리 미실현이익을 빼고 산정해야 한다. 미실현이익은 주식 채권 파생상품 등의 가격이 올라 발생한 일종의 평가이익으로 재무상태표의 자기자본(순자산)을 증가시키는 요인이다.

특히 개정 상법과 시행령은 미실현이익을 미실현손실과 상계하지 못하도록 해 이익배당한도액은 더욱 축소될 전망이다. 예를 들어, 한 기업이 보유주식을 통해 5,000억원의 미실현이익을 내고 파생상품 부문에서 3,000억원의 미실현손실을 내더라도 이익배당 한도액을 계산할 때는 5,000억원을 전부 빼야 한다는 얘기다.

개정 상법 시행령 본격 적용

이번 개정 상법 시행령은 올해부터 모든 회사에 광범위하게 적용된다. 12월 결산법인은 올해 초에 진행된 작년 실적 결산부터 이미 적용이 됐다. 보험사 등 3월 결산법인은 올 6월 말까지 진행되는 2012 회계연도 결산 때부터 개정 상법을 적용하게 된다.

금융감독원은 지난주 보험사에 "상법 개정으로 보험사의 배당 가능이익과 배당규모가 현저히 줄어들 수 있는 만큼 앞으로 배당 정책을 수립할 때 중장기적인 일관성이 유지되도록 해 달라"는 내용의 공문을 보내기도 했다.

이번 법 개정으로 상당수 대기업과 금융회사의 배당 감소가 불가피할 것이란 전망이 제기되고 있다. 삼성, 흥국, 한화생명 등 주식을 많이 보유하고 있는 재벌 계열 보험사를 비롯해 파생상품을 많게는 수조원씩 거래하는 은행, 달러화 선물환 거래를 많이 하는 대형 조선사, 고배당 중소형 상장사 등이 상대적으로 큰 영향을 받을 것이란 분석이다. 배당 축소를 우려하는 금융회사들과 기업들은 상법 재 개정을 요구하고 있다.

상장회사협의회 관계자는 "회계원칙상 배당가능이익을 계산할 때 미실현이익을 뺄거면 미실현손실은 빼지 않아야 하는데, 개정법률은 이런 형평성에 어긋난다"고 지적했다. 이에 대해 법무부와 금융당국은 기업과 금융회사 배당에 미치는 영향을 당분간 지켜본 뒤 재개정 여부를 검토할 계획이다.

한국경제신문. 2013.4.1.

즉, 위의 신문 기사에서 미실현이익 5,000억원을 뺄 것이 아니라 차감하더라도 미실현손실 3,000억원을 고려한 2,000억원만 차감하여야 한다는 주장이다.

이러한 주장은 상장회사협의회의 2010년 12월에 관계기관에 '기업현장애로 규제개혁'이라는 과제에 다음과 같은 내용이 포함되어 있다.

> 2. 단기매매차익 산정시 손실 감안
> 법령근거
> 자본시장법 시행령 제195조
> 현황 및 문제점
> (현황)
> 단기매매차익시 손실부분은 불인정하고 이익만 가산하여 산정
> ※ 단기매매차익 = (매도단가 − 매수단가)×매매일치수량 −
>   (매매거래수수료 + 증권거래세액)
>   단, 그 금액이 0원 이하인 경우에는 이익이 없는 것으로 간주
> (문제점)
> − 단기매매차익 반환제도는 미공개정보이용행위에 대한 입증이 사실상 어려움에 따라 도입된 일종의 무과실책임제도이다. 그러나 통상의 무과실책임은 상대방이 입은 손해에 대하여 배상을 하는 것인 반면, 단기매매 차익반환의 경우 상대방의 실제 손해액과 무관하게 차익금액을 산정한다.
> − 실제 손해를 입었음에도 현행 계산방법에 따라 이익이 산출되는 경우가 발생함으로써 현실과 괴리된 계산방법이라는 비판이 제기된다.
> 개선방안
> − 단기매매차익산정시 순차적으로 대응하여 이익과 손실을 단순 합산하는 방법으로 손실을 감안하도록 함.

위의 문건에서도 기술되었듯이 단기매매차익은 내부 정보를 이용하였다는 정확한 물증은 없지만 6개월 이내에 매매차익을 실현하였다는 것이 내부자 정보를 이용하였다는 개연성이 높기 때문에 차익을 반환하라는 차원에서는 무과실 책임제도이다.

이익을 반환해야 하지만 손실 본 것만큼은 보전해 달라는 의미이므로 일리가 있다고 판단된다. 미공개정보를 이용하여 이익을 실현시켰다고 판단할 것이면 이에 대칭적으로 손실을 보는 경우도 미공개정보를 이용한 것이라고 추정하여야 하

며 따라서 이 부분만큼은 보전해 주어야 한다는 논지이다. 이러한 내용에 대한 제
도권의 해석은 손실을 실현한 것은 미공개 정보를 이용한 결과가 아니라는 판단이
었을 것이다.

이러한 점들이 이슈가 되자 정부는 다음과 같이 상법 시행령을 개정하게 된다.

주식회사 및 유한회사의 배당제도 개선 Mar 2014 금융팀

국무회의는 2014년 2월 18일 파생결합증권과 파생상품 및 이와 연계된 거래가 위험
을 회피하기 위한 경우, 미실현이익과 미실현손실을 상계할 수 있도록 하는 내용의 상법
시행령 개정안을 의결하였습니다. 해당 개정안은 2014. 2. 24. 공포와 동시에 시행되었
습니다.

금번 개정전 상법시행령은 주주에 대한 배당재원의 계산 시 미실현이익을 배당재원
에서 일률적으로 공제하여, 활발한 위험회피 거래로 인하여 미실현이익이 대량으로 발
생하는 금융기관 및 수출기업 등의 경우 배당가능이익이 지나치게 축소되는 문제가 있
었습니다.

이에 배당가능이익의 산정방식을 합리적으로 개선·보완함으로써 배당재원이 불합리
하게 감소하는 것을 방지하기 위한 취지에서 상법 시행령 제19조 제2항이 신설되었습니
다. 해당 조항에 의하면, 파생결합증권 또는 파생상품 거래의 위험을 회피하려고 그 거
래와 연계된 소위 반대거래를 하는 경우에 발생하는 미실현이익은 그에 상응하는 미실
현손실과 상계할 수 있게 되었습니다. 다만, 연계거래가 아닌 다른 거래간의 미실현이익
및 미실현손실 상호간 상계는 인정되지 않습니다.

법무부에 따르면, 금번 상법 시행령 개정으로 2012년 기준 국내 10대 증권사의 배당
가능이익이 6조원 가량, 은행권 기준 파생상품 관련 배당가능이익이 26조원 가량 증가
할 것으로 예상됩니다.

신설된 상법 시행령 규정의 적용시점은 위 규정의 시행 후 주주총회 또는 이사회의
결의로 이익배당을 정하는 경우부터이므로, 금융기관이나 수출기업은 2014년 2월 24일
이후 이익배당 결정시 위 규정을 유념할 필요가 있습니다.

화우 뉴스레터. 2014.3.

배당과 관련된 내용은 최근에 오면서 경기부양과 관련되어 정치적인 이슈로
발전하였다.

기업이 쌓아둔 현금에 관세 추진, 사내유보금

최경환 경제팀 첫 정책은 '소비촉진'

배당 성과급 늘리면 감세… 재계 "우려"

정부가 기업의 과도한 사내 유보금에 대한 과세를 12년만에 부활하는 방안을 추진한다. 대신 배당이나 성과급 등을 늘리는 기업에는 세제 혜택을 주는 방안을 검토한다.

기업 사내유보금에 대한 법인세 과세는 1991년 비상장사를 대상으로 도입됐다가 실효성 논란속에 10년 만에 폐지됐다.

장기 주식 보유에 대한 세금 혜택이 있었으나 2010년에 폐지되었다.

홍성일 전국경제인연합회 금융조세팀장은 "유보금 과세제도는 과거 국제통화기금이 기업 재무구조 악화를 불러올 수 있다고 폐지를 권고해 없어진 제도"라며 "자칫 기업 경쟁력 약화와 국부 유출 등 각종 부작용이 우려된다"고 말했다.

한국경제신문. 2014.7.14.

배당 후진국 한국 1% 늘리면 8조 경기부양 효과 있다

우리나라는 주식 양도차익에 대해서는 세금을 물리지 않고 대주주(3% 이상)만 양도소득세를 낸다. 그것도 주식을 처분하는 시점에만 세금이 부과된다. 대신 기업이 배당하면 받는 시점에 주주들이 배당소득세(15.4%)를 물어야 한다. 당연히 지분 가치가 높은 대기업 오너들은 배당보다는 자사주 매입을 통해 주가를 부양하는 등 다른 방법을 선호하게 된다. 익명을 요구한 증권사 임원은 "재벌이 배당 대신 관계 회사에 거래를 몰아주거나 임원 보수를 올려 사회 구성원 모두가 기여한 기업의 성과를 사유화하는 행태도 보이고 있다"고 지적했다.

박병호 우리투자증권 상무는 "정치권에서 사내유보금에 대해 과세해야 한다는 주장이 나올 정도로 기업들이 배당에 인색하다"며…

조선일보. 2014.1.4.

"대기업 사내 유보금 가계 유입책 내 놓을 것"

최경환 경제부총리 내정자

최경환 경제부총리 내정자가 대기업이 쌓아둔 사내유보금을 배당이나 임금 인상에 활용할 수 있는 대책을 만들겠다고 공언했다. 최 내정자 의지에 따라 기획재정부는 기업들의 사내유보금 활용 방안을 놓고 배당 제고를 최우선으로 임금 인상과 투자 확대 유인 카드를 만지작거리고 있다.

지난 9일 최 내정자는 박영선 새정치민주연합 원내 대표의 추가 질의에 대해 "가계부담을 완화하는 전통적인 방법과 함께 가계소득을 직접적으로 확대하는 정책을 강구하겠다"며 "기업들이 유보금으로 근로소득과 배당을 늘리도록 유도하는 정책 방안을 마련하는 중"이라고 답변했다.

대기업 사내 유보금을 경기부양에 활용하는 방법으로는 배당 촉진과 임금 상승, 고용 증진 유인책을 꼽을 수 있다.

배당을 늘리는 기업에 세제혜택을 주거나 배당이 과소한 기업에 세금을 물리게 되면 주식시장에 장기 투자금이 몰리면서 코스피가 한 단계 도약하는 계기가 된다.

매일경제신문. 2014.7.11.

상장사 배당 한도 계획 공시 의무화

재계 '배당 확대 압력'

내년부터 모든 상장기업은 배당할 수 있는 최대 한도와 구체적인 배당계획을 사업보고서 및 분반기 보고서에 공개해야 한다. 배당 규모를 전년보다 늘리거나 줄일 경우 그 이유를 명확하게 설명해야 한다.

금융감독원은 이 같은 내용의 '기업 공시 서식 작성 기준 개정안'을 마련, 각계의 의견 수렴에 나섰다. 금감원은 오는 11월까지 방안을 확정, 내년 초 나올 12월 결산법인의 2014년 사업 보고서부터 적용하기로 했다.

금감원 관계자는 "배당수익을 겨냥한 장기 투자자가 늘고 있지만 배당 관련 공시가 미흡한 실정"이라고 개정 이유를 설명했다. 금감원은 모든 상장사가 배당정책을 의무 기재토록 공시 서식 작성기준을 개정할 계획이다. 지금은 '배당에 관한 중요한 정책'만 적도록 규정한 탓에 상장사의 절반 이상이 "중요한 정책이 없다"며 기재하지 않고 있다.

금융감독원은 구체적으로 배당정책 작성 지침을 마련 중이다. 상장사들이 "배당을 많이 하겠다"는 식으로 추상적으로 기재하지 못하도록 하기 위해서다. 지침에는 - 올해 배당

규모를 결정한 과정과 고려 요소 – 전년 대비는 배당규모가 변동됐을 경우 구체적인 사유 – 향후 배당 계획 등이 포함된다.

상장사의 배당가능이익 규모도 공개돼야 한다. 배당가능이익이란 순자산에서 자본금, 자본준비금, 이익준비금 등을 뺀 금액으로 최대 배당한도를 뜻한다. 삼성전자의 지난해 사업보고서에는 – 당기순이익 18조원 – 현금배당액 2조 1,569억원 – 현금배당성향 12% 정도만 적혀 있다. 앞으로는 배당가능이익 116조원이란 정보가 추가된다. 이렇게 되면 투자자들은 배당가능이익 대비 현금배당비율 1.85%를 쉽게 유추할 수 있게 된다.

증권업계 관계자는 "그동안 배당가능이익이 공시되지 않은 탓에 많은 투자자가 사내유보 등 정확하지 않은 정보로 배당 여력을 가늠했다"며 "배당가능이익이 공개되면 상당수 기업이 투자자로부터 '배당여력에 비해 배당액이 너무 작다'는 비판을 받을 것"이라고 전망했다.

금감원은 아울러 기존 개별 재무제표 외에 연결재무제표에 따른 배당지표도 공시토록 할 방침이다. 연결로 따지면 종속회사 손익이 반영되는 만큼 우량 자회사를 둔 기업의 배당성향은 개별보다 낮아진다. 삼성전자의 경우 별도 기준 12%(현금배당 2조 1,569억원/당기순이익 18조원)인 배당 성향이 연결로는 7.2%(2조 1,569억원/연결당기순이익 30조원)로 떨어진다. 기업에 또 다른 배당 압박 요인이 될 수 있는 셈이다.

재계는 반발하고 있다. 재계 관계자는 "기업 공개 (IPO) 활성화를 위해 상장사에 대한 공시부담을 줄이겠다던 정부가 오히려 새로운 부담을 신설하는 것"이라며 "금감원의 의도는 투자자의 힘을 빌려 기업에 배당 확대 압력을 넣겠다는 것"이라고 목청을 높였다.

금감원 관계자는 이에 대해 "상장기업이 주주에 배당정책을 자세히 알리는 건 당연히 의무"라며 "미국 일본 등도 배당 관련 공시를 구체적으로 기재토록 규제한다"고 설명했다.

한국경제신문. 2014.9.26.

연결재무제표가 주 재무제표로 채택되면서 조세에서의 연결 납세제도에 대한 논란도 이어졌다. 연결납세제도는 내국법인 간 지분 100%인 경우에만 허용되는 것으로 정리되었다. 연결재무제표에 비해 연결납세를 제한적으로 적용하는 이유는 세수감소, 비지배주주로 인한 세무조정의 복잡성 때문이다.

정부의 배당 압박 정책이 경제정책에서 그치는 것이 아니라 공시에까지도 영향을 미치는 내용이다. 사업보고서에 어떠한 내용이 담겨야 하는지에 대해서는 정부기관이 정책적인 의지에 의해서 강제할 수 있다.

배당 의사결정은 당연히 개별적인 기업의 의사결정사항이기는 하지만 연결재무제표가 주 재무제표가 되면서 배당과 관련된 내용의 측정에서 이러한 부분이 이슈가 된다.

그러나 배당 의사결정은 주주가 개별회사의 주식을 소유한 것이므로 주 재무제표가 연결제표가 되더라도 연결재무제표에 기초하여 이러한 정보가 제공되어야 하는지는 조금더 생각해 보아야 한다.

즉, 공시가 공시에서 그치는 것이 아니라 정부의 정책의지를 관철할 수 있는 도구로도 사용될 수 있는 좋은 사례이다.

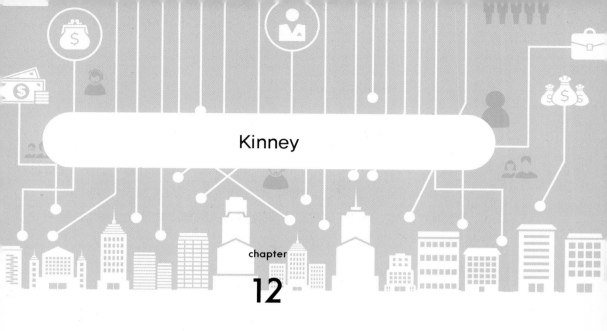

Kinney

chapter

12

William Kinney 교수는 University of Texas의 석좌교수로 회계감사 영역의 대가이다. Information Quality Assurance and Internal Control for Management Decision Making. McGraw-Hill Irvin. 2000 저술은 매우 흥미로운 내용을 담고 있어서 이 저술의 내용 중 정책적인 의미가 있는 부분을 부분적으로 번역하여 아래에 기술한다. 동시에 미국에서의 이론적인 내용에 근거하여 국내에서의 관련된 내용을 기술한다. 2000년도 저술이라 자료 등은 조금 오래되기는 하였지만 그 의미하는 바에는 큰 변화가 없다.

원전을 참고하기를 희망하는 독자들을 위해서 원본의 페이지 번호를 같이 적는다.

1. (p. 15) RJR Nabisco의 debt agreement에서는 감사보고서가 채권자에게도 전달되기를 강제하고 있다, 이 내용은 기업의 지배구조 차원에서 매우 흥미롭다. 감사보고서는 '주주 및 이사회 귀중'의 법적인 문건이다. 채권자는 기업의 이해 당사자이지만 회사의 principal이 아니다. 이사회가 principal이 아니지만 감사보고서의 수신 대상인 것은 이사회가 주주로부터 회사 경영과 관련된 권한을 위임받았기 때문에 대리인으로 감사보고서의 보고 대상이다. 감사보고서가 채권자에게도 보내져야 한다면 근로자 대표라고 할 수 있는 노동조합에도 전달되어야 한다고도

할 수 있다.

어떻게 보면 채권자를 보호해 주는 것이 주주의 이익을 제고하기 위한 것이기도 하다. 채권자가 어느 정도까지 보호받아야 지속적으로 기업에 자금을 제공할 것이며 또한 채권자의 권익이 보호받을 때 낮은 금리로 자본조달이 가능하다.

상법에서 회사가 누구를 위해서 존재하는지를 이해하고 해석하는 시각도 두 가지 접근이 있다.

주주소유주모델: 주주는 잔여청구권자(residual claim holder)로 다른 이해 관계자와 달리 회사의 흥망성쇠에 이해관계가 크기 때문에 기업 관련된 어느 경제주체보다도 주주의 이해가 우선되어야 한다는 접근이다. 즉, 주주는 자신의 부를 투자하여 기업을 운영하는 주체이며 따라서 대부분의 기업 경영의 위험을 주주가 안게 된다. 이러한 risk taking에 대해서 당연히 return이 존재하며 그러한 이유에서 기업의 경영활동에는 주주가 중심에 있어야 한다는 주장이다.

이해관계자모델: 주주를 다양한 회사의 이해 관계자들 중 하나로 보는 모델이다. 즉 채권자, 종업원도 동일한 정도의 이해가 개입되어 있다. 채권자의 경우는 정해진 시점에 이자와 원금을 지급받아야 하고 직원도 정해진 시점에 급여를 지급받아야 하며 이러한 부분은 기업의 현금흐름과도 밀접하게 연관되므로 회사의 존속 가능성 등의 이슈가 이들의 이해관계와 무관하지 않다. 즉, 기업과 관련된 이해관계자들이 동일한 정도의 이해가 개입되어 있다는 것이다.

또한 이해관계자모형에서 노조나 직원의 이해도 주주나 이사에 비해서 덜 중요한 것이 아니라는 주장에는 다음을 전제로 한다. 직원은 이사나 CEO보다도, 또한 주주가 주식을 단기간에 처분한다고 하면 주주보다도, 더 오랜 기간을 회사와 관계를 유지할 것이기 때문에 회사는 이들에게는 생업의 현장이며 principle은 아니지만 노조나 직원도 일정 부분 지분을 인정해 주어야 한다는 주장이 제기되기도 한다. 물론, 앞 문장의 지분의 개념은 주식 소유에 있어서의 지분의 의미는 아니다. 즉, 종업원도 주요 이해관자가의 한 경제주체여야 한다는 주장이다.

상법에서 인정하는 주주제안권의 경우도 주식을 6개월 이상 보유한 주주에게 이러한 권한을 부여하고 있다. 그런데 많은 주주가 주주가 된 이후, 6개월도 경과되기 이전에 주식을 매도하고 있는데 이러한 주주의 부의 극대화를 위해서 회사가 의사결정을 수행하고 또 이러한 주주의 부의 극대화를 위해서 종업원이 일을 해야 하는지에 대해서는 의문을 가질 수 있다.

반면, 종업원은 많은 경우는 20~30년 정도를 한 직장에서 근무하며 직장이 이들에게는 삶의 터전이므로 이들의 회사와 관련된 이해가 결코 미미하지 않다는 것이다.

이러한 이해관계자모델에 근거해서는 감사보고서가 채권자에게도 공식적으로 전달되어야 한다는 주장도 어느 정도는 정당화될 수 있다.

2.

아래의 도표는 Kinney 저술의 311쪽과 91쪽의 내용이다.

<Figure 12-1>에서 얇은 선으로 표시된 concave곡선은 감사 노력이 증가하면 할수록 user's expected loss from unreliable GAAP-based information은 지속적으로 하락함을 보이는 도표이다.

즉, 감사인이 감사에 투입하는 시간과 노력이 증가할수록 회계정보 이용자가 적절하지 않은 정보에 의해서 입을 수 있는 손실은 감소하게 된다. 그러나 이 손실이 감소하는 비율은 체감하게 된다. 즉, unreliable한 정보로부터 발생하는 loss이므로 정확한 정보로부터 발생하는 benefit이라는 해석도 가능하다.

즉, audit effort를 낮게 투입하면 loss가 높고, audit effort를 더 투입할수록 loss는 낮아지지만 선형으로 낮아지지는 않는다는 의미이다.

FIGURE 12-1

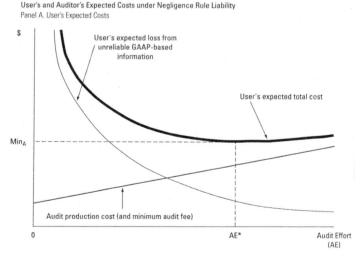

User's and Auditor's Expected Costs under Negligence Rule Liability
Panel A. User's Expected Costs

Min$_A$ = user's minimum expected total cost (minimum audit fee + expected loss from unreliable information ı audit of AE)
AE* = optimal amount of audit effort

감사시간이 더 투입될수록 이용자들이 투명한 회계정보로부터 얻을 수 있는 혜택은 증가하지만 체감하면서 증가하므로 무한정적으로 이러한 시간 투자를 증가하는 것은 경제적(economical)이거나 합리적이지 않다. 따라서 감사노력이 어느 정도의 적절한 임계치에서 결정되어야 하며 아래의 도표는 어떤 수준이 적정 수준인지를 보인다.

단, 일반적인 cost-benefit analysis를 수행할 경우는 cost를 부담하는 경제 주체나 benefit을 받는 경제 주체가 동일하게 된다. 그러나 이 경우, cost의 부담은 피감기관(감사의뢰인)이 안게 되며 benefit은 주로 이용자가 받게 된다. 물론, 이용자가 benefit을 받으므로 이용자는 기업을 더 잘 이해하고 파악할 수 있게 되며, 그 궁극적인 수혜자는 기업이라고도 할 수 있는데 이는 직접적인 수혜가 아니고 간접적인 수혜이다.

기업이라는 실체와 주주라는 실체에 차이가 있다면 주주가 아닌 이용자는 무료로 이와 같은 혜택을 받는다고도 할 수 있다. 감사란 이 비용을 부담하는 경제 주체와 이로부터 혜택을 보는 경제주체가 상이한 특이한 용역이다. 모든 국민이 이 용역으로부터 혜택을 본다면 국민을 보호하기 위해서는 국가가 감사를 담당하여야 할 수도 있지만 모든 국민이 직접투자를 하는 것이 아니므로 투자자를 보호하기 위해서 국민의 세금이 투입될 수는 없다.

직선으로 표시된 audit production cost 도표에서는 감사 노력이 증가할수록 발생하는 cost는 증가하게 됨을 보인다. 궁극적으로 회계정보 이용자가 사용하는 회계정보의 실질적인 cost는 회사가 부담하기는 하지만 이 cost는 결국은 이용자에게 전가될 수 있다. 이는 다음과 같이 생각하면 된다. 회사가 감사 비용을 부담한다 함은 궁극적으로는 주주가 부담하는 것이다. 회계정보 이용자가 주주일 수도 있고 주주가 아닐 수도 있는데 주주가 아닌 회계정보 이용자들도 잠재적인 주주라고 하면 이 cost를 안을 수 있다.

얇은 concave곡선과 직선을 합하게 되면 굵은 concave곡선이 user's expected total cost를 표시한다.

이러한 cost가 최저점일 경우(AE*와 MinA)에서 optimal amount of audit effort가 결정된다. 이는 user side에서의 접근이 아니라 사회/경제 전체적인 차원에서의 optimal한 의사결정일 수도 있다.

아래는 91쪽의 <Figure 12-2>이며 이에 대해 기술한다. Audit에서의 동일한 내용을 내부통제에 대해서도 적용할 수 있다. Audit이나 Internal control quality이나 통제의 목적이라는 공통점이 있다. internal control에 대한 인증을 수행하지 않을 때에도 이 두 내용에는 공통점이 많았지만 인증이 시작되면서 더더욱이나 공통점이 많다.

IC를 운용하기 위해서는 당연히 cost가 발생하며 이 cost는 선형으로 발생한다. IC 품질이 낮을 때 오류발생 cost가 높아지며, quality가 높아질수록 오류발생 cost가 낮아진다.

IC quality가 높아질수록 IC operating cost는 높아지지만 반면에 decision error cost는 낮아진다. 즉, cost-benefit analysis가 이 세팅에서도 작동된다. decision error cost 곡선은 quality가 높아질수록 decision error cost가 낮다는 것이며 이는 역으로 benefit이 되는 것이다. 따라서 quality가 좋아지면서 benefit은 증가하고 cost가 높아지면서 적절한 수준에서 cost와 benefit이 균형을 이루어야 한다.

IC와 관련된 cost는 이 두 cost의 합(total cost)으로 나타나게 되며 아래 도표, ICQ*에서 Internal control quality가 결정되게 된다.

FIGURE 12-2

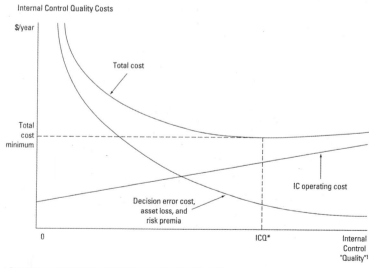

Internal Control Quality Costs

1. Risk of an important magnitude of misstatement decreases as internal control "quality" increases.

3. (p. 283) 감사위원회나 이사회가 감사인이 지적한 문제에 대해서 action을 취하지 않고 감사인이 감사용역을 철회하거나, 한정 또는 의견 거절을 표명하게 되는 경우에는 감사인이 하루만에 이러한 문제를 감독기관(SEC)에 신고해야 한다. 이는 매우 강한 제도이다. 즉, 상장기업의 경영자가 감사인으로부터 연방 감독기구에 제보되는 일이 발생할 수 있다. 감사인이 기업 내부자는 아니지만 감사인이 감사가 진행될 경우에는 내부자 정도의 내부 정보를 제공받으므로 거의 내부자 고발제도와 같은 성격으로 이해할 수 있다.*

이러한 제도는 아래와 같이 국내에도 고민의 대상이다.

회계법인, 상장사 경영진 부정에 직접 조치 가능

혐의사실 이사회에도 통보…2주 내 시정내용 알리지 않으면 증선위에 즉시 보고

앞으로 상장기업 경영진의 부정행위를 감시하기 위해 외부 감사인이 혐의점을 발견하면 이사회에 직접 통보하고 관련 조치 내용을 보고받도록 법적 근거가 마련된다.

또 회사의 대표이사가 직접 내부회계관리제도의 운영실태 평가보고를 하도록 명문화하는 등 각종 회계감독제도의 개선이 추진된다.

13일 금융당국 등에 따르면 경영진의 부정행위에 대해 외부 감사인이 실효성 있는 조치를 할 수 있도록 관련 법령이 개정된다.

현재는 감사인이 경영진의 부정행위를 알아채더라도 시정조치를 직접 유도하기 어려워 피해가 양산되는 경우가 종종 발생하기 때문이다.

예컨대 코스닥 상장사였던 아구스는 지난 2009년 말 대표이사가 회사자금을 횡령한 사실이 2010년 1월 대주회계법인에 의해 발견됐다. 하지만 회사 측이 두 달여가 지난 같은 해 3월 23일에서야 횡령혐의가 발생했음을 알리는 공시를 내 투자자들이 피해를 봤다.

금융당국은 현행 '주식회사의 외부감사에 관한 법률'(외감법)을 개정해 감사인이 발견한 경영진의 부정행위를 감사(감사위원회)뿐만 아니라 이사회에도 통보하도록 할 방침이다. 감사가 사실상 유명무실한 법인이 많기 때문이다.

혐의사실을 통보받은 이사회와 감사는 2주일 이내에 조사와 시정조치 내용을 외부 감사인에게 보고해야 한다. 외부 감사인은 회사가 제출한 결과를 검토해 재무제표에 미치는 영향을 살피고 그 결과를 회사와 증권선물위원회(증선위)에 알린다.

만약 2주일 내에 회사가 감사인에게 조사와 시정조치 내용을 보고하지 않으면 감사인

---

* 이러한 내용은 미국 1934년 증권거래법 Section 10A를 참조한다.

은 즉시 관련 내용을 증선위에 보고한다. 증선위에 보고한 사항은 공시된다.

형식적 운영에 그치고 있는 내부회계관리제도도 개선된다. 당국은 회사의 대표이사가 직접 내부회계관리제도의 운영실태 평가보고를 하도록 명문화할 계획이다. 보고대상도 현행 '이사회와 감사'에서 '주주와 이사회'로 바뀐다.

외부 감사인이 내부회계관리제도를 감독하는 수준도 '검토'(review)에서 '감사'(audit)로 강도를 상향조정한다. 국제회계기준(IFRS) 도입에 맞춰 내부회계관리제도 또한 연결중심으로 전환토록 한다. 이 같은 조치는 우선 자산규모 2조원 이상인 기업부터 순차적으로 적용된다.

중소기업의 부담을 덜어주기 위해서 내부회계관리제도가 적용되는 대상은 축소된다. 현행 상장법인과 자산 1,000억원 이상의 비상장법인이 대상이지만 이해관계가 적어 필요성이 떨어지는 법인들은 대상에서 제외할 예정이다. 주권상장, 채권상장, 상장예정, 금융기관 등으로 대상 법인을 좁힌다.

이 밖에 상장법인의 재무공시감독도 심사주기를 현행 평균 7~8년에서 대폭 당겨 미국, 호주와 같은 3년으로 변경할 계획이다. 사전 예방적 공시심사감독 체계로 전환한다는 목표다.

머니투데이. 2011.11.15.

내부회계관리제도에 대한 보고서가 '이사회와 감사'에서 '주주와 이사회'로 변경된다면 이는 이 보고서의 위상이 격상된다고도 할 수 있다.

회사의 대표이사가 직접 내부회계관리제도의 운영실태 평가 보고를 하도록 강화하는 계획일 경우 취지는 일리가 있지만 어떠한 업무가 중요하다고 해서 빈번히 업무 담당자를 bottom up식으로 올리는 것이 이상적인 정책 방향인지에 대해서는 고민해 보아야 한다.

최고경영자의 업무가 과중하여 위임 전결을 하면서 권한을 아래로 내려 주어야 한다는 일부의 주장과는 상반된 내용이다. 또한 최고경영자에게 감당할 수 없을 정도의 업무를 부여하면서 잘못되면 책임을 지라고 요구하는 것도 최상의 정책 방향은 아니다.

내부회계관리제도는 처음 도입할 때에 너무 의욕적으로 도입하면서 과도한 제도의 적용이라는 비판을 받아왔다. 체계적인 기업의 형태를 갖추려면 자산 규모 등이 어느 정도는 되어야 하는데 그렇지 못한 기업에까지도 이 제도를 적용하는 우를 범하였다. 제도란, 기업의 경영에 도움을 주기 위해서 존재하는 것인데 잘못하여 제도가 제도를 위해서 존재하는 듯이 강제되었던 것이다.

최근 회계부정에 대해서도 회계법인 내에서 이를 책임지는 직급을 상향 조정하려는 움직임이 감독기관 내에서 검토되고 있다. 감당할 수 있을 정도의 책임을 지워야지 높은 지위의 직급자에게 감당할 수 없을 정도의 업무를 기대하는 것이 적절한지에 대한 의문이 있다.

4. (p. 295) 대륙법(Continental) 계통의 국가에서는 노조를 비롯한 많은 기업을 둘러 싸고 있는 경제 주체의 대표들이 이사회를 구성하므로 정보에 대한 접근 목적으로의 공시의 의미가 크지 않다. 이는 이미 기업을 구성하는 경제주체들의 대표자들이 이사회에서 정보를 접하고 해당되는 경제주체에게 적절하게 전달되기 때문이다. 예를 들어 유럽기업의 경우는 노동조합의 대표들이 이사회에 참여하고 있는데 우리나라나 미국 기업의 관점에서는 이해하기 어려운 기업 경영의 형태이다.

2014년 KB 금융지주가 회장을 선임하는 과정에서 이사회 의장이 노조위원장을 면담하였고, 노조위원장이 신임 회장은 가능하면 내부 인사가 선임되는 것이 좋겠다는 의견을 피력하였으며 이사회 의장은 공개적으로 '나도 같은 생각이다'라고 전달한 내용이 언론에 공개되기도 하였다.

회사와 관련된 의사결정을 수행함에 있어서 다양한 경로의 의견을 청취하는 것은 중요하지만 노조의 의견이 공식적으로 경영의사결정에 반영되는 것은 이제까지 우리가 익숙한 미국식 주주 자본주의에 기초하여서 쉽게 수용하기 힘든 과정이었다.

5. (p. 308) 내부 감사 기능을 외부감사인에게 위탁하는 것이 적절한지에 대해서는 많은 생각을 해 보아야 한다. 외부감사인이 해당 기업에 대한 전문성을 가지고 있기 때문에 이들이 내부감사기능을 수행하는 데 있어서 적임이라고 할 수 있다. 단, 외부감사인이 내부감사까지를 책임지고 이들이 제대로 업무를 수행하지 못하는 경우는 내부감사, 외부감사가 모두 문제가 발생할 수 있으므로 보완적인 역할을 누군가가 수행해야 한다고도 할 수 있다. 즉, 감사 기능을 내/외부에서 동시에 진행하는 것에서 한 경제주체만이 감사를 수행하는 것으로 변경되면 감사기능이 약화될 수 있다.

또한 내부통제에 대해서도 검토가 진행되므로 자기 감사(self audit)의 문제가 발생한다고 할 수 있다. 즉, 'audit your own work'의 이슈이다.

6. (p. 109) 1998년 KPMG는 부정(fraud)을 누가 발견하는지에 대한 설문을 조사하였는데, 51%는 내부통제 기능이 발견하며, 43%는 내부감사인이 발견한다고 한다. 4%의 기업만이 외부 감사인이 부정을 발견한다고 보고하고 있다. 이러한 수치를 보더라도 외부에서 기업 내부의 잘못을, 특히나 외부감사인이 제한된 인력과 제한된 시간의 감사활동으로부터 오류를 지적한다는 것이 얼마나 어려운 일이라는 것을 알 수 있다.

회계감사인의 역할은 사기나 횡령 등 부정적발에 있지 않다. 이는 감사는 여러 가지 한계를 가지고 있기 때문이기도 하다.

> **최종학(숫자로 경영하라 2, 2012, p. 276)**
> 현재 국내에는 회계사가 기업의 장부를 전수검사하지 않고 5~10% 정도의 표본을 추출해 감사한다. 이로써는 기업의 부실이나 부정을 적발하기에 턱없이 부족하다. 20~30% 정도를 표본추출하고, 추출한 표본에 대해서는 조사와 확인을 제대로 할 수 있을 만큼 감사시간이 늘어야 충분한 부정 적발이 가능해질 것이다.

위와 같이 아마도 표본조사의 표본수가 부족하여서 감사인이 부정을 적발하는 경우가 적다고도 할 수 있다.

대부분의 감사가 회사가 제공하는 정보에 근거하여 진행되며 또한 전수조사가 아닌 표본조사에 의해서 감사가 진행되기 때문이다. 그러나 모든 기업의 경영활동이 회계로 기록되기 때문에 회계가 부정을 적발할 것으로 기대할 수 있다.

이와 관련된 회계감사기준은 다음과 같다.

> **240 재무제표감사에서 부정에 관한 감사인의 책임**
> 3. 부정은 광범위한 법률적 개념이지만, 감사인은 감사기준의 목적상 재무제표의 중요한 왜곡표시를 초래하는 부정에 관심을 둔다. 감사인에게 의미 있는 의도적 왜곡표시에는 두 가지 유형, 즉 부정한 재무보고에 의한 왜곡표시와 자산의 횡령 등에 의한 왜곡표시가 있다. 감사인은 부정의 발생을 의심할 수 있고, 드물게는 이를 식별할 수도 있으나, 부정이 실제로 발생했는지 여부에 대하여는 법률적 결정을 내리지 아니한다(문단 A1-A6 참조).
>
> 감사기준 2012.12.12.

즉, 감사인은 검찰도 아니고 경찰도 아니다.

감독원은 그나마 금융실명제법에 의해서 제한적이기는 하지만 계좌를 추적할 수 있지만 감사인은 이러한 권한도 없다. Chapter 2에서도 인용되었지만 아래의 신문기사와 연관된다.

강성원 한국공인회계사회 신임 회장

　강회장은 감사인의 독립성을 다시 한번 강조하면서 "금융실명법의 예외 조항에 감사인을 포함시킴으로써 감사의 실효성을 높일 수 있어야 한다"고 주장했다. 현재는 감사과정에서 회계법인은 금융실명제법상 실명을 확인할 수 없고 금융감독원 등 일부 관계자만이 알 수 있다.

매일경제신문. 2012.7.3.

그러나 이러한 권한을 민간에게까지도 확대한다면 이에 상응하는 부작용도 분명히 존재할 것이다.

회계감사기준에는 다음과 같이 기술하고 있다.

240 재무제표 감사에서의 부정에 관한 감사인의 책임

　A47　예를 들어 공모를 통해 문서를 조작하여 해당 문서가 진실하지 않음에도 진실하다고 믿게 하는 것과 같은 의도적인 왜곡 표시를 발견하는 데 효과적이지 않을 수 있다. 감사인은 문서의 진위에 대한 전문가로서 훈련을 받지 않았으며 그렇게 기대할 수도 없다.

감사는 범죄 혐의를 밝히려는 공적 수사가 아니다. 따라서, 감사인은 그러한 수사를 하는 경우에 필요한 수사권한과 같은 특정한 법적 권한을 부여 받고 있지 않다.

7. (p. 186) 설문지에 의하면 기업의 회계 담당자들은 중요성을 이익의 몇 %로 생각하는 성향이 있으며 감사인들은 중요성을 이익보다는 매출이나 자산의 몇 %로 생각하는 성향이 있는 것으로 나타난다.

8. (p. 215)　회계기준에는 중요하다, 합리적이다. 전반적이다는 등의 매우 주

관적인 판단의 영역으로 분류될 수 있는 표현들이 많이 사용된다. 국제회계기준에서 충당부채인지 또는 우발채무인지를 구분하는 잣대도 물론 발생 가능성과 연관이 있다.

일반인들이 합리적이라고 판단하는 확률은 어느 정도인가? 60~70%의 확률을 의미한다고 생각하며 이는 정규분포를 가정할 경우는 ±1 표준편차의 영역이다.

(p. 236) 감사인, 투자자, 은행가, 경영자들에 대한 설문에서 가능성과 관련되어 해석상에 많은 차이를 보인다. remote와 reasonably possible에 대한 가능성의 차이는 0.2로 인지하고 있으며 reasonably possible과 probable의 차이는 0.7로 인지하고 있다.

물론, 이러한 표현들이 경제 활동 뿐만 아니라 일상적인 생활에서도 사용되는 표현이므로 이러한 표현과 발생 가능성이 굳이 회계감사에만 국한된 것은 아니다. 다만, probable, reasonably possible이라는 표현이 회계감사기준에 사용되므로 이러한 표현에 대해서는 조금더 발생 가능성에 대해서 이용자 간에 동일한 해석이 수행되어야 하는 것은 아닌지에 대해서 생각해 보아야 한다.

이러한 발생 가능성의 판단에 따라서 회계처리가 달라질 수 있기 때문이다.

단, 이러한 발생 가능성에 대해서 이용자들이 동일한 생각을 한다고 해도 어차피 이용자들의 발생가능성을 측정하여 공표하는 것이 아니라 심정적으로만 생각하는 확률이므로 쉽지 않은 이슈이다.

감사의 권한

chapter

13

국민은 감사 "행장 결재 서류 미리 보겠다"

과도한 경영간섭 논란

국민은행 감사위원회가 지난 2월말부터 이건호 행장에게 올라가는 모든 결재 서류를 정병기 감사가 사전 감사하도록 해 파문이 일고 있다.

금융권 고위 관계자는 4일 "국민은행 감사위가 지난달 27일 은행장에게 올라가는 모든 결재 서류는 상임감사위원을 반드시 거치도록 상임감사위원 직무 규정을 개정했다"고 밝혔다. 도쿄지점 부당 대출 사건 등으로 내부통제시스템에 문제가 생긴 만큼 감사가 먼저 들여다 보겠다는 취지다. 시중은행들은 보통 기본 사업계획 수립, 이사회 결의안, 직원 징계 등 사건 감사 대상을 구체적으로 정해 놓고 있다.

국민은행 감사위는 사전 감사 대상을 은행장이 결재하는 모든 서류로 확대한 것이다. 물론 사전 감사를 통해 의사결정을 하는 게 아니라 검토의견을 단다. 하지만 감사가 은행장 결재 서류 모두를 사전에 들여다 보는 것은 이례적인 일이다.

일각에서는 과도한 경영간섭이라는 지적이 나온다. 한 관계자는 "은행장의 모든 의사결정에 개입하는 것은 월권의 소지가 크다"며 "신속한 의사결정을 저해해 업무에 지장을 줄 수 있다"고 우려했다.

하지만 정감사는 "경영건전성을 위해 내부통제시스템을 강화하는 일은 당연히 해야 할 일"이라고 강조했다. 다른 국민은행 관계자도 "내부 규율을 다잡아야 할 시점에서 필요한 일"이라고 평가했다.

한국경제신문. 2014.3.5.

위기의 국민은… 경영권·감사권 '정면 충돌'

부실경영 빌미로 유례없는 "감사권 강화" 파문

"행장 위에 감사 있는 옥상옥 될 것" 우려도

국민은행 감사위원회가 이건호 은행장에게 올라가는 모든 결재서류를 정병기 상임감사위원을 반드시 거치도록 상임감사위원 직무 규정을 개정한 것에 대해 경영권과 감사권의 충돌로 보는 시각이 많다. 아무리 경영진을 견제하고 감시해야 할 감사라지만 은행장의 결정에 사사건건 간섭하는 것은 경영권 침해에 해당한다는 얘기가 나온다. 반면 사건 사고가 잇따르고 있는 국민은행으로선 감사권을 강화할 필요가 있다는 '옹호론'도 있다. 일부에서는 정감사가 지난 1월 정기인사 과정을 들여다본 것에 이어 마음먹고 이 행장 견제에 들어갔다는 해석도 있다.

"경영권 행사 침해받을 수도"

은행 감사는 사후 감사 외에 사전 감사권을 갖고 있다. 국민은행도 업무계획 수립 및 예산의 편성, 직원의 상벌, 예산의 전용 등에 대해 감사가 최종 결정권자에 앞서 의사 결정이 타당한지 검토할 수 있도록 사전감사 대상 업무를 규정해 놓고 있다. 이 규정에 따라 사전 감사권을 행사하면 웬만한 중요 경영사항에 대해 감사가 미리 들여다볼 수 있다는 것이 금융권의 대체적인 시각이다.

문제는 국민은행 감사위원회가 은행장의 모든 결재사항을 미리 보겠다고 감사위원 직무 규정을 개정한 데 있다. 중요 경영사항 외에 모든 걸 보겠다는 것은 이 행장에 대해 시시콜콜 간섭하겠다는 의도가 배어 있다는 지적이다.

국민은행 내부에선 "경영권에 대한 과도한 간섭"이라며 반발하는 기류가 강하다. 행장이 모든 사안을 견제 받는다면 경영권을 제대로 행사할 수 없다는 이유에서다.

국민은행 경영진은 감사위원회의 결정을 일단 수용했다. 감사위원 직무 규정을 바꿔 사전감사에 대한 근거를 마련한 만큼 법적으로 문제가 없어서다. 거부할 명분을 찾기 힘들다는 설명이다.

하지만 감사업무에서 사전감사 대상은 기본적으로 최소화하는 것을 원칙으로 한다는 점에선 논란의 소지가 많다. 사전감사 범위가 넓어질수록 상임감사가 경영진의 의사결정에 관여하는 범위도 함께 넓어지는 셈이어서 차후에 경영책임을 물을 때 상임감사도 자유로울 수 없다. 국민은행 내부통제 시스템을 쇄신해야 하는 것은 맞지만 이 같은 방식은 행장의 경영권이 과도하게 훼손될 수 있다는 주장이다.

한 시중은행 관계자는 "국민은행 감사위의 결정은 아주 이례적인 것"이라며 "행장이 결재해야 할 서류도 엄청난데 상임감사의 감사까지 받아야 하면 업무에 속도가 나지 않는다"고 말했다. 그는 "행장위에 감사가 있는 옥상옥이 될 수 있다"고 우려했다.

"위기 상황에서는 필요한 일"

일부에서는 국민은행의 최근 분위기를 고려할 때 필요한 제도라는 반응도 나온다. 은행 내부의 비리가 계속해서 터져 당연히 나올 수밖에 없는 대책이라는 주장이다. 특히 박동순 전 국민은행 감사가 국민주택 채권 위조와 도쿄지점 부당대출 등에 책임을 지고 물러난 만큼 후임 감사로서는 더욱 긴장할 수밖에 없다는 분석이다. 기획재정부 출신인 정감사는 지난 1월 선임됐다.

한국경제신문. 2014.3.5.

위는 기업의 지배구조적인 차원에서 매우 중요한 이슈이다.

어느 정도 규모가 이상이 되는 공공기관의 경우, 사장과 감사는 대통령 임명으로 신분을 보장해 주면서 감사가 실질적인 기관에서의 No. 2의 위치를 공고히 하면서 독립성과 신분을 보장한다. 그러나 독립성의 보장은 임기를 갖는 신분상의 보장이지 업무의 간섭을 의미하지는 않는다.

감사의 업무는 기본적으로 monitoring의 업무이지 실질 경영의사 결정을 의미하지는 않는다. 물론, 이러한 두 기능을 구분하기 어려운 경우도 존재한다. 이는 이사회의 두 가지의 기능과도 무관하지 않다. 이사회는 경영자문 업무도 수행하지만 경영진에 대한 감시업무도 동시에 수행한다. 경영자문과 감시업무가 결코 분리되어야 하는 것만도 아니다.

이사회의 역할도 동일하다. 유럽에서는 이사회가 management board와 supervisory board 기능으로 구분되어 있다고 한다. 우리의 제도는 이 두 기능을 모두 수행하는 것으로 기대된다. 이에 대비하여 상법상의 감사는 supervisory 기능을 하도록 제도가 설치된 것이지 management board 기능을 기대하여 설치된 제도는 아니다.

은행에서의 상근감사제도는 은행별로 고민의 대상이었다. 신한은행은 2011년부터 상근 감사가 감사위원회의 한 위원으로 활동하다가 전원 사외이사로 구성된 감사위원회로 대체하다가 2014년에 다시 상근감사제도를 부활하였다. 상근감사제도가 폐지된 기간에도 감사본부장 제도를 두어서 상근감사는 아니지만 그 역할의 일부를 맡도록 하였다. 단, 상근감사위원은 감사위원회의 한 위원이지 상법상의 감사는 아니며 상법상의 감사를 감사위원회가 대체하는 것이다.

상근의 감사가 더 좋은 제도인지 아니면 비상근으로만 구성된 위원회 조직이 더 우월한 제도인지에 대해서는 여러 논란이 있을 수 있다. 비상근위원으로만 구성된 감사위원회는 상근감사제도가 있는 경우와 비교하여 회사에서 일할 수 있는 시간이 제한되어 있어서 정보 접근성에 한계가 있다. 반면 상근감사에 비해서 사외이사로만 구성된 감사위원회 위원은 상근 직업이 별도로 있는 경우가 다수이기 때문에 더 독립적일 수 있다.

이러한 논의는 정부의 행정체계가 독임식이 좋은지 아니면 위원회 조직이 좋은지의 경우와도 동일하다. 금융위원회, 공정거래위원회, 증권선물위원회 등의 조직은 합의체 조직으로 다수결에 의한 의사결정을 수행하며 각각 장단점이 존재한다. 한국은행의 금융통화위원회 조직도 정부 위원회는 아니지만 동일한 성격을 갖는다.

우리나라의 모든 금융기관에는 감사의 기능도 존재하지만 준법감시인(compliance officer)이라는 제도가 별도로 존재하였다. 준법감시인은 제도의 적용에 있어서 제도가 잘 준수되는지를 사전적으로 점검하는 역할을 수행하며 감사기능은 사후적인 점검을 수행하는 것으로 그 역할이 구분되어 있다.

이와 같이 감사와 준법감시인의 역할도 어느 정도 중복될 수 있는데 여기에 준법지원인제도 도입을 검토하면서는 논란의 대상이 되었다.

준법지원인 대상 기업 20일 결정

재계 '자산 5조 이상이 적당' 법조 '1,000억 이상으로 해야'

매일경제신문. 2011.7.6.

준법지원인제도도 동시에 시행되면서 이 업무와 관련된 상당히 여러 가지 복잡한 문제가 초래된다. chapter 24에서는 이와 관련된 내용을 기술한다.

모든 업무에는 권리(권한)와 이에 따르는 의무가 병행하여야 한다. 대표이사가 대표이사로서의 권한을 가지기 때문에 당연히 이와 관련된 책무를 져야 하는 것이다. 대표이사가 수행한 의사결정에 대해서 감사도 건건히 서명을 하게 되면 궁극적으로는 공동 책임을 지게 되므로 상호 보완적으로 업무가 진행되는 것이 장점일 수도 있지만 누가 최종적인 의사결정자인지에 대해서 무척 혼란스러울 수 있다. 사공이 많으면 배가 어느 쪽으로 갈지 알 수 없다.

이는 은행장과 감사의 업무 영역이 완전히 다른데도 불구하고 공동 책임을 져야 한다는 내용으로 기사화가 되어 있으며 기업에 등기하는 대표이사가 두 명일 경우에 이 둘간의 관계설정을 어떻게 할지에 의해서 공동 대표가 될 수도 있고 각자 대표가 될 수 있다. 직책명칭에서 명확하게 드러나듯이 공동 대표는 공동의 책임을 지는 것이며 각자 대표는 각자가 의사결정한 부분에 대해서만 책임을 지게 된다. 공동 대표의 장점은 서로 공동으로 책임을 져야 하므로 상호 보완적일 수 있는데 단점은 상대방이 꼼꼼하게 점검하고 서명을 한다는 가정하에 업무에 소홀할 수도 있다. 각자 대표의 장단점은 당연히 공동 대표 제도의 단장점과 동일하다.

이 내용은 다음 장에서 기술된다.

상법 등에서 정의된 상법상의 감사/감사위원회의 내용을 정리하면 다음과 같다.

1. 모든 상장기업에는 감사를 두어야 한다.
2. 자산규모가 1,000억원이 넘는 상장 기업에는 상근 감사를 두어야 한다.
3. 자산규모가 2조원이 넘는 기업에는 상법상의 감사 대신에 감사위원회가 설치되어야 한다.
4. 따라서 자산 규모가 2조원이 되지 않는 기업에는 상법상의 감사가 선임되거나 감사위원회가 자발적으로 설치되어야 한다.
5. 자산규모가 2조원이 넘는 기업에서 상근감사위원이 감사위원회에 참여하는 경우는 상법상의 감사로 참여하는 것이 아니라 상근감사위원의 자격이다. 따라서 상근감사위원은 상법상의 감사가 아니며 상법상의 감사의 기능은 감사위원회가 수행하고 있다.

각자대표/공동대표

chapter

14

대표이사가 각자 대표 또는 공동 대표의 형태로 갈 것인지는 지배구조에서는 매우 중요한 이슈이다.

재계 '각자 대표' 확산. 오너 전문경영인 역할 나눠 '속도경영'

덩치 커진 기업들 "나홀로 경영으론 어렵다"

LG전자 현대모비스 아시아나 등 잇단 도입

삼성전자 등 사업 영역별로 각자 대표 맡기도

각자대표: 복수의 대표이사가 대표 권한을 독립적으로 행사할 수 있는 경영 체제. 의사결정의 속도를 높여 경영 효율을 꾀할 수 있는 게 장점이다.

공동대표: 두 명 이상의 대표이사가 모두 합의를 한 뒤 공동으로 서명해야 의사결정을 내릴 수 있는 체제. 단독대표나 각자 대표의 전횡을 예방할 수 있다.

단독 대표에서 각자 대표 체제로 전환하는 기업들이 늘고 있다. '나홀로 대표'로는 인수합병과 사업 확장으로 커지는 기업을 제대로 이끌기 어렵다고 판단해서다. 오너와 전문경영인 간 역할 분담을 통해 '한국식 스피드 경영'의 강점을 살리기 위한 시도라는 분석도 나온다.

업계는 기업들이 각자 대표 체제를 도입하는 가장 큰 배경으로 경영 효율 제고를 꼽고 있다. 기업 오너와 전문경영인이 경영책임을 함께 지도록 함으로써 오너와 전문 경영인 체제의 강점을 동시에 누릴 수 있을 것으로 기대하고 있다.

신속한 경영 판단이 중요한 그룹 지주회사나 핵심 계열사들 중 각자 대표를 선택하는 곳이 늘고 있는 것도 이런 이유에서다. LG그룹의 지주사인 주 LG와 주 두산을 비롯해 각 그룹의 주요 계열사인 현대차와 롯데쇼핑, GS건설 등을 대표적 사례로 꼽을 수 있다.

각자 대표 체제는 금융 업종으로도 확대되는 추세다. 대표간 역할을 나눠 날로 치열해지고 있는 경쟁에서 살아남기 위해서다. 미래에셋증권과 메리츠증권은 2012년 단독 대표 체제를 버리고 각자 대표 체제로 변경했다.

전문가들은 각자 대표를 도입하는 기업들이 늘어날 것으로 보고 있다. 한 사람이 대표를 맡아 끌고 가기엔 국내 기업 규모가 너무 커진 데다 사업 영역이 분화되어 있기 때문이다. 대표이사를 비롯한 등기임원 책임을 강화하는 방향으로 법규가 바뀌는 것도 각자 대표가 늘어 가는 배경이 되고 있다.

전삼현 숭실대 법대교수는 "경영자의 배임과 횡령을 엄벌하는 쪽으로 사회 분위기가 바뀌고 있는 만큼 경영자의 권한을 나누는 각자 대표 체제를 도입하는 기업이 더욱 늘어날 것"이라고 전망했다.

'대표간 견제와 균형 필요' 공동대표로 바꾼 기업도

공동 대표 체제는 일반적으로 인수합병이 잦은 코스닥 상장사가 택하는 방식이다. 2대 주주나 3대 주주 측에서 최대주주의 전횡을 견제하기 위해서다.

한국경제신문. 2014.3.17.

책임경영이라는 차원에서는 각자대표제도가 더 부합한다고도 할 수 있지만 이는 각 기업이 처한 상황에 따라 다를 수 있다.

이와 같이 대표 체제에 있어서도 신속한 의사결정이 중요하다고 해서 각자 대표로 가는 추세에 이전 chapter에서와 같이 감사가 건건히 은행장의 의사결정에 개입할 수 있는 체제로 가는 것이 적절한지에 대해서는 많은 고심을 필요로 한다.

조인트로 의사결정을 수행하는 장점은 협의에 의한 의사결정이 수행될 것이므로 안정적인 의사결정을 수행할 가능성이 높아진다. 공동 대표, 각자 대표에 대한 의사결정은 앞으로도 기업에 있어서 매우 중요한 의사결정이 된다.

동시에 잘못된 의사결정에 대한 임원 해임 권고 등의 증선위 차원에서의 해당 기업에 대한 조치를 받거나, 아니면 경영의사결정에 대한 손해배상소송 등의 대상이 된다는 점에서 공동대표제도의 한 문제점은 본인이 전문성도 없는 영역에 대해서 공동 대표로서의 의무를 같이 졌다면 이에 대한 책임도 같이 안아야 한다.

예를 들어 분식회계에 대해 회사에 대한 조치를 할 때 회계담당 임원을 조치하게 되고 회계담당 임원이 없을 경우는 대표이사에 대한 조치로 가게 된다. 최대주주가 CEO를 맡고 있는 경우에, CEO가 회계전문가가 아니라면 회사의 입장에서는 CFO를 두어서 책임을 맡게 하는 것이 좋은 대안이라고 판단된다.

개정 감사기준에 포함된 철학

이 감사 기준은 2013년 8월 20에 공인회계사회의 감사 인증기준위원회가 의결하고 2013년 11월 27일에 이를 승인하였다.

이 내용은 Clarified ISA(IFAC, 2009.12.15)를 원문 그대로 번역하여 도입하되, 국내 법규 또는 환경에 부합하지 않는 일부사항은 현행 기준 등을 유지한 내용이다.

이 내용 중에서 논란의 대상이 될 수 있거나 학문적으로 매우 흥미로운 내용들이 있어서 이 부분을 중점적으로 기술한다.

독자를 위해서 기준서 번호와 기준의 번호를 같이 표기한다.

> **감사기준서 200 독립된 감사인의 목적 및 감사기준에 따른 감사의 수행**
>
> 5. 감사인은 충분하고 적합한 감사증거를 입수하여 감사위험(즉, 재무제표가 중요하게 왜곡표시되어 있음에도 불구하고 감사인이 부적합한 의견을 표명할 위험)을 수용가능한 낮은 수준으로 감소시켰을 때 이러한 확신을 얻는다. 그러나 합리적인 확신이 절대적인 수준의 확신을 의미하지는 않는다. 감사에는 고유한계가 존재하며, 그 결과 감사인의 결론도출과 의견표명의 기초가 되는 대부분의 감사증거는 결정적 증거이기보다는 설득적 증거이기 때문이다(문단 A28-A52 참조).

감사가 적절히 수행되지 않았을 경우에는 비적정의견을 받아야 할 기업이 적

정의견을 받는 type II error(귀무가설이 사실이 아닐 때 이 귀무가설을 지지하는 error)
가 발생한다. 감사가 적절히 수행되지 않았을 경우 발생하는 error에는 감사의견이
적정의견을 받아야 하는데 비적정의견이 표명되는 type I error(귀무가설이 사실일
때 기각하는 error)도 발생할 수 있지만 이 경우는 피감기업과 감사인간에 여러 단계
에서의 의견 교환이 수행될 것이므로 이러한 오류가 발생할 가능성은 높지 않다.

> 감사기준서 200
>
> A33 감사기준의 목적상, 감사위험에는 재무제표가 중요하게 왜곡표시 되어있지 않
> 을 때 감사인이 재무제표가 중요하게 왜곡표시되어 있다는 의견을 표명할 위험은 포함
> 되지 않는다. 이러한 위험은 일반적으로 유의하지 않다.

즉, 회계감사기준에서는 type I error는 무시되고 그렇기 때문에 위의 감사기
준에서는 type II error에 대해서만 언급하는 것이다.

사법부가 어느 살인 용의자에 대한 재판을 진행한다고 하자. 예를 들어 심증
은 가지만 물증이 없는 경우, 살해 용의자에 대한 심판을 내릴 때, 100% 확신이
없다면 억울할 수도 있는 용의자에 대해서 사형 선고를 내리는 판결과, 잔악한 용
의자에 대해서 무죄로 사회로 훈방하는 두 대안을 비교해 본다.

첫 대안에 있어서 error가 발생한다면 죄가 없는 용의자에 대해서 사형을 선
고하는 오류를 범할 것이고, 후자의 경우는 잔악한 용의자에 대해서 사형을 선고
하지 않고 사회에 훈방된 용의자가 다시 사회에서 잔악한 범죄를 범할 수 있는 오
류를 범할 것이다. 어느 쪽 오류가 더 큰지를 생각해 본다. 전자는 무죄일 수도 있
는 사람의 생명을 빼앗는 오류이고, 후자는 사악한 사람을 무죄로 풀어주어 다시
한번 사람을 해칠 수 있는 오류이다. 후자는 미래에 발생할 수도 있는 사상이지만
누가 희생자가 될지를 잘 알 수 없기 때문에 이 오류가 간과될 수 있다. 단, 전자
는 사형 선고를 받는 본인 개인에게는 치명적이다.

각자에 대해서 오류로 인한 비용이 발생한다. 법원에서 무고한 사람에 대해
서 사형을 선고하는 것에 대한 오류 비용이 사악한 사람을 무죄로 언도하는 오류
비용보다 크다면 재판부는 cost를 최소화하는 방향으로 후자를 선택할 수 있다.
즉, loss funtion에 의해서 결정할 것이다. 이는 물론, 법관의 발생 가능성에 대한
판단과 이에 상응하는 cost에 의해서 결정되겠지만 생명을 중시한다면 무고한 사
람을 죽이는 조금의 가능성도 수용하지 않을 수 있다.

그러나 무고한 시민을 살해하였다는 가능성이 어느 정도 이상이라면 생명 경시를 뿌리 뽑기 위해 일벌백계 차원에서 사형을 언도할 수 있어야 한다.

물론, 사법부의 이러한 판단은 이러한 판단을 수행하는 판사의 사실 판단 능력이나 risk taking에 대한 선호도에 의해서 결정된다. 즉 type I, II error는 모두 risk이며 경제 활동을 하는 모든 경제 주체가 그러하듯이 risk taker가 있고 risk averser가 있다. risk를 전혀 take하지 않는다고 하면 거의 100% 확신이 있기 전까지는 사형을 언도하기 어려울 것이며 risk를 take한다면 어느 정도의 확신을 가지고 사형을 선고할 수 있을 것이다.

> **감사기준 13**
>
> 용어 c의 감사위험의 정의에서도 감사위험은 재무제표가 중요하게 왜곡표시되어 있을 경우에 감사인이 부적합한 감사의견을 표명할 위험. 감사위험은 중요한 왜곡표시 위험과 적발위험의 함수이다.

이와 같이 기술하고 있어서 역시 type II 위험만을 언급한다.

감사가 적절하지 않으므로 발생하는 cost는 이러한 error가 나타날 확률에 오분류 비용을 곱하면 그 금액이 오분류로 발생하는 기대금액이 될 것이다. 즉, 통계학에서의 기대치의 개념이다. 전자의 오류는(type II error, 즉, 재무제표에는 오류가 포함되어 있는데 적정의견을 감사인이 표명하는 오류) 이 재무제표를 이용하여 기업이 금융기관으로부터 대출 등을 받았다고 하면 극단적으로는 금융기관의 부실로 이어질 확률도 있으며 이러한 cost는 공적 자금의 투입으로 인해 국가 전체가 떠안아야 할 수도 있다.

비적정의견이 표명되어야 하였는데 적정의견이 표명되었고 이러한 적정의견이 표명된 재무제표에 근거하여 투자자들이 투자의사 결정을 수행하고 투자손실을 입을 가능성이 가장 빈번한 분식회계/부실감사로 초래되는 전형적인 피해일 것이다. 따라서 이러한 경우의 수는 발생확률도 높고 이에 상응하는 비용도 높다.

Type I error는 오류로 비적정의견을 받은 기업이 대출을 못받게 되는 정도의 오류만이 존재하며 이 기업이 회계적으로 문제가 없는 기업임에도 문제가 있는 것으로 분류되는 것이므로 투자자들 입장에서도 더 주의해서 의사결정을 수행하게 되므로 해당 기업 및 그 주주 이외에는 큰 피해가 발생하지는 않는다. 즉, type I error일 경우는 경제 전체에서 오류가 발생할 확률과 그에 상응하는 기대비용이

모두 낮다. 물론 이러한 기대 비용은 경제 전체에서의 비용을 의미하지 해당 기업
은 자체적으로 큰 비용을 지불하게 된다. 단, 감사인과 피감기업간의 의견의 조정
과정에서 type I 오류가 발생할 가능성은 높지 않고 위의 감사기준에도 기술되었
듯이 무시된다.

따라서 분식회계/부실감사 여부가 명확하지 않을 경우에는 어떠한 임계치에
서 이를 cut off해야 하는지를 결정해야 할 수도 있다. 이러한 경우, 이론적으로는
오분류로 인한 기대 cost를 최소화하는 방식으로 의사 결정하여야 한다.

결정적 증거라기보다는 설득적 증거라는 표현은 매우 법적인 표현이기도 하
다. 예를 들어 형법의 표현 중에 심증은 가지만 물증은 없다고 인용하기도 하는데
결정적 증거라는 것이 물증을 의미하며 설득적 증거는 심증에 해당한다고도 할 수
있다. 또한 민사소송은 자유 심증주의로서 판사의 재량이 많은 편이나 감리의 경
우 행정처분으로서 민사소송보다는 엄격한 증거를 제시하여야 한다. 이때 자유 심
증주의가 설득적 증거에 해당되고 법정 증거주의가 결정적 증거에 해당된다.

이는 회계에서는 많은 부분이 명백한 fact보다는 많은 추정의 과정을 거칠 수
밖에 없기 때문이다. 감가상각의 과정, 대손상각의 경우도 추정의 과정이며 이러
한 모든 추정은 많은 가정을 전제로 하고 있다.

> 감사기준서 200의 13 정의에서
> (m) 합리적 확신 – 재무제표감사에서 높은 수준의 그러나 절대적이지는 아니한 수준
> 의 확신

즉 합리적 확신이라 지존의 달성하기 어려운 정도의 높은 수준의 확신을 의
미하지는 않으며 재무제표에서는 그러한 수준의 확신은 기대하기 어렵다는 것도
의미한다.

감사인은 전문가적 의구심을 가져야 한다. 그러나 동시에 감사인의 전문가적
인 의구심에 대해서 다음과 같이 적용 및 기타 설명자료에 기술하고 있다.

> 감사기준서 200
> A21 감사인은 그렇지 않다고 믿을 만한 사유가 없는 한, 기록과 문서들은 진실하다
> 고 인정할 수 있을 것이다.

감사기준은 성선설로 되어 있다고 감사인들이 일반적으로 논의되는 근거이다.

> A48 재무제표 이용자들은 감사인이 합리적인 기간 내에 합리적인 비용으로 재무제표에 대한 의견을 형성할 것이라고 기대하며, 존재할 수 있는 모든 정보를 다루거나 또는 정보가 오류나 부정을 포함하고 있다는 가정하에 그렇지 않다고 입증이 될 때까지 모든 사항을 누락 없이 추적하는 것은 실행 가능하지 않다는 것을 인식하고 있다.

즉 효익과 비용간의 관계는 회계기준의 제개정에서도 동일하며 감사의 과정에서도 동일하다. 효익은 크지 않은데 무한정적으로 비용만 투입할 수는 없는 것이다. 이러한 것이 감사의 한계일 수도 있다. 어떤 업무를 수행하게 되거나 제한된 비용, 인력과 시간을 투입하여 업무가 수행된다.

> A52 부정이나 오류로 인한 재무제표의 중요한 왜곡표시가 차후에 발견되었다는 사실 자체만으로 감사기준에 따른 감사를 수행하지 못했다는 것을 의미하는 것은 아니다. 그러나 감사의 고유한계가 감사인이 설득력이 부족한 감사증거에 만족하는 것을 정당화시키지는 아니한다.

위의 기준서는 그야말로 부실감사가 발견될 경우에 책임 소재가 주관적인 판단의 영역일 수밖에 없다는 것을 의미한다. 매우 정확한 표현이지만 이를 적용할 때는 부실 감사의 책임은 매우 애매하다는 것을 의미한다.

즉, 왜곡이 있어도 부실감사의 결과라고 결론을 도출할 수 있는 것이 아닌 반면, 왜곡을 발견하지 못했다는 것이 감사의 한계 때문이라는 사실에 전적으로 기인하는 것도 아니라는 것이다.

> A16 경영진은 부정이나 오류로 인한 중요한 왜곡표시가 없는 재무제표를 작성하기 위해 필요하다고 결정한 내부통제를 유지한다. 내부통제는 아무리 효과적이어도 그 고유한계로 인해 기업의 재무보고목적 달성에 대하여 합리적인 확신만을 제공할 수 있다.

즉, 감사에도 고유의 한계가 존재하지만 내부통제도 동일하다는 의미이다. 아무리 내부통제가 완벽하다고 해도 모든 경영활동은 사람이 하는 일이라서 내부통제가 부정을 완벽하게 통제할 수는 없다. 내부통제와 회계정보의 투명성간에는 일정한 연관성이 있지만 일대일로 mapping이 되는 것은 아니다. 적절한 내부통제는 투명한 회계정보에 대한 필요조건이지만 충분조건은 아니다. 아래의 표준 감사보고서에서는 이러한 한계를 기술하고 있다.

내부통제가 어느 정도 수준으로 갖추어져 있다면 이 내부통제에서 산출되는 회계정보는 당연히 투명성과 적정성이 제고될 것이며 이러한 차원에서 내부통제는 회계에서도 매우 중요하다.

내부통제제도에 대한 인증이 한시법인 구조조정촉진법(구촉법)에서 외감법으로 이월되던 시점에도 내부통제에 대해서까지 감사인이 인증을 하는 것이 적절한지에 대한 논의가 지속되었다. 단, 최근에 발표되는 자료에 의하면 내부통제의 수준과 회계의 투명성이 상당한 정도로 관련성이 존재함이 밝혀지면서 내부통제에 대한 인증이 적법한 수준의 정책방향이었다는 지지를 받고 있다.

> 감사기준서 210 감사업무 조건의 합의
> **보론1**
> 감사계약서의 일부분
> 감사가 감사기준에 따라 적절하게 계획되고 수행되어도 내부통제의 고유한계와 감사의 고유한계로 인한 중요한 왜곡표시가 발견되지 않을 수 있는 불가피한 위험이 존재합니다.

즉, 왜곡표시의 원천으로 내부통제와 감사의 한계를 동시에 기술하고 있다.

> **240 재무제표감사에서의 부정에 관한 감사인의 책임**
> 3. 감사인에게 관련성이 있는 의도적 왜곡표시에는 두가지 유형, 즉, 부정한 재무보고에 의한 왜곡표시와 자산의 횡령에 의한 왜곡표시가 있다. 감사인은 부정의 발생을 의심할 수 있고, 드물게는 이를 식별할 수도 있으나, 부정이 실제로 발생했는지 여부에 대한 법률적 결정을 내리지 아니한다.

감사의 목적은 재무제표가 적절한지를 판단하는 것이지 부정적발에 있는 것은 아니다, 단, 감사과정에서 부정을 적발할 수도 있다. 단, chapter 12의 KPMG의 연구 결과에서도 기술되고 있듯이 감사인의 부정 적발은 한계가 있을 수밖에 없다. 또한 법 전문가에 의한 법률적 결정은 회계 전문가의 영역이 아님을 명확히 하고 있다.

> 5. 감사기준에 따라 감사를 수행하는 감사인은 재무제표가 전체적으로 부정이나 오류로 인한 중요한 왜곡표시가 없다는 합리적 확신을 얻을 책임이 있다. 감사인이 감사기준에 따라 적절하게 감사를 계획하고 수행하여도 감사의 고유한계에 의하여 재무제표의 중요한 왜곡표시 중 일부가 발견되지 못할 불가피한 위험이 존재한다.

감사의 고유한계는 두 가지 이유로 발생한다고 할 수 있다. 예를 들어, 재고에 대한 실사가 진행될 때 전수조사를 수행하는 것이 아니고 표본조사를 수행하는 것이므로 한계가 있을 수 있다. 또한 전문가적 의구심을 가지고 회계감사기준에 따라 충실히 감사하는 것을 기대하기 때문에 감사의 충실성의 정도는 감사조서로만 판단하는 것이지 재무제표에 포함된 모든 오류를 완벽하게 발견하기를 기대하는 것은 아니다. 기업의 회계부정이 있더라고 감사인의 감사절차상 문제가 없다고 판단되면 감사품질에 문제가 있다고 보기 곤란하다.

최근 5년간 회계부정이 발생하였는데, 감사인 책임을 완전히 면책한 비율은 평균 15%이다. 따라서 감독기관의 입장에서는 이러한 감사의 한계를 인정하고 있다. 부실감사에 대한 판단은 감사기준의 준수 여부이지 분식회계의 발생 여부가 아니다. 물론, 분식회계가 발생하였을 경우에 감사인에 대해 due care를 수행하였는지를 검토하고 확인하는 경우가 더 많을 것이다.

실무의 회계사들은 감독기관이 정답을 아는 상태에서, 즉, 분식이 존재한 상태에서 감리를 수행하면서 어떤 절차를 밟지 않은 이유가 무엇인지를 조회하는 방식으로 감리가 진행된다면 감독기관의 조치를 피해가기가 무척이나 어렵다고 불만을 표시하기도 한다.

> 6. 감사인은 부정이 수행될 잠재적 기회는 식별할 수 있으나, 회계추정과 같이 판단이 수반되는 영역의 왜곡표시는 그것이 부정으로 인한 것인지 오류로 인한 것인지 결정하기 어렵다.

부정은 의도적인 것이고 오류는 의도적인 것이 아니지만 굳이 이를 구분할 필요가 없다고도 사료된다. 단, 의도적일 경우에는 책임 추궁이 뒤따라야 한다. 오류인지 또는 부정인지를 구분하기 어려울 경우는 금액의 크기로 판단할 수밖에 없는 경우가 있다.

> 감사기준서 240
>
> 13. 그렇지 않다고 믿을 이유가 없는 한, 감사인은 회계기록이나 문서가 진실하다고 받아들일 수 있다.

이는 감사기준서 200의 A21에서의 내용, 즉, 성선설의 내용과 동일한 내용이다.

> 감사기준서 240
>
> A45 부정한 재무정보는 종종 회계 추정치를 고의적으로 왜곡시킴으로써 이루어진다. 이것은 예를 들어 두 보고기간 이상에 걸쳐 이익을 평준화하거나 기업의 성과와 수익성에 대한 재무제표 이용자의 인식에 영향을 미쳐 이들을 기만할 목적으로 목표이익을 달성하도록 설계하는 방법으로…

따라서 이익의 평준화를 거의 분식의 한 일종으로 분류하고 있다. 이에 대해서는 논란의 대상이 될 수도 있다. 적극적인(active) 회계가 존재하며 소극적인(passive) 회계가 존재할 수 있다.* 분식의 영역에 가지 않으면서도 어느 정도 주어진 원칙 하에서 임의성을 가질 수 있고 회계원칙의 적용은 어느 정도는 자의적일 수 있다. 이익의 평준화라는 표현을 사용하고 있지만 이익의 유연화와 동일한 개념이며 회계감사 기준에서는 이를 재무제표의 왜곡이라고 해석하고 있다. 그도 그럴 수 있는 것이 이익의 유연화와 평준화를 부정적으로 보지 않는 견해는, 긴 기간의 차원에서 이를 판단할 때, 이익의 상향 조정 또는 하향 조정의 현상이 sum이 되면서 평균으로 수렴한다는 차원으로 이해할 수 있다. 그러나 이익이 상향 또는 하향 조정되는 기간 동안에 주주의 지위를 유지하지 않는 투자자의 입장에서는 새로이 주주가 되거나 주식을 처분하고 주주에서 이탈하는 시점에서의 영업의 결과가 중요한 것이지 sum이 중요한 것이 아니다. 2개연도의 long term horizon이 sum이 되므로 이익의 유연화가 문제가 되지 않는다는 주장은 장기투자자를 전제로 한 주장이다.

단, 대주주를 제외하고 주식시장의 대부분의 투자자들이(유가증권상장의 경우) 평균 1년에 평균 두 번씩 주식을 갈아 타는 현 시점에서 우리나라의 투자자들이

---

* 통상적인 표현은 공격적(aggressive)인, 그리고 보수적인(conservative) 회계의 개념이다. 그러나 보수주의의 개념이 개념체계에서 삭제되면서 보수주의가 무엇을 의미하는지에 대한 해석의 혼란을 피하기 위해서 적극적/소극적의 표현을 사용한다.

장기투자자라고 분류하기는 어렵다.

이익 평준화 또는 유연화는 분식의 영역에 가지 않는다면 크게 부정적으로 인식되지는 않는다고 일반적으로 인식되는 내용인데 회계감사기준에서는 이를 긍정적으로 보지 않는다는 판단이다.

> **260 지배기구와의 communication**
>
> A7 감사위원회는 그 구체적인 권한 및 기능은 다를 수 있지만, 감사위원회가 존재한 경우 이들과의 communication은 지배기구와의 communication에 있어 중요한 요소가 된다. 이와 관련하여, 양호한 지배원칙은 다음과 같다.
> 1. 감사위원회의 회의에 감사인이 정기적으로 참여하도록 초청함
> 2. 감사위원회 위원장 및 관련되는 경우 감사위원회의 구성원은 감사인과 주기적으로 연락함
> 3. 감사위원회는 최소한 1년에 한번씩 경영진을 참석시키지 않고 감사인과 만남

그러나 이러한 회계감사준칙은 실무에서 잘 지켜지지 않고 있다. 이는 기업에서 요구하지 않더라도 회계감시기준에서 규정하고 있으므로 감사인이나 감사위원이 회사에 요구할 수 있어야 한다.

> **260 지배기구와의 communication**
>
> A12 감사절차의 성격이나 시기에 대해 상세하게 커뮤니케이션 하는 것은 감사절차를 지나치게 예측 가능하게 함으로써 그러한 절차의 효과성을 감소시킬 수 있다.

감사기준에서 지배기구라 함은 이사회 또는 감사위원회를 지칭한다. 매우 흥미로운 내용이다. 어떻게 감사를 수행할지를 피감기업이 모두 알고 있다면 이를 피하가는 방식으로 부정이 발생할 수 있으므로 이 점은 특히 유념하여야 한다. 따라서 감사인과 피감기업의 communication이 진행되어야 하는 것은 맞지만 그렇다고 이들간에 필요 이상의 밀접한 유대관계가 맺어진다는 것은 일면에서는 바람직하지 않다.

이러한 차원에서 감사인 강제교체제도가 시작되었다고 할 수 있다.

과거에 이사회에 외부감사인이 참석하여 아직까지 공식화되지 않은 감사의견을 공개하면서 이사회에 참석한 이사들이 해당 기업의 주식을 미리 처분하는 일이 발생하면서 이사회에서 감사인이 감사의견을 미리 알리는 행위가 금지되었다.

A44 감사인과 지배기구간의 양방향 communication이 불충분하고 그 상황이 해결될 수 없다면, 감사인은 다음과 같은 조치를 취할 수 있다.
　제3자(예를 들어 규제기관), 기업의 소유주(예를 들어 주주총회의 주주)와 같이 지배구조상 기업의 외부에 존재하는 상위기관, 또는 공공부문의 경우 책임이 있는 정부의 주무부서나 의회와 communication함.

기업의 주주와 감사인이 직접 communication한다는 것은 매우 어려운 것이다. 일단은 주총은 대부분의 경우 1년에 한번 정기주총이 개최되므로 주주총회에서 주주와 직접 communication하는 통로라는 것이 쉽지 않다. 또한 주총에 감사인이 참석하는 것이 아래의 규정에서와 같이 의무화되지도 않는다. 위에서도 기술하였듯이 일부 기업의 경우는 감사인과 감사위원회의 대화 통로도 open되어 있지 않은 상황에서 감사인이 최대주주가 아닌 주주들과 communication을 한다고 함은 매우 이상적이지만 현실적인 대안은 아닌 듯하다. 또한 정기총회는 법에서 정한 기관이기는 하지만 현실적으로는 어느 정도는 행사성(요식성) 모임에서 감사인과 주주간에 효과적이고 생산적인 대화가 진행되기를 기대하기도 어렵다.

주식회사의 외부감사에 관한 법률에서 감사인이 주주총회에서 참석하는 경우는 두 가지가 있다.

첫째, 감사인이 그 직무를 수행할 때 이사의 직무수행에 관하여 부정행위 또는 법령이나 정관에 위반되는 중대한 사실을 발견하면 감사 또는 감사위원회에 통보하고 주주총회에 보고하여야 한다(외감법 제10조1항).

둘째, 감사인 또는 그에 소속된 공인회계사는 주주총회의 요구가 있으면 주주총회에 출석하여 의견을 진술하거나 주주의 질문에 답변하여야 한다(외감법 제11조).

결국, 감사인이 피감회사의 주주총회에 항상 출석해야 할 의무가 있다고 볼 수 없고 단지 위의 두 사유에 해당할 경우 감사인은 주주총회에 출석할 의무가 있다고 해석할 수 있다. 참고로, 감사인이 이사의 부정행위 등을 보고하지 아니한 경우나 주주총회에 출석하여 거짓으로 진술을 하거나 사실을 감춘 경우에는 5년 이하의 징역 또는 5천만원 이하의 벌금에 처해질 수 있고(외감법 제20조), 감사인 또는 그에 소속된 공인회계사가 주주총회의 출석요구에 따르지 아니한 경우 1천만원 이하의 과태료를 부과할 수 있다(외감법 제20조의2 제3항).

315 기업과 기업환경 이해를 통한 중요한 왜곡표시위험의 식별과 평가

A5 감사인은 해당 기업에 대해 요구되는 이해를 얻는 과정에서 문단 6에 기술된 모든 위험평가절차를 수행하도록 요구되지만, 그러한 이해의 각 측면에 대하여 모든 위험평가절차를 수행하도록 요구되지는 않는다. 다른 절차로부터 얻는 정보와 주요한 왜곡표시위험의 식별에 도움이 되는 경우에는 그러한 절차가 수행될 수 있을 것이다. 예를 들면, 무역과 경제잡지, 재무분석가, 은행 또는 신용평가기관의 보고서, 규제기관이나 금융기관의 발간물과 같이 외부원천으로부터 얻은 정보를 검토함.

따라서 감사인에게 요구되는 업무는 그야말로 해당 기업에 대한 종합적인 정보 수집을 기대하고 있으며 이에는 경제잡지 등과 같은 비공식적인 매체, 재무분석가까지도 포함되고 있다. 따라서 감사인은 해당 기업에 대한 예측정보를 포함한 거의 모든 정보에 대해서 다각적인 주의와 관심을 보여야 한다. 예를 들어 감사인이 익숙한 정보는 정기공시인 회계정보이지만 기업은 수시로 수시공시의 형태로 정보를 공시하기도 하므로 이러한 내용에 대해서도 주의를 기울여야 한다.

모 회계법인에서는 언론/홍보를 담당하는 부서에서 감사 담당 이사와 감사팀에게 해당 피감기업에 대한 뉴스 스크립트를 제공한다고 한다. 위의 내용과 일맥상통하는 내용이다.

320 감사의 계획 수립과 수행에 있어서의 중요성

2. 중요성에 대한 판단은 주변 상황에 비추어 내려지며, 왜곡 표시의 크기나 성격 또는 양자의 결합에 의해 영향을 받는다.

중요성에 대한 판단은 기업회계기준에서도 정량적으로 정의되지 않으며 감사기준에서도 정량적으로 정해지지 않는다. 또한 일반적으로 중요성의 판단은 크기에 의해서만 결정된다고 생각하기 쉬운데, 그 성격 또한 중요하다고 기술되어 있다. 그럼에도 불구하고 성격에 대한 정확한 정의가 수행되지 않는 상황에서 거의 대부분의 중요성에 대한 판단은 크기에 따라 수행될 가능성이 높다. 예를 들면, 성격이라면 다음의 예가 될 수도 있다. 동일하게 금액에 차이가 발생한다고 하더라도 예를 들어 추정이 개입된 항목일 경우는 어느 정도 차이가 발생하는 것을 용인될 수 있고, 또한 차이가 발생하더라도 큰 문제가 되지 않을 수 있지만 그렇지 않은 항목일 경우는 동일 금액이더라도 인정되지 않을 수 있다. 성격에 대한 판단에는 주관이 개입되기 쉽다.

동기판단일 경우도 고의, 중과실, 과실 등으로 분류되는데, 명확하게 동기 판단을 구분하기 어려울 경우는 금액의 크기에 기초하는 방법 이외의 대안은 별로 없는 듯하다.

> **600 그룹재무제표 감사**
> 6. 감사위험은 재무제표의 중요한 왜곡표시위험과 감사인이 그러한 왜곡표시를 발견하지 못할 위험(적발위험)의 함수이다. 그룹감사에서 이러한 위험(적발위험)은 부문 감사인이 그룹재무제표에 중요한 왜곡표시를 야기할 수 있는 부문재무제표의 왜곡표시를 발견하지 못할 위험과 그룹 업무팀이 이러한 왜곡표시를 발견하지 못할 위험을 포함한다.

이 내용은 아래의 내용과 동일한 내용이며 동시에 DeAngelo(1981)에서의 회계감사 품질을 재무제표에 포함된 오류를 발견할 수 있는 능력과 동시에 이러한 오류를 발견하고 드러낼 위험의 교집합으로 표현한 내용과 일맥상통한다.

그룹재무제표 감사에 대한 내용이 감사기준서에 많이 기술되고 있지만 신국제감사기준은 국제회계기준에 정합되는 감사기준이므로 기본적으로 연결재무제표가 주재무제표인 것을 전제로 하게 되므로 그룹재무제표 감사라고 해도 특별하게 취급되는 것은 아니다.

이 내용은 기준서 200의 다음의 내용과 동일하다.

> **감사기준서 200 "독립된 감사인의 전반적인 목적 및 감사기준에 따른 감사의 수행"**
> A32 감사위험은 중요한 왜곡표시위험과 적발위험의 함수이다.

왜곡위험은 감사인의 전문성과 연관되며 적발위험은 감사인의 독립성과 연관된다. 일반적으로 과거의 회계 감사 교과서에서의 감사위험은 다음의 세 위험을 의미하였다.

$$detection\ risk \times control\ risk \times inherent\ risk$$

고유와 통제 위험이 신 ISA에서는 ROMM으로 즉, risk of material misstatement로 수정되었다.

DeAngelo(1981)에서 의미했던 적발 위험은 회계감사 교과서에서 언급하는 detection risk와 같은 개념이다.

그렇다면 과거에 사용되어 오던 inherent risk & control risk가 왜곡표시위험을 의미하여야 하는데, 이는 그럴 것이 왜곡표시가 된다는 것은 본질적으로 (inherently) 재무제표에 오류가 포함되어 있거나 이를 회사의 내부통제가 감지하지 못하는 것을 의미한다.

control risk는 기업 내부에서 오류가 발생하지 않도록 통제하는 것을 의미하며 detection risk는 내부의 재무제표 작성을 모두 마친 후, 감사 단계에서 detect하는 적발위험을 의미한다. 이보다는 control risk를 (internal) control risk로 구분한다면 control risk는 내부에서 filtering되는 것을, detection은 외부에서 걸러지는 것을 구분하여 의미할 수도 있다. 감사 기능이 내외에서 진행되는 것과 궤를 같이 한다.

> **감사기준서 600**
> 21 (c) 부문감사인이 그룹감사의 목적으로 감사 또는 검토를 수행할 예정인 경우, 그러한 부문들에 대한 부문 중요성은 그룹 재무제표 내의 미수정왜곡표시와 미발견왜곡표시의 합계가 그룹 재무제표 전체에 대한 중요성을 초과할 확률을 적절하게 낮은 수준으로 감소시키기 위해, 그룹재무제표 전체에 대한 중요성보다 낮아야 한다.

여기서 흥미로운 부분은 미수정왜곡표시와 미발견왜곡표시가 이론적인 차원에서는 정확한 접근 방법이지 이는 현실적으로는 접근 가능하지 않은 수치이다. 즉, 미수정왜곡표시는 적어도 수정해야 하는 금액은 인지하고 있다는 것이고 미발견왜곡표시는 어느 정도의 금액이 왜곡 표시되고 있다는 것 자체도 알 수 없기 때문이다.

즉, 전자는 독립성이 부족하여 수정할 수 없었다는 이슈이며 미발견이란 전문성이 부족하여 발견할 수 있었는데 발견이 불가하였다는 의미이다.

> **610 내부감사인이 수행한 업무의 활용**
> 4. 내부감사기능은 그 자율성과 객관성의 정도와 관계없이, 재무제표에 대한 감사의견을 표명하는 외부감사인에게 요구되는 정도로 기업으로부터 독립적이지는 않다.

chapter 7에서도 기술되었듯이 미국의 내부감사인(IIA, Institute of Internal Auditors) 규정을 보면 내부감사인도 독립적이어야 한다고 규정하고 있다.* 물론, IIA가 미국 공인회계사회 정도의 위상을 갖는 기구는 아니지만 매우 중요한 역할을 수행하고 있으며 이 규정에 보면 감사인의 독립성 요건, 즉, 외관적인 독립성과 실질적인 독립성에 대해서 모두 언급하고 있다. 물론, 내부감사인은 조직의 한 일원이며 또한 그들이 수행하고 있는 감사업무는 회사내 모든 조직원에 대한 감시업무를 포괄하고 있기 때문에 이들이 완전히 독립적이기를 기대하기는 어렵다. 내부감사 기능이 별도의 내부감사실과 같이 분리되어 있다고 하여도 이들이 언제까지나 감사업무에만 종사하는 것은 아니다. 따라서 IIA의 규정에 독립성을 언급하고는 있지만 이는 상징적인 의미에 그칠 수 있으며 원칙론에 근거한 내용일 수도 있다. 그렇기 때문에 일부의 금융공기업일 경우는 감사실장의 임면은 감사위원회에서 승인을 받아야 한다. 물론, 임명권자는 대표이사이지만 어느 정도의 신분을 보장하는 것이다. 임면이 승인을 받지 못한다면 임면 그 자체가 무효화된다.

이러한 차원에서 IIA에서의 규정과 회계감사기준에서의 내부감사의 성격은 완전히 상치되며 회계감사기준에서 내부감사가 독립적이지 않다고 규정하는 것은 현실적인 한계점을 적시하고 있으며 매우 흥미로운 차이점이다.

물론, IIA도 내부감사의 한계를 인지하고 있을 것이며 그럼에도 불구하고 이상적으로는 독립적이어야 한다는 것을 언급하고 있을 수도 있다. 반면에 ISA는 외부감사인을 위한 규준이므로 내부감사의 한계를 분명하게 적시하고 있는 것이며 이렇게 내부 감사인의 한계를 인지하고 있어야 외부 감사인이 의구심을 가지고 기업 내부에서 작성된 재무제표를 감사하거나 신의성실의무(due care)를 행사할 수 있다.

> 상장회사협의회, 상장회사 감사의 표준직무규정. 2012.4.30.
> 제15조(감사요원의 자격) ② 다음 각호의 해당하는 자는 감사요원이 될 수 없다.
> 2. 이사 및 집행임원으로부터의 독립성이 확보되지 아니하는 자.

위의 상장협의 규정에서도 '이사 및 집행임원으로부터의 독립성이 확보되지 아니하는 자'는 감사요원이 될 수 없다고 기술하고 있어서 IIA의 경우와 같이 이상론적인 또한 상징적인 자격에 대해서 기술하고 있다.

---

* Institute of Internal Auditors. 2001. Standards for the Professional Practice of Internal Auditing.

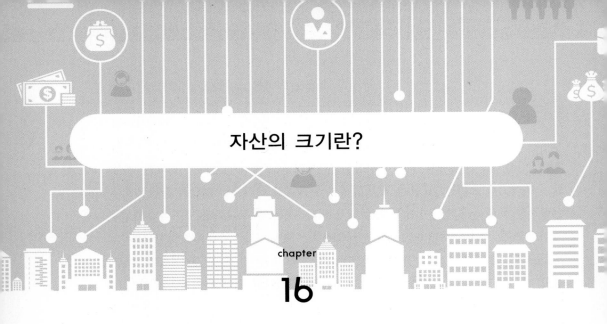

자산의 크기란?

chapter

16

의미 없는 재계 순위 발표 중단하자. 이남우

공정거래위원회는 매년 자산 규모 기준으로 재계 순위를 발표한다. 글로벌 경영을 하며 뛰어난 제품 경쟁력을 바탕으로 해외에서 승부하는 삼성과 현대차 그룹은 재계 순위 1, 2위를 다투지만 정부 통계에 의미를 부여하지는 않는다. 그만큼 기업문화가 성숙해졌고 경영활동에 자신감이 있기 때문이다. 더 나아가 이들이 공정위 재계순위에 개의치 않는 근본 이유는 자산 규모 기준의 통계 방식이 시대에 맞지 않기 때문이다.

한국이 낳은 대표적 신 경제 기업 네이버가 상위 50위에 명함도 못 내미는 자산 기준 재계 순위는 경제적 부가가치 창출의 중요성을 도외시한 1960~1970년대 양적 성장 시대 산물이다. 아시아 여성 사이에 한국 화장품 열풍을 일으키며 매출 3조원, 영업이익률 10%대의 알짜 기업으로 성장한 아모레퍼시픽도 순위에 못 들기는 마찬가지이다. 네이버, 아모레퍼시픽의 공통점은 빚이 없고 한 우물을 파면서 내실 경영을 해 불필요한 자산과 부채가 없다는 것이다.

반면 재계 순위 10~20위의 공통점은 거의 예외 없이 과도한 차입금을 갖고 있는 데다 미래 성장에 적신호가 켜졌다는 사실이다. 2012년 웅진, 2013년 STX와 동양, 그리고 다음은 어디일지 시장의 의심을 받을 만큼 수많은 중견 재벌의 재무상황이 악화된 형편이다. 재기 불능의 경우도 있을 것이다. 10년 전만 해도 세계에서 가장 우량한 철강회사로 촉망받던 포스코도 과도한 다각화 전략 실패로, 재계 순위 6위로 부상할 만큼 덩치는 켜졌지만 엄청난 빚도 함께 떠안게 됐다.

자산 기준은 양적 성장 시대 산물 '덩치'보다 부가가치 창출력이 중요

이들 못난이 5개 중견 재벌이나 최근 유동성 위기를 겪고 있는 일부 한계기업은 경영의 기본을 따르지 않았다. 해운, 건설, 제철 등 경기에 민감한 산업의 경영 원칙은 고정비가 워낙 크기 때문에 차입에 의존한 확장이나 기업 인수 합병을 피하는 것이 보통이다. 생존도 어렵다는 이들 업종에서 수십년의 업력을 자랑하는 미국, 일본의 경기 관련 업체들은 예외 없이 빚이 없다. 부채가 있어서 1~2년 사이 상환이 가능할 정도로 감당할 수 있는 수준이다.

기업 경영이 요지경이 된 이유 중 하나가 자산, 즉 '덩치' 기준으로 순위를 평가하는 잘못된 관습이 정부와 재계에 남아 있기 때문이다. 2세, 3세가 무리한 차입에 의존해 외형 키우기에 몰입한 결과이기도 하다. 수세기 동안 각국 자본 시장의 역사를 보면 부채가 매출, 현금흐름, 이익보다 빨리 증가하는 회사는 결코 성공하는 법이 없었다.

매경이코노미 2014.3.5.-11

위의 column은 공정위에서 발표하는 상호 출자제한 기업 순위를 지칭한다. 많은 기업들이 등치가 커야 정부나 언론이 얕잡아 보지 못한다고 하는 성장 위주의 정책의 결과이다. 자산 위주의 순위는 그야말로 회계적인 수치에 근거한다.

기업 owner들이 모이면 당신 회사는 언제까지나 '과자' 가지고만 장사를 할 것인지를 묻는다고 한다.

물론, 사업가들이 조금더 큰 사업을 하려는 도전 의식이 없다면 경제발전은 없을 것이며 기업가 정신(enterpresneurship)은 그 가치를 인정해야 한다. 그러나 이 경우에 있어서도 판단의 기준이 좋은 사업이어야지 큰 사업이어서는 안 된다.

위의 column에서 언급한 Naver라는 기업은 엄청난 '무형자산'을 갖는 기업일 것이다. technology 기술력 등의 지적 자산에 기초한 기업이 반드시 큰 규모의 유형자산을 소유할 필요는 없다.

규모를 중시하는 현상은 경제에만 국한하지 않아서 사회과학에서는 'small is beautiful'이라는 표현이 사용되기도 한다.

부가가치라거나 성장가능성이라거나 등의 value가 가치로서 인정되어야 한다. 자산 규모에 기준한 재계 순위에서 밀린다는 것을 '내가 앞의 rank된 기업보다 못한 기업'이라는 판단을 경영자들이 하고 있는 한, 이러한 관행은 바꿀 수 없다.

자산규모 순위가 우량성 순위라고 오해한다면 우리의 경영 행태는 후진성을 면하기 어렵다. 바람직하지는 않지만 언론사가 대학을 평가하여 순위를 정하는 것도 이러한 ranking에 지나치게 몰입하는 것이다. 이는 국내뿐만 아니라 미국의 대학이나 경영대학원 등에서도 흔히 나타나는 현상이다. ranking이 호기심의 대상이며 학생들이 대학을 선택하는 기준이 되는 데는 도움이 될 수 있지만 대학이니 기업이 beauty contest의 대상은 아니어야 한다.

한창 경제 성장기였던 1970/1980년대에는 삼성, 현대 양대 재벌이 순위경쟁을 벌였던 시절이다. 그러나 위의 신문 column에도 기술되어 있듯이 기업이 어느 정도 성숙되어 가니 이제 더 이상 그러한 순위 경쟁에 가치를 두지 않고 삼성이나 현대차 정도 되면 소위 재계 순위에는 전혀 괘념치 않을 것이다.

비상장기업에서 상장을 하고 싶은 기업 중에는, 상장을 해야 남들이 알아준다. 그러한 기업의 owner라야 행세를 할 수 있다는 생각을 할 수도 있다. 코스닥시장보다 유가증권시장을 선호하는 이유도 인지도가 높다는 점이다. 규모나 인지도도 물론 중요하지 않은 것은 아니며 이러한 인지도가 valuation의 기초가 될 수도 있지만 이러한 것에 매몰되게 되면 진정한 가치인 value creation이 덜 중요한 것으로 취급될 수 있다.

아래의 신문기사를 보더라도 기업들간의 순위 경쟁이 있는 듯한 뉘앙스의 제호들이다.

GS, 현대중 딛고 재계 7위 도약

STX 에너지 인수로 자산 증가… 한진은 11위로 밀릴 듯

올해 10대 그룹 내 하위권 그룹의 재계 순위 다툼이 치열할 것으로 전망된다. 공정거래위는 매년 4월초 '상호출자제한 기업집단' 현황을 집계해 발표한다. 상호출자 제한 기업집단은 계열사 자산 총액이 5조원 이상인 기업집단으로 공정위가 집계하는 자산 순위가 곧 재계 순위로 통용된다.

우선 7위 자리를 놓고 현대중공업과 GS의 각축이 예상된다.

2008년까지만 해도 GS가 현대중공업을 앞섰으나 2009년 처음으로 다시 GS가 7위를 탈환했다. 현대중공업은 2011년 재역전에 성공한 이후 최근 3년 연속 7위 자리를 고수하고 있다.

현재 자산 38조원이 34조원으로 줄어들면 한진의 자산 순위는 한화 KT 등에 이어 11위로 밀려나게 된다.

매일경제신문. 2014.3.11.

마치 무슨 운동시합에서의 순위 결정과 같은 방식의 신문 기사내용이다. 어떻게 보면 기업은 큰 관심이 없는데 공연스레 언론이 경쟁을 부추기는 것 같기도 하다.

기업이 왜 이렇게 순위에 신경을 쓰는지에 대해서는 경제 외적인 요소도 존재한다. 기업의 규모에 의해서 수행하는 광고가 거의 비례하며 언론도 등치가 커서 광고 수입을 크게 발생시키는 대기업일 경우는 기업에 문제가 있어도 이를 쉽게 기사화하지 못한다고 한다.

기업이 규모가 커야 정부가 해당 기업의 고용불안 및 다른 기업에 미치는 파급 효과 등을 고려하여 정부가 어떻게 해서든지 구제해 준다는 大馬不死라는 표현은 1997년 IMF 경제위기 때부터 빈번하게 사용되는 표현이다.

박병원 은행연합회장, "삼성 제조업 중심 벗어나 서비스업 경쟁력도 강화해야"

"재계 순위를 낼 때 지금처럼 자산총액 순서가 아니라 고용 규모 순서로 순위를 매기는 것은 어떨까. 전체 임직원에게 지급하는 임금 총액 규모 순서로 순위를 매기는 것은 어떨까."

'걸어 다니는 백과사전', '천재 관료'라는 수식어를 꼬리표처럼 달고 살았던 박병원 은행연합회장이 삼성그룹 사장단에게 이런 질문을 던졌다. 12일 열린 삼성 수요 사장단 회의에서 '고용 우선의 경제 운용'이라는 주제로 강연한 박병원 회장은 "경제 운용을 하면서 고용에 도움이 되는지 여부를 볼 필요가 있다"면서 이같이 말했다.

경제기획원(EPB) 출신(행시 17회)으로 재정경제부 1차관과 우리금융지주 회장, 청와대 경제수석 등을 거친 박 회장은 2012년 9월 출범한 서비스업산업총연합회장도 겸임하고 있다. 내수와 일자리 중심 경제 활성화를 위해서는 서비스업에 날개를 달아줘야 한다는 게 그의 지론이다.

그는 이날 강연에서 "몇몇 산업은 세계 최고 수준이고, 수출도 잘되고 있기 때문에 이제는 서비스 내수, 특히 고부가 가치 서비스업 쪽으로 옮겨 가야 하는데, 규제가 너무 많아 서비스업의 고부가 가치화로 못가도록 막고 있다"고 지적했다.

그는 "우리 국민들은 서비스업에서 이익을 내는 것을 참지 못하는 성향이 있다"면서 "이 때문에 서비스업의 경우 이익이 많이 나면 물가와 연동해 규제를 가하는 사례가 많다"고 지적했다. 이어 "고급 서비스를 제공해야 산업이 살아나는데 사회적 위화감 조성 등을 걱정해 안 되고 있다"며 "몇 가지 규제만 풀어줘도 투자와 일자리가 늘 수 있는데 안타깝다"고 토로했다.

박 회장은 이날 강연에서 삼성도 서비스산업 경쟁력 강화에 관심을 보일 것을 촉구했다. 삼성은 제조업 중심 기업이라는 이미지가 강하지만 금융·서비스 부문 계열사 중에서도 국내 1위 반열에 드는 계열사들이 여럿 있다. 삼성생명, 삼성화재, 삼성카드, 삼성증권, 삼성에버랜드의 리조트부문과 패션부문 등이 대표적이다. 그는 강연이 끝난 뒤 기자들과 만나 "삼성도 제조업 중심의 사업구조에서 탈피해 서비스업 경쟁력을 강화해야 한다"면서 "삼성도 서비스업에 힘을 쏟았으면 한다는 이야기를 전했다"고 말했다.

조선일보. 2014.3.13.

고용창출에 의해서 재계 순위를 정한다는 것도 큰 의미가 있다. 현재 재계 순위는 매출 규모, 시가총액, 위에서 기술된 자산규모 등에 의해서 정해진다. 시가총액도 투자자의 부가 해당 기업에 개입된다는 의미에서는 나름대로의 의미가 있으며 지속적으로 valuation에 의해서 순위가 변화하게 된다.

기업의 企자에서 사람 人자를 떼어내면 멈출 止자만이 남게된다. 즉, 기업에서 사람을 떼어내면 기업은 멈추게 되어 있다는 의미이다.

회계영역에서 종업원수가 잣대로 사용된 것이 외감대상기업을 선정함에 있어서 현재 외감법 시행령에 의하면 다음의 회사들이 외감대상이며 2014년 12월 31일부터 이 시행령이 적용된다.

1. 직전 사업연도 말의 자산총액이 120억원 이상인 주식회사
2. 자본시장과 금융투자업에 관한 법률에 따른 주권상장법인
3. 직전 사업연도 말의 부채총액이 70억원 이상이고 자산총액이 70억원 이상인 주식회사
4. 직전 사업연도 말의 종업원 수가 300명 이상이고 자산총액이 70억원 이상인 주식회사

이 기준이 최종적으로 시행령 내용으로 확정되었던 시점에도 기업들이 외감대상이 되는 것을 회피하려 하는데 종업원 수가 포함되어 있음은 종업원 수를 300인 미만으로 유지하면서 기업이 외감을 피하려는 경향을 보일 수도 있으므로 정부의 고용 창출과 외감대상 선정 기준이 상충된다는 비판도 있었다.

어쨌거나 종업원 수가 제도권에서 규모에 대한 대용치로 사용되고 있는 것이며, 기업의 역할 중에 고용창출이라는 것이 국민경제에서 미치는 영향이 적지 않으므로 종업원수도 기업의 사회에 미치는 영향을 생각할 때 결코 경미하지 않은

부분이다.

회계법인이나 법무법인도 결코 ranking에서 자유롭지 못하다. 회계법인은 매출, 공인회계사 수 등으로 순위를 매기고 있으며 법무법인도 규모로 순위를 매기는 경우가 대다수인데, 법무법인의 경우의 순위는 勝訴율이어야 한다는 주장이 제기되기도 한다.

급여 공개

chapter

17

재계 "연봉 공개는 회계연도 원칙에 위배"

특히 재계에서는 보수 공개 기준 시점이 기업 회계연도와 달라 연봉의 적정성을 판단하기 어렵다고 목소리를 높이고 있다.

이번에 공개된 보수는 2013년 1월 1일부터 12월 31일까지 지급된 모든 소득을 단순 합산한 것이다. 이를테면 2012년 경영 성과에 연동해 나온 성과급이 지난해 초에 지급됐다면 2013년 연봉으로 계산됐다. 성과급은 회계 결산이 완전히 마무리되는 이듬해 초에 지급된다. 지급 시기만 2013년일 뿐 실제는 2012년 연봉이라고 봐야 한다.

재계는 "회계연도 원칙에 위배될 뿐더러 여러 가지 오해를 야기한다"며 반발하고 있다. 2012년 실적이 좋아 파격적인 성과급이 지급됐으나 2013년 업황이 곤두박질친 기업이 있다고 치자. 이런 경우엔 "기업 실적이 이 모양인데 웬 연봉을 이렇게 많이 가져갔느냐"는 오해를 받기 십상이다.

한 예로 4개 계열사에서 지난해 301억원을 받아 '연봉 킹'에 오른 최태원 SK회장은 2013년 급여가 94억원에 그쳤다. 207억원이 2012년치 성과급이었기 때문이다. 최회장이 SK하이닉스에서 받은 지난해 급여는 22억원이었는데 이는 권오현 삼성전자 부회장보다 4억원 많은 수준이다.

매일경제신문. 2014.4.7.

이러한 이유 때문에 금융 공기업의 경우는 급여가 기본금과 성과급으로 구분되는데, 기본급은 이미 정해진 금액으로 지급되지만 예를 들어 2014년 성과급이라고 하면 12월 결산 기업일 경우는 2014년도 회계기간이 종료된 이후인 2015년 초에 성과급을 결정하여서 소급하여 지급하게 된다. 이렇게 지급하지 않을 경우는 위의 경우와 같은 급여와 성과의 mismatch가 발생한다.

즉, 위의 신문 기사의 내용에 의하면 성과급의 지급은 그 이전 연도의 성과에 대한 결과가 단지 그 다음해에 지급된 것인데 이러한 내용이 그 당해 연도의 성과와 연관된 성과급인 것과 같이 오해가 있는 것이다.

등기임원 연봉 공개 '성과급 착시' 없앤다

금융위, 보수 총액 합산 때 성과급 발생연도에 반영

금융당국 임원 보수 공개 개편

금융위원회   내용: 보수공개 원칙, '현금주의에서 발생주의로 전환'

효과: 기업실적과 성과급 불일치 현상 해소

금융감독원   내용: 김승연 한화회장, 허동수 GS 칼텍스 회장 등 사업보고서

효과: 보수 총액에 자진 정정 유도 항목 포함

최태원 SK그룹 회장은 지난해 총 보수 301억원으로 '연봉 킹'에 올랐다. 이 중에는 SK그룹 4개 계열사로부터 받은 성과급 207억원이 포함돼 있다. SK, SK이노베이션, SK C&C 등은 지난해 당기순이익이 2012년 급감했는데 최회장이 거액의 성과급을 받은 것으로 나타나자 "실적은 좋지 않은데 회장만 두둑이 배를 불렸다"는 비판이 쏟아져 나왔다.

그러나 사업보고서에 공개된 최 회장의 성과급은 지난해보다 실적인 많았던 2012년 기준으로 산정됐다. 만약 2013년 실적에 따라 성과급이 산정됐다면 금액이 크게 줄었을 가능성이 높다. 사업보고서에 기재된 실적은 2013년 기준인 반면 최회장 보수에 반영된 성과급은 2012년 기준이었기 때문에 불필요한 '오해'가 발생한 것이다.

금융위원회는 사업보고서에 나타난 실적과 임원 보수에 나타난 성과급의 발생 시점이 다른 데서 이 같은 문제가 발생한다고 보고 앞으로 임원 보수 공개 시 당해 사업보고서 실적에 따라 산정된 성과급을 반영시키기로 했다. 이를 위해 금년 중 자본시장법 시행세칙을 개정하기로 했다.

금융위원회 관계자는 "통상적으로 기업의 성과급은 전년도 실적에 기반해 지급된다"면서 "사업보고서에 나타난 실적과 임원 성과급의 상관관계를 높이기 위해서는 당해 실적에 기반한 성과급을 보수 총액에 합산하는 것이 합리적이라고" 말했다.

 A기업이 2013년 실적을 반영해 지난 3월 임원 B씨에게 성과급을 지급했다고 가정해 보자. 현행 제도에 따르면 A기업이 내년 3월에 사업보고서를 제출할 때는 지난 3월에 지급한 성과급을 합산한 금액을 B씨의 보수총액에 합산해야 한다.

 그러나 금융위 개정안에 따르면 지난 3월에 지급한 성과급은 2013년 실적에 따른 것이므로 보수 총액 산정 대상에서 제외된다. 대신 2014년 실적에 따라 산정된 성과급을 사업보고서상 보수 총액에 합산해야 한다.

 한편 금융감독원은 김승연 한화 회장, 허동수 GS 칼텍스 회장의 보수가 기재된 사업보고서의 자진 정정을 유도하기로 했다. 김회장은 사업보고서상 보수 총액을 22억 5,200만원으로 기재했다. 김회장은 실제 72억 2,400만원을 지급받은 뒤 49억 7,200만원을 자진 반납해 22억 5,200만원을 기재한 것이다. 허동수 GS칼텍스 회장은 사업보고서에 지난해 보수액을 14억 2,117만 9,000원으로 기재했다. 그러나 여기에는 퇴직급여 87억 9,147만원이 포함되지 않았다.

 금감원 기업공시국 관계자는 "개인별 보수 지급액에 실제 보수 총액을 적시한 뒤 퇴직급여, 자진반납금액 등은 산정 방식 항목을 통해 별도로 적시해야 한다"면서 "이 같은 원칙을 적용하지 않은 기업이 더 있다고 보고 전수조사를 진행 중"이라고 말했다.

매일경제신문. 2014.4.22.

 매년 성과가 집적된 이후, 이에 대해서 그 다음 연도에 성과급이 지급되는 것이 매우 자연스럽고 아무런 문제가 없다. 단지, 이를 공시하면서 착시 현상이 발생하는 것이 문제이며 언론에서 어느 CEO는 업적도 좋지 않은데 왜 급여를 많이 받는지가 문제로 제기된다.

"분기마다 연봉 공개 지나치다." 재계의 반격

"등기 임원뿐 아니라 모든 미 등기 임원을 대상으로 연간 보수 5억원 이상인 경우 공개해야"

 경제계가 올해 1월부터 시행된 '기업 등기임원 개별 보수 공개' 제도 수정을 본격적으로 요구하고 나섰다. 도입 초기부터 '기업인 망신주기'란 비판을 받았던 이 제도가 수정을 본격적으로 요구하고 나섰다.

 도입 초기부터 '기업인 망신주기'란 비판을 받았던 이 제도가 실제 시행되면서 기업에 적잖은 부담을 주고 있다는 이유에서다.

 먼저 상장회사협의회 주도로 등기임원 보수를 3개월마다 공개하도록 규정한 현행 법률은 잘못됐다며 법제처에 유권해석을 의뢰한 데 이어, 하반기 관련 법률 전면 재개정을 국회에 요구하는 방안을 검토 중이다.

이와 별도로 전국경제인연합회는 '보수 공개 대상을 미등기임원으로 확대해야 한다'는 정치권 일각의 법 개정에 반대한 입장을 조만간 낼 예정이다.

반격에 나선 재계

6일 경제계에 따르면 한국상장사협의회는 지난 5월 20일 금융위원회를 통해 법제처에 '등기임원 개별 보수 공개' 제도에 대한 유권해석을 요구했다. '등기임원 개별 보수 공개' 제도는 상장기업 등 사업보고서를 제출하는 모든 기업을 대상으로 5억원 이상 보수를 받는 등기임원들의 보수를 공개하는게 골자다.

지난해 5월 국회가 자본시장법 개정안을 통과시키면서 올해 1월부터 시행됐다. 이전까지 기업들은 등기임원들이 받는 보수총액과 1인당 평균보수만 공개하면 됐는데 이를 대폭 강화한 것이다.

상장사협의회가 유권해석을 의뢰한 건 등기임원 개별보수를 1년에 한 차례가 아닌 3개월 단위로 공개해야 한다는 점이다. 지난해 5월 자본시장법 개정을 통해 이 제도가 도입됐을 때만 해도 1년에 한 차례씩 연봉을 공개한 줄로 알았는데, 실제로는 분기 반기보고서를 낼 때도 공개해야 돼 기업들의 시간 비용부담만 가중시키고 있다는 게 상장사협의회 주장이다.

재계 관계자는 "정치권이 법 개정을 하면서 공개 시기와 관련한 문제점을 미처 파악하지 못해 생긴 입법 미비"라며 "그러다 보니 상위 법률에선 3개월마다 받는 보수를 공개하도록 돼 있고, 하위 시행령에는 공개시기를 연간 단위로 규정하는 문제점도 발생한 것"이라고 지적했다.

상장사협의회가 의뢰한 유권해석 결과는 이르면 이달 중순께 나올 예정이다.

법제처 관계자는 "통상 유권해석은 한달 정도면 나오는데 쟁점이 있는 사안은 100일가량 걸린다"고 설명했다. 만약 법제처가 '문제 있다'는 취지의 결론을 내리면 올 하반기 법 개정이 이뤄질 전망이다.

전면 개정 요구도 내 놓기로

보수 공개 시기와 별도로 관련 법을 전면 재개정해야 한다는 움직임도 가시화되고 있다. 현행 보수 공개 제도가 '기업 총수와 전문 경영인이 얼마나 연봉을 받는다' '일반 직원의 몇 배를 더 받는다'는 식의 위화감만 조성한다는 점에서다.

특히 야당에서 개별보수 공개 대상을 등기임원에서 미등기임원으로 추가확대하는 법안을 추진하면서 향후 이런 부작용이 더 확대될 것이란 우려도 커지고 있다.

이와 관련 민병두 새정치민주연합 의원 등은 지난 4월 8일 개별보수 공개 대상에 기업의 모든 임원을 포함시키는 법안을 발의했다. 이 입법안이 국회를 통과하면 삼성전자의 경우 권오현 부회장과 윤부근 신종균 이상훈 사장 등 4명의 등기임원 외에 1,200여 명에 달하는 임원 중 5억원 이상 보수를 받는 이들의 명단을 공개해야 한다.

전경련 관계자는 "개별임원 보수는 기업의 경영기밀에 속하는 데다 현행 제도만으로도 위화감 및 질시를 조장한다는 지적이 많은데 미등기임원 개별보수까지 공개하자는 건 과잉입법"이라며 "조만간 국회에 재계 차원의 반대 의견을 전달할 것"이라고 했다.

상장협의회 고위 관계자는 "임원 보수 공개의 취지는 경영실적이 나쁜 기업 경영인이 과도한 이익을 챙기는 걸 막자는 것"이라며 "이런 취지에 맞게 해당 기업 중 경영적자를 낸 기업에 한해서만 등기 임원 보수를 공개하도록 하는 대체 입법안을 국회에 건의할 것"이라고 말했다.

한국경제. 2014.7.7.

기업이 상장 의사결정에 회의적인 이유 중에 하나가 공시부담이 너무 크다는 점이다. 사회적으로 봉급, 급여의 개념은 모두 연봉의 수준에서 생각하고 있는데 급여 공개의 수준을 넘어서 한 분기에 경영자가 어느 정도를 받는지에 대해서 관심을 갖는 정보 이용자는 거의 없음에도 공시만을 이와 같이 강화하는 것은 이해하기 어렵다.

신제윤 "5억 넘는 연봉 연 1회만 공개 추진"

신제윤 금융위원장은 8일 "5억원 이상 연봉을 받는 상장사 등기임원의 급여 공개 횟수를 연 4회에서 1회로 줄이는 방안을 추진하겠다"고 밝혔다.

신 위원장은 "등기임원 연봉이 5억원을 넘는다고 분기마다 공개하는 것은 기업에 부담만 줄 뿐 아무 실효성이 없다"며 자본시장과 금융투자업에 관한 법률 개정에 나서겠다고 말했다. 그는 "기업의 1년치 실적과 현황이 담긴 사업보고서에만 연봉 공개 내역을 담고 분기 반기 보고서에선 빼 주는 게 합리적"이라고 말했다. 또 "5억원 이상, 연봉을 받는 미등기임원도 공개 대상에 넣자"는 정치권 일각의 주장에는 "기업에 부담이 될 수 있다"며 반대 입장을 분명히 했다. 신 위원장은 "국회에서도 연봉 공개 개선 필요성이 제기되고 있는 만큼 국회의원들과 충분한 논의를 거쳐 법 개정을 추진할 것"이라고 말했다.

한국경제신문. 2014.10.9.

미국에서는 CEO, CFO와 급여가 가장 높은 3인의 급여를 공개한다고 한다.

최근 국내에서 최대주주가 책임을 회피하기 위하여 등기에서 회피하는 현상이 발생한다. 물론, 등기 임원이 아니므로 급여도 공개되지 않는다. 최대주주의 급여를 등기와 무관하게 공개하려면 미국과 같이 급여가 가장 높은 수명의 급여를 공개하도록 하면 된다.

재계 "경영 비밀" 반발… 총수들 등기 임원 줄사퇴

특히 공개를 피하기 위해 등기임원에서 물러난 재벌 총수들이 가장 먼저 도마 위에 오를 것으로 예상된다. 최태원 SK그룹 회장, 김승연 한화그룹 회장, 이재현 CJ그룹 회장 등은 지난해 사업보고서를 통해 구속 수감된 상태에서 고액 연봉을 받은 것이 드러나면서 논란이 됐으나, 이후 곧바로 등기임원에서 물러나 현재는 연봉을 공개하지 않고 있다.

매경이코노미. 2015.1.28.-2.3.

그러나 이러한 정책방향을 정할 때, 등기 임원에게 너무 높은 급여를 지급하는 것을 방지하려는 정책인지 아니면 최대주주에게 너무 높은 급여를 지급하는 것을 방지하려는 정책인지, 정책 방향을 명확히 하여야 한다.

그러나 이러한 내용의 공개가 국민의 호기심을 해결해 주는 목적이라고 하면 잘못된 경제 민주화의 결과일 수도 있다. 따라서 입법 취지에 충실하게 제도가 운용되어야 한다.

급여 공개의 목적은 이제까지는 주주총회에서 임원의 총 급여한도는 결정하였으나 이 내용은 급여 한도에 그치는 것이며 정확하게 급여가 공개되지 않았다. 급여 책정에 있어서 평가보상위원회가 강제되지 않으니 어떠한 절차로 급여가 결정되었는지도 투명하지 않을 수 있으므로 이를 공개하여 시장의 평가를 받자는 취지이다.

공정한 급여 책정이 필요하다면 평가보상위원회를 강제하여 급여의 책정을 시스템적으로 접근하는 것도 가능하다.

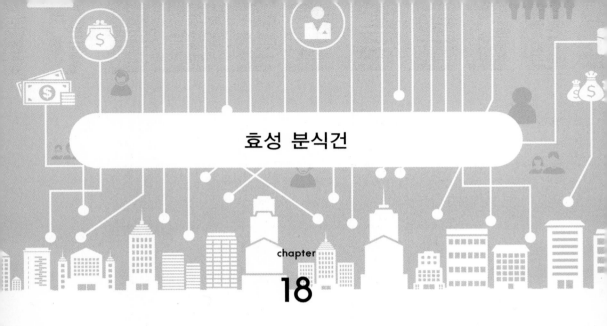

효성 분식건

chapter

18

삼일회계 "우리도 속았다"

효성 감사 맡기 전부터 분식회계 이뤄져 "삼정과 같은 징계 억울"

"우리도 속았다"

효성의 회계 분식과 관련, 제재를 받을 위기에 몰린 삼일회계법인이 '징계가 부당하다'며 적극 대응에 나설 움직임이다. 삼일은 오는 9일 열릴 증권선물위원회에서 효성 분식과 직접적인 관련이 없다는 것을 적극 주장키로 했다. 삼일회계법인 관계자는 "효성 관계자가 금융감독원과 검찰, 국세청에 삼일을 속였다고 진술한 것으로 알고 있다"면서 "회계감사 기준대로 감사를 벌이고도 기업의 부정을 발견하지 못했다고 징계 받는 것은 억울하다"고 주장했다.

특히 전임 감사인이 적정의견을 내린 재무제표를 승계한 후임 감사인도 같은 책임을 묻는 것은 부당하다고 강조했다. 효성의 감사인은 1998부터 2004년까지 안건회계법인, 2005년부터 2007년까지 삼정회계법인, 2008년 이후로는 삼일회계법인이 각각 맡아왔다. 분식이 최초로 일어난 시점은 1998년으로 안건이 감사를 맡았을 때다. 이후 안건이 구조조정하면서 효성 감사를 맡았던 인력이 삼정으로 흡수된 것으로 알려졌다. 분식이 일어난 뒤 두번의 세무 조사와 금융감독원 감리가 있었지만 적발하지 못했다.

지난달 25일 증선위 1차 심의 때도 한 증선위원이 "전기로부터 이월된 기초 잔액을 발견하지 못한 것은 제재 대상에서 빼야 하는 것 아니냐"며 제재 수위에 대해 이의를 제기했던 것으로 알려졌다. 증선위의 안건을 정하는 감리위원회는 이달 초 회의를 열고 효성과 과징금 20억원, 대표이사 해임권고 등 분식회계에 대한 최고 수위 제재를 내리기로 의견을 모았다. 삼일회계법인과 삼정회계법인은 나란히 감사 제한 1년, 손해배상공동기금 추가 적립 등 과실에 따른 행정 조치를 내리기로 했다.

한국경제신문. 2014.7.7.

때로는 감독기관은 감리를 수행하였던 기업에 대해서는 분식을 발견하지 못한 부분에 대한 부담을 느끼기도 한다. 감사도 완벽할 수 없지만 감리도 완벽할 수 없다. 모든 작업이 제한된 시간과 인력을 가지고 수행되기 때문이다.

금융당국 '분식회계 혐의' 조석래 효성 회장 해임 권고

증선위에 따르면, 효성은 1998년 효성물산 등 계열사를 합병하면서 불량 매출채권 등 부실자산을 정리하지 않고 이를 넘겨 받은 뒤, 사실상 폐기 수준의 설비 등을 유형자산으로 기록하고 원자재 등 재고자산을 실제보다 많게 회계 처리하는 방법으로 자기자본을 부풀린 혐의를 받고 있다. 효성이 2005년부터 작년 3월까지 재고자산과 유형자산의 형태로 허위 기재한 금액이 총 1조 3,350억원에 이른다고 밝혔다.

조선일보. 2014.7.10.

'분식회계' 효성 회장 해임 권고

과대 계상된 유형자산과 재고자산은 2005년 3,502억원, 2009년 1,166억원, 2012년 329억원, 2013년 264억원 등으로 감소했지만 아직까지 부실자산이 모두 정리되지 않은 것으로 나타났다. 효성은 과대 계상된 재무제표를 기재한 증권신고서를 2006년 이후 17차례에 걸쳐 금융당국에 제출했다.

매일경제신문. 2014.7.10.

증선위, 조석래 회장 해임 권고

금융당국은 감사조서 보존기간이 8년인 점을 감안해 2005년부터 지난해 6월까지 3,500억원 규모의 분식을 대상으로 심의했다.

한편 삼정회계법인의 후임으로 효성 감사를 맡은 삼일회계법인(2008~2013)은 이번 행정 조치에서 비켜갔다. 당초 삼정회계법인과 같은 수준의 조치를 내리는 안건이 상정되었으나 전임 감사인이 만든 기초 잔액을 발견하지 못했다는 이유로 후임 감사인에게 같은 책임을 묻는 것은 부당하다는 주장이 받아 들여졌다.

한국경제신문. 2014.7.10.

분식회계에 대한 책임을 어떤 감사인에게 물을 것인지에 대해서는 상당한 논란의 대상일 수 있다. 위의 신문기사일 경우는 삼일은 삼정으로부터 기초금액을 이월받았을 것인데 이월받았던 이 시점부터 이미 그 이전의 감사인이 감사한 금액이 잘못되었던 것인데, 직전이 아니고 그 이전 감사인이 작업했던 부분에까지도 책임을 지도록 요구하는 것은 매우 과도한 책임 추궁이 아닌가라는 판단을 증선위가 수행했던 것 같다.

그렇기 때문에 회계업계 일부에서는 회계감사인이 교체되는 경우, 교체된 감사인이 교체 이전의 재무제표에 대해서 즉, 이월되는 금액에 대해서 무척이나 까다롭게 어떤 경우에는 과도할 정도로 철저하게 검토한다는 이슈가 존재한다.

전임 감사인이 수행한 감사 대상 금액에 대한 책임을 후임 감사인에게 과도하게 물을 경우는 인수인계에 불필요할 정도의 어려움이 현실적으로 발생할 수 있다. 반면 후임 감사인에게 책임을 묻지 않을 경우는 전임과 후임 감사인이 업무의 인수 인계와 관련되어 communication에 소홀할 위험도 존재하여 적절한 수준의 communication을 필요로 하는데 이번 효성의 경우와 같이 후임 감사인에게는 완전하게 책임을 면제해 준다면 앞으로의 전/후임 감사인들이 인수/인계에 소홀한 가능성도 있다.

회계는 그 속성상 연속된다는 점을 항상 유념하여야 한다.

JP 모건 공시건

'잊혀질 권리'냐 '알 권리냐'… 딜레마에 빠진 구글

하루 1,000건 삭제 요청, 공익성 내세운 반대 목소리로 커져

구글이 인터넷 사용자의 '잊혀질 권리'를 인정한 유럽사법재판소(ECJ) 판결에 따라 정보 삭제에 나선지 한달이 흘렀다. 하지만 개인의 '잊혀질 권리'와 대중의 '알 권리'가 충돌하면서 구글이 진퇴양난에 빠졌다고 파이낸셜타임스가 4일 보도했다.

구글은 최근 스코틀랜드 페널티킥 판정을 놓고 논란을 일으킨 심판 두기 맥도널드의 요청을 받아들여 가디언과 데일리메일 온라인 기사에 대한 링크를 삭제했다. 그러나 두 언론사가 이 기사는 공공의 이익에 부합한다고 강하게 항의하자 결국 링크를 복원시켰다.

구글은 지난 한달간 7만건이 넘는 삭제 요청을 받았다. 최근에도 하루 1,000여 건의 삭제 요청이 들어오고 있다. 영국로펌인 호건 러블수의 에두아르도 우스타란 파트너는 "기사의 공익성 여부를 판단하는 것이 이제 구글 몫이라"고 지적했다.

문제는 구글이 프라이버시와 대중의 알 권리 사이에서 균형을 잡는 중재자 역할을 해 본 경험이 적다는 점이다. 이 때문에 구글이 판단을 잘못해 중요한 정보가 인터넷에서 사라질 수 있다는 우려가 적지 않다고 FT는 전했다. 기술거래은행인 레스토레이션 파트너스의 켄 올리사회장은 "개방성과 투명성의 원칙을 가진 유럽에서 팩트를 찾기 위해 구글의 비유럽판 서비스를 이용해야 할 형편이라"고 꼬집었다.

한국경제신문, 2014.7.5.

위의 신문 기사는 공시와 관련된 의사결정시 투자자의 알 권리 즉, 투자자 보호와 기업의 비밀유지 간의 고민과도 동일하다.

CEO의 건강 악화, 알려야 하나 말아야 하나

JP모건 회장, 후두암 발병 공개

잡스, 발병 공개 꺼려 업계 비판

공개 의무 없지만 투자자 알 권리도

"백혈병입니다"

제너럴 모터스의 해리 피어스 부사장에게 청천벽력 같은 소식이었다. 당시 56세로 GM의 수장까지 탄탄대로를 걷던 그였다. 충격으로 쓰러진 몇 시간 후, 기력을 회복한 그는 GM의 CEO인 존 F 스미스 주니어에게 소식을 전했다. 이제 71세이며 건강을 회복한 스미스는 "진단을 받은 첫 날부터 나는 이사진에게 발병 사실을 공개하고 치료 경과를 밝힐 의무가 있다고 느꼈다"고 털어놨다. 피어스뿐 아니다. 애플의 고 스티브 잡스부터 버크셔 해서웨이의 CEO인 워렌 버핏, 최근엔 제이미 다이먼 JP모건체이스앤컴퍼니 회장까지, 많은 기업 경영진들은 자신들의 건강 악화를 어디까지 공개해야 하는지를 두고 고심해왔다. 어느 선까지, 어느 시점에 공개를 해야 할지의 문제는 개인뿐 아니라 회사에 있어서도 민감한 문제이며, 엄격한 기준이 없다. 공개를 해야 할 법적인 의무도 없다.

췌장암으로 2011년 세상을 떠난 잡스와 같은 이들은 비밀주의를 택했다. 다이먼 회장과 같은 이들은 자신의 병을 공개했다. 이는 이사진은 물론 직원들과 투자자들의 알 권리가 있다는 믿음에서였다. 다이먼 회장은 지난 3일 후두암 사실을 알리며 예후는 좋은 편이라고 했다. 최고경영진의 중병 발병 소식은 일반적인 생각보다 자주 이사회의 이슈가 된다. 최고 경영진도 결국 사람이고, 다른 이들처럼 병에 걸릴 수 있기 때문이다. 암, 심장마비, 뇌졸증은 많은 기업의 얼굴격인 최고경영자와 그 기업에 타격을 입혔다.

잡스의 경우도 그랬고, 그보단 덜 하지만 미국의 발군의 금융인으로 꼽히는 다이먼 회장의 경우도 마찬가지다. 지난 3일 다이먼 회장이 발병 사실을 알리면서 금융시장은 그의 후계 구도의 안정성에 대해 우려를 표하기 시작했다. JP모건 측은 후임 후보군이 넓다고 해명했다. 그러나 소식이 공개된 다음날인 4일, 뉴욕 파크애비뉴가의 JP모건 본사엔 불안감이 감돌았다. 주식시장 전반은 기록적인 상승세를 보였지만 JP모건의 주가는 1% 하락했다. 그러나 기업 경영 전문가들은 JP모건이 월스트리트 금융가는 물론 미국 경제 전반에 갖는 영향력을 볼 때 다이먼 회장의 발병 사실 공개는 높이 평가해야 한다고 입을 모은다. 기업경영연구소인 GMI레이팅사의 게리 휴잇 연구부장은 "최고 경영자의 프라이버

시도 있지만 투자자의 알 권리도 있다"고 말했다.

경영진의 건강 정보를 기업들이 어떻게 다뤄야 하는지에 대한 특정 규제는 현재 없다. 전문가들은 그런 규제가 현재 미국의 의료법에선 개인의 프라이버시를 침해하는 결과를 초래할 수 있다고 지적한다. 지난 2009년의 한 연구결과에 따르면 최고경영진들은 건강이 어느 정도 회복될 때까지 발병 사실을 공개하지 않는다고 한다. 일부는 경영진이 사망한 후에야 발병사실을 공개한다. 이 연구를 진행한 워싱턴대 렉스 페리먼 교수는 "CEO들은 자신의 후임이 정해지지 않아 경영 안정성에 우려가 있을 경우 발병 사실 공개를 꺼리는 경향이 있다"고 설명했다.

다이먼 회장과 같이 미국뿐 아니라 해외의 기업 및 투자자들과도 밀접한 관계를 맺고 있는 회사의 경영진이라면 발병 사실을 밝히는 것이 중요하다는 것이 전문가들의 중론이다. 버핏은 2012년 초 전립선 암 발병 사실을 알린 바 있고 1996년엔 인텔 창업자 앤디 그로브는 포춘지에 직접 글을 써서 전립성 암 발병을 알렸다. 반면 잡스의 췌장암 발병과 관련해 비밀주의를 택했던 애플은 투자자들로부터 비판을 받았다. 2008년 금융위기 속에서 JP모건을 이끌어온 다이먼회장에게 있어 발병 사실 공개를 고민 거리가 아니었다는 게 그의 측근들의 설명이다. 현재 58세로 테니스를 즐기는 다이먼 회장이 건강상 이상 신호를 감지한 건 몇 주 전이라고 한다. 발병 사실 공개에 앞서 다이먼 회장은 다양한 검사를 통해 다수의 의사들로부터 확진을 받았다. 그 후 3일 저녁, 회사 임직원과 투자자 사외이사에게 편지를 썼다. 약 8주간의 치료를 받아야 할 것이며 출장을 포함한 여행은 어려울 거라는 내용이었다.

중앙선데이. 2014.7.6-7.

큰 기업의 CEO는 이미 공인이다. 스타급 CEO의 영입으로 또는 사임으로 해당 회사의 주가가 영향을 받는다고도 한다. 따라서 상장된 주식회사의 경우, CEO의 건강은 더 이상 개인 privacy로부터 보호받을 수 없다. 예를 들어 정부 중앙부처의 1급 이상의 공무원들은 자신의 자산을 등록할 뿐만 아니라 공개하여야 한다. 공인이기 때문에 가능한 것이다.

신용평가업

chapter

20

이에 따라 기업이 일정 기간 한 신평사로부터 등급을 받은 뒤 의무적으로 다른 신평사로 바꾸도록 하는 '순환평가제'를 대안으로 꼽는 전문가들이 많다. 강성부 신한금융투자 채권팀장은 "기업들이 현행처럼 복수평가를 받되 한 개 신평사는 순환평가제 적용을 받고 나머지 한 개는 자율적으로 선정하도록 하는 방안도 검토할 만하다"고 말했다.

신평사들의 정보 공개를 더욱 강화해야 한다는 목소리도 나오고 있다. 신평사들은 부도율 산정 기준도 제각각이라 외부인들이 통일된 잣대로 업무 실적을 평가하기 힘들다는 지적이다. 강경훈 동국대 경영대학 교수는 "통일된 기준에 근거한 부도율, 특정기업(그룹)에 대한 수수료 의존도 등 평가 관련 주요 정보를 공시토록하고 독립된 외부 기관들이 신평사를 평가하고 이를 공개하는 것을 활성화해 시장에서 자연스럽게 신평사 간 우열이 가려지도록 해야 한다"고 강조했다.

내년에 도입 예정인 독자신용등급제를 조기 실시해야 한다는 목소리도 나온다.

한국경제신문. 2014.6.18.

3대 신평사 중징계 통보

금감원, 동양사태 책임 물어. 내달 제재 수위 확정

금감원 관계자는 "동양 사태에서도 금감원 기업공시국에서 동양 회사채에 대한 증권신고서 정정을 요구하면서 동양이 회사채 발행을 포기한 시점, 오리온이 지원을 거부한 시점 등 신용등급을 강등할 수 있는 여러 모멘텀이 있었다"면서 "그러나 신용평가사들은 법정관리 신청 이후에야 등급을 강등했다"고 말했다.

신용평가사들의 내부 통제 시스템에도 문제가 많았다. 영업조직과 신용평가조직이 철저히 분리돼 있어야 함에도 불구하고 상호간에 고객 정보를 공유하는 등 협업이 있었던 것으로 나타났다.

매일경제신문. 2014.6.18.

영업조직과 신용평가조직의 분리는 회계법인의 경우에서도 chinese wall/fire wall이라고 해서 회계법인이 감사와 비감사업무를 수행할 때, 비감사업무로 인해서 감사업무의 공정성이 훼손되지 않도록 관리한다고 한다. 물론, 이는 회계법인의 주장이고, 법인 전체적인 조직의 차원에서는 영리를 추구함에 있어서 이러한 chinese wall이 얼마나 잘 작동되는지에 대한 확인을 수행하기는 어렵다. 예를 들어, 회계법인에 있어서 품질관리실(또는 심리실)은 profit center가 아니라 cost center이다. 그러나 회계법인의 품질을 유지하는데 있어서 품질관리실의 역할은 상당히 중요하므로 품질관리실은 적절하게 유지되어야 하며 품질관리실의 cost를 충분히 안고 갈 수 있는 회계법인이 적절하게 운영되는 회계법인으로 감사품질이 유지될 수 있다. 또한 품질관리실에 근무하던 임원이 감사 현업으로 이동할 경우는 이들이 현업에서 성공적으로 정착할 수 있도록 법인 차원에서 배려해 주어야 한다.

법인 차원에서 영업을 품질관리에 우대한다면 감사품질 제고는 요원한 희망사항으로만 그칠 것이며 품질관리에 영업에 우선하지는 못하더라도 품질관리가 제 위치를 찾을 수 있도록 해 주어야 한다. 국제적인 network을 가진 모 big 4 회계법인은 파트너들의 투표에 의해서 정해지는 한국 network 회계법인의 대표이사 선임에는 개입하지 않지만 품질관리 담당 책임자의 선임은 본사 차원에서 승인을 한다고 한다. 그만큼 품질관리가 중요하다.

중소형회계법인의 한 파트너가 파트너 교체제도를 준수하지 않아서 조치된

적이 있다. 회계감사 교과서에도 설명되는 기본적인 내용이지만 본인이 이 사실을 인지하지 못하거나 해당 회계법인의 품질관리실이 제 기능을 하지 못할 때 나타나는 현상이다.

신용평가사, CP 발행 후로 등급 강등 미뤄… 투자자들 '날벼락'

금감원에 따르면 지난해 회사채를 발행한 기업 가운데 A 등급 이상을 받은 업체 비중은 77%였다. 10곳 중 7~8곳이 우량 등급 판정을 받은 것. 2003년 A 이상 등급 비중이 41%였던 점을 감안하면 10년 만에 두 배 가까이 상승한 셈이다.

한국경제신문, 2014.6.18.

삼성 '건드리는' 신평사

정밀화학 신용등급 '부정적' 하향 그룹 후광효과 인색해지나 관심

한국신용평가가 삼성정밀화학 신용등급(AA-) 전망을 30일 '부정적'으로 떨어뜨린 일이 회사채 시장에서 뒤늦게 '화두'로 떠오르고 있다. 삼성전자가 떠받쳐온 그룹 계열사들의 탄탄한 신용체계에 균열이 생기는 '신호'로 해석하는 목소리가 이어지고 있다.

11일 국내 신용평가 3사 공시자료에 따르면 현재 유효 신용등급을 보유한 삼성계열 주요 10개사 중 2008년 금융위기 이후 신용등급이 떨어진 곳은 삼성엔지니어링이 유일하다. 지난해 3분기 7,000억대 영업손실을 발표한 직후 수시평가를 통해 종전보다 낮은 'A+' 등급을 받았다. 하지만 당시 등급하향은 다른 계열사와 무관한 사건으로 받아들여졌다. 해외 건설 사업의 부진이 드러난데 따른 '뒷북' 성격이었기 때문이다.

이와 달리 삼성정밀화학은 급격한 변화가 없는 상황에서 중기적인 수익성 전망 악화를 이유로 등급을 건드렸다는 점에서 이목을 끌고 있다. 한 신용평가업계 관계자는 "신평사들이 '삼성이나 현대차 계열사가 설마 망하겠느냐'는 시장의 오랜 인식이 서서히 바뀌고 있다는 사실을 등급에 반영하기 시작했음을 보여주는 대표적인 사례"라고 해석했다. 가깝게는 지난 3월 KT ENS의 법정관리 신청이 영향을 미쳤다는 설명이다.

삼성전자는 그룹 신용등급의 '우산'역할을 해왔다. 빠르고 안정적인 성장으로 다른 계열사들이 우수한 신용등급을 받는 강력한 지지대 역할을 해왔다. 금융위기 이후에만 삼성에버랜드, 삼성중공업, 삼성카드, 삼성증권, 삼성모바일 디스플레이, 삼성석유화학, 삼성토탈, 삼성SDI 등 거의 모든 계열사의 신용이 올랐다. 삼성엔지니어링도 2010년 'AA-'로 등급이 올랐다.

일부 전문가들은 신평사가 삼성전자의 '후광효과'를 전보다 인색하게 평가한다면 추가로 다른 계열사 등급도 하향 조정될 수 있다고 보고 있다. 자체 체력에 비해 신용등급의 '삼성'의존도가 높은 회사로는 삼성정밀화학 외에 삼성 SDI, 삼성토탈 등이 거론된다.

한국경제신문. 2014.7.12

그룹사들이 언제나 도움을 주고 도움을 받는 것은 아니다. 일부 그룹사의 모기업은 계열사를 도우려 하지만 소위 꼬리 자르기 등의 행태로 그룹사의 도움을 못 받는 경우도 존재한다. 그렇기 때문에 독자신용등급(stand alone)이 해답이라는 접근도 가능하다. 단, 우리의 현실에서 계열사간의 지원이 어느 정도는 현실이므로 이를 완전히 무시할 수도 없다. 사후적으로는 어떤 기업이 계열사를 지원했는지 또는 꼬리 자르기를 했는지를 알 수 있겠지만 사전적으로 이를 예측하기 어려우니 평가사들의 평가 실무에 있어서의 고충도 이해할 수 있다.

금융상품 평가수수료 '8년간 담합' 덜미

공정위 한국자산평가 등 채권평가 3사에 과징금 28억
56회 넘게 만나 "짬짜미 인상" 고객 사서 부당이득 챙겨

한국자산평가, 키스채권평가, 나이스피앤아이 등 국내 주요 채권평가사가 금융투자상품 평가수수료 담합 행위로 총 27억 8,000만원의 과징금을 부과받았다.

공정거래위원회는 채권평가사들에 대한 이 같은 과징금 부과 내역을 30일 발표했다. 한국자산평가, 키스채권평가, 나이스피앤아이는 채권평가제도가 도입된 2002년부터 2009년까지 채권과 관련 금융상품의 가치를 평가해 주고 받는 수수료를 담합했다.

채권 시가평가제도는 채권의 가치를 장부가가 아닌 시장에서 형성된 가격으로 평가하는 제도다. 1997년 외환위기 이후 국내 채권시장의 구조 개선, 외국인 투자 유치, 투신사의 부실 개선 등을 위해 도입됐다. 은행 등 금융회사들은 채권 시장 평가 자료를 주로 회계처리에 이용하고 채권을 매매할 때 참고자료로 활용하고 있다.

금융감독원은 이런 채권평가사를 지정한다. 2000년 7월 이번에 적발된 3개사를 처음으로 지정했다. 2011년 9월 에프앤가이드가 추가로 지정되기 전까지 3개 업체는 관련시장을 독점했다. 지난해 매출은 한국자산평가 147억원, 키스채권평가 118억원, 나이스피앤아이가 64억원이었다.

이들 3개 업체의 회사 대표, 영업담당 직원 등은 지속적으로 만나 각종 채권 평가 수수료 인상을 담합했다. 담합 기간 중 최소 56회 이상 모임을 가진 것으로 파악했다. 구체적인 담함 대상은 외화채권, 증권사 파생상품 등 12종 금융상품의 평가 수수료였다. 3개사는 담합 이후 금융업체 등 고객사를 직접 방문해 인상된 수수료를 알리고 계약을 체결해 부당이득을 챙겼다.

이에 따라 공정위는 담합과 관련 정보 교환을 금지하는 시정 명령을 내리고 과징금을 부과했다. 과징금은 한국자산평가 12억 9,700만원, 키스채권평가 11억 9,700만원, 나이스피앤아이 2억 8,600만원 등이다.

신영호 공정위 카르텔 총괄과장은 "3개 채권평가사의 평사수수료 담합은 국내 금융투자상품 평가 시장의 발전을 저해했다"며 "이번 조치로 채권평가사 간 경쟁이 촉진돼 평가품질이 향상되고 금융인프라 기능도 제고될 것으로 기대된다"고 말했다.

한국경제신문. 2014.7.1.

신용평가 살짝 까칠해졌다

금감원 조사 등 영향, 신용등급 하향 기업 늘어

"보여주기식인지 두고 봐야"

올 들어 신용평가사들이 신용등급을 떨어뜨린 기업이 크게 늘어났다.

1일 금융감독원 내부 집계결과에 따르면 올 상반기 국내 신용평가사들의 등급 상하향 배율은 0.39배로 지난해 같은 기간 0.91배 대비 크게 하락한 것으로 나타났다. 등급 상하향 배율이란 등급을 떨어뜨린 기업 대비 등급을 올린 기업 숫자의 비율을 뜻한다.

등급을 보유한 1149개 업체의 신용등급 변동을 조사한 결과 84개사가 떨어졌고 33개사는 올랐다. 전체 등급 중 투자등급이 차지하는 비중도 6월말 현재 87.2%로 감소했다. 2013년 초엔 90.2%, 2014년 초엔 88.4%였다.

등급이 떨어진 기업 중에 KT, 현대, 한진, 동부 등 대기업그룹 계열사들이 많았다. 업종별로는 장기업황 악화로 고전하고 있는 건설, 조선, 해운, 철강업종이 큰 비중을 차지했다.

이 같은 등급 하향 배경에는 실적 악화로 기업 재무 상황이 대거 악화된 것 외에 금융당국의 감독 강화도 한몫했다는 평가다. 금융감독원은 동양그룹 사태를 계기로 지난해 말부터 올해 초까지 신용평가사에 대한 종합검사를 실시했다. 현재 신용평가사 임직원에 대한 제재 절차가 진행 중이다.

금융당국 관계자는 "신용평가사들의 평가 태도가 변화하는 모습이 보이고 있다"면서도 "추세적인 변화인지 보여주기식 평가인지는 좀 더 두고 봐야 할 것"이라고 말했다.

한국경제신문. 2014.10.2.

신평사 의무지정 순환평가제 법안 발의

의무지정제가 도입될 경우 제3의 독립기관이 신용평가사를 지정하는 과정에서 상당한 시간이 소요되기 때문에 한시가 급한 기업들이 자금조달 타이밍을 놓칠 수 있다.

금융위는 일단 계열사의 지원 가능성을 배제한 독자 신용등급은 예정대로 내년 중 도입하기로 했다. 다만, 계열사 지원 가능성을 포함한 최종 신용등급의 보조 지표로 제시한다는 구상이다.

한국경제신문. 2014.8.20.

뒷북 조정 신평사 못 믿겠다. 동양증권, 신용평가 '도전장'

일부 증권사는 자체 리스크평가시스템을 공개해 신뢰도가 떨어지는 신용등급의 대안으로 제시해 눈길을 끈다.

신용등급 뒷북 조정 여전

한국신용평가와 한국기업평가는 지난달 21일 부산2저축은행 후 순위채 신용등급을 B-에서 CCC로 한 단계 내렸다. 19일 부산2저축은행에 영업조치가 내려진 지 이틀만이다. 이에 앞서 17일에는 한신평과 한기평이 이미 영업정지된 부산저축은행과 후순위채 신용등급을 BB-에서 CCC로 하향 조정했다.

지난달 초 기업개선작업(워크아웃)을 신청한 진흥기업도 신용등급이 투자적격인 BBB로 유지되다 워크아웃신청 나흘 후에야 투기등급인 CCC로 강등됐다.

신환종 우리투자증권연구원은 '대한해운이나 저축은행은 신용리스크에 대한 우려가 컸지만 신용등급에는 이 같은 우려가 제때 반영되지 못해 투자자들의 피해만 키웠다'고 말했다.

'신평사들이 평가의 주도권을 발행기업에 빼앗겨 감시는 커녕 기업 대변인으로 전락해 역으로 이용당하고 있다'고 맹비난했다.

신평사들의 신뢰도에 금이 가면서 정면으로 도전장을 내민 증권사도 있다. 동양종금증권은 최근 발간한 '채권백서'에서 내부적으로 구축한 신용평가 체계를 공개했다. 동양종금증권은 비우량채권발행을 가장 많이 주관해 기업 리스크 평가에도 뛰어나다는 평가를 받고 있다.

평가 대상 기업의 수수료에 의존할 수밖에 없는 신평사의 수익구조 등에 보다 근본적인 변화가 필요하다는 지적도 잇따르고 있다.

'투자자보다 기업의 눈치를 볼 수밖에 없다'며 '수수료 구조를 바꾸거나 3년 이상 동일한 평가사에서 평가를 받지 못하게 하는 순환평가제 도입 등을 고려해 볼 필요가 있다'고 말했다.

한국경제신문. 2011.3.2.

위의 신문기사에서 증권회사가 이미 이러한 사업의 방향으로 가고 있었는데 이제는 금융투자협회 협회 차원에서 이러한 사업의 가능성을 타진하고 있다.

금융투자협회 진출 검토 신용 평가 '30년 과점' 깨지나

금융투자협회가 신용평가사업 진출을 검토하고 있다. 기업 입맛대로 신용평가회사를 골라 등급을 받는 이른바 '등급'쇼핑 문제가 수면 위로 떠오르자 객관성과 공공성을 갖춘 기관에서 신용평가를 해야 한다는 주장이 제기된 데 따른 것이다.

10일 금투협에 따르면 금투협은 최근 신용평가사업 진출 타당성에 대해 내부 검토에 착수했다. 금융권 고위 관계자는 "금투협이 신용평가사업 진출 타당성을 살펴보기 위해 자회사 설립 등 진출 방법과 금융위원회 인가 요건 등에 대한 사전 조사를 진행하고 있다"고 말했다.

금투협이 신용평가사업에 진출하려는 것은 논란이 된 신용등급 조작 사태가 기업과 신용평가사 간 '갑을관계'에서 비롯됐다는 판단 때문이다. 한편으론 1985년 회사채 신용평가제도가 도입된 이후 한국기업평가와 한국신용평가 나이스신용평가 3사가 신용평가시장을 33%씩 안분해 온 점도 원인을 제공했다는 지적이다. 과점체제가 장기간 이어지면서 기업들과 유착관계가 형성됐고 '신용등급장사'를 하게 됐다는 것이다.

금투협이 신용평가사업에 진출하기 위해서는 금융위원회의 인가를 받아야 한다. 자본시장과 금융투자업에 관한 법률에서는 금융위원회가 대주주 출자능력, 신용평가사 투자자 및 발행인과 이해 상출 방지 체계 등을 갖췄는지 심사해 신용평가업 인가를 해주도록 하고 있다.

금융당국 관계자는 "금투협은 채권 운용과 판매를 하는 증권사와 자산운용사들이 회원으로 있기 때문에 회원으로부터 독립성이 지켜질 수 있는지에 대한 문제를 따져봐야 한다"면서 "정부로부터도 독립성을 지킬 수 있어야 한다"고 말했다.

한국경제신문. 2014.9.11.

위의 신문기사에서의 과점의 개념은 산업내에서의 과점의 개념이 아니라 산업간에서의 과점의 개념으로 신용평가업계와 금융투자업계간에도 동일 산업을 두고 경쟁할 수 있음을 의미한다.

회계사/감정평가사

chapter

21

회계사의 '공습'···위기의 '감평사'들

['士'자의 운명 쥔 법안들 ②-1 감정평가사] 회계업계 vs 감평업계 소송전 최종심 앞 둬 기업 소유 부동산에 대한 '자산 재평가'는 감정평가사의 몫일까? 공인회계사의 몫일까?

이에 대한 해답이 곧 대법원에서 나온다. 1심은 감평사, 2심은 회계사의 손을 들어줬다. 감평업계는 대법원에서 회계사에 유리한 판결이 나올 경우 감평사들의 영역이 사실상 회계사들에게 넘어갈 수 있다고 보고 최종심 결과에 촉각을 곤두세우고 있다.

11일 법조계와 감평업계, 회계업계에 따르면 대법원은 한국감정평가협회가 회계법인 삼정KPMG를 고발한 사건에 대한 최종심 선고를 조만간 내놓을 예정이다.

사건의 발단은 2009년으로 거슬러 올라간다. 그해 삼정KPMG는 삼성전자의 의뢰를 받아 서울 서초동 사옥 부지 등 부동산에 대한 자산 재평가를 실시했다. 삼정KPMG는 장부가액 3조 4,000여 억원 상당의 자산을 7조 2,000억여원으로 재평가하고 용역비 1억 5,400만원을 받았다. 2009년 도입된 한국채택국제회계기준(K-IFRS)상 '전문적 자격이 있는 평가인'은 자산 재평가를 수행할 수 있다는 규정이 삼정KPMG가 내세운 명분이었다.

이에 한국감정평가협회는 삼정KPMG를 '부동산 가격공시 및 감정평가에 관한 법률' (부감법) 위반 혐의로 형사 고발했다. 부감법은 감정평가사가 아닌 사람이 토지 등의 경제적 가치를 판정해 돈을 받으면 처벌하도록 규정하고 있다.

1심은 감평업계의 승리였다. 지난해 8월 서울북부지방법원은 "감평업자 제도가 특별히 마련된 국내 법률상으로는 K-IFRS에 규정된 '전문적 자격 있는 평가인'을 감평사로 한정하는 것이 타당하다"고 판시하고 삼정KPMG 소속 공인회계사 등 3명에게 벌금 500만원을 선고했다.

그러나 2심에서는 결과가 뒤집혔다. 서울북부지법은 지난해 12월 원심을 깨고 정씨 등 2명에게 무죄를 선고했다. 항소심 재판부는 K-IFRS 도입에 따른 회계 목적으로 감정평가를 하는 경우 공인회계법상 허용된 '회계에 관한 감정'으로 볼 수 있어 위법성이 없어진다고 판시했다.

결국 공은 대법원으로 넘어갔다. 삼정KPMG는 항소심 결과가 최종심으로도 이어질 것으로 기대하고 있다.

감평업계는 대법원의 판결에 감평업계의 사활이 걸렸다는 입장이다. 한국감정평가협회 이병우 이사는 "회계사가 부동산에 대한 자산 재평가를 하는 것을 공인회계법상 '회계에 관한 감정'으로 본다는 항소심의 판결은 기업 부동산에 대한 모든 평가를 회계사가 할 수 있다는 뜻"이라며 "이는 감평사의 영역을 무너뜨리는 것"이라고 주장했다.

이 이사는 "현행 법 체계와 국가 자격제도에 따르면 기업 부동산에 대한 평가는 감평사만 할 수 있는 것이 당연하다"며 "부동산 재평가는 회계업계 입장에서는 극히 일부에 불과한 시장이지만 감평업계 입장에서는 상징적으로 커다란 의미를 지니는 분야"라고 말했다.

머니투데이. 2014.06.12.

국제회계기준이 도입되면서 자산 부채의 공정평가의 방향으로 기준의 정책방향이 설정되었다. 이 시점부터 회계학회나 유관기관에서 진행하는 회계학 심포지움에 감정평가업계에서 근무하는 관련자들의 참여가 부쩍 증가하였다. 공정평가가 감정평가업에 사업기회를 부여한 것이다.

'뻥튀기 감정' 감평사 법인 20억원 배상 폭탄

법원 '주의 의무 소홀' 감평협회까지 공동 책임
부실감정 평가법인에 무더기 부과 이례적 판단

이번 판결은 감정평가법인에 대해 주의의무를 엄중히 물어 주목을 끈다. 소속 감정평가사가 허위로 감정평가서를 작성해 제출했다고 해도 이를 면밀히 심사하지 않으면 배상 책임이 발생한다.

이번 사건과 관련된 감정평가사들은 2004~2006년 대출모집인과 공모해 아파트 등 부동산 가격을 50% 가량 부풀려 감정평가서를 작성했다.

이러한 감정평가 결과를 바탕으로 중소기업은행, 신한카드, 외환은행, 하나은행 등 4곳은 부동산을 담보로 담보가치를 산정했고, 이를 토대로 대출을 모집인들에게 내줬다.

이에 한국 주택금융공사는 2005~2006년 은행들의 담보 채권을 넘겨 받아 주택저당증권(MBS)을 발행해 현금화했다. 즉 가격이 부풀려진 부동산을 기초로 만들어진 채권을 은행들이 한국주택금융공사에 넘긴 것이다.

그러나 감정평가사와 브로커의 사기행각이 드러나며 2007~2008년 모두 유죄판결을 받았다. 이번 사건으로 한국주택금융공사가 입은 피해는 모두 100억원에 이른다. 다급해진 한국주택공사는 즉각 은행 4곳을 상대로 채권 금액을 돌려달라는 소송을 제기했으나 모두 패소했고, 결국 감평사를 상대로 소송을 제기해 배상을 받을 길이 열렸다.

이에 대해 서동기 한국감정평가협회 회장은 "이번 사건은 감정평가업계 전체의 명예를 실추시키는 것으로 강력한 조치와 함께 국토부에도 징계를 건의할 것"이라며 "앞으로 제도를 보완해 재발을 방지하겠다"고 말했다.

매일경제신문.2014.4.3.

'뻥튀기 검증' 감평사 법인 70% 배상하라

법원, 주택금융공사 승소 판결
한국감정협회도 책임 물어

재판부는 고의로 허위 감정평가서를 승인하지 않은 점 등을 고려해 배상 책임은 70%로 제한했다.

감정평가사가 허위로 감정평가서를 작성 제출했더라도 주의 의무를 다하지 않았다면 감정평가법인도 책임이 있다는 의미이다.

한국경제신문. 2014.4.3.

잘못된 감정평가 업무가 개인 감정평가사의 문제인지 아니면 감정평가법인의 잘못인지의 이슈는 부실감사에 대한 책임을 개인 공인회계사에 물을 것인지 아니면 회계법인의 책임으로 추궁할 것인지의 이슈와도 대동소이하다.

외감법은 회계감사는 회계법인과 감사반이 수행하는 것으로 규정하고 있다. 따라서 개인 공인회계사는 이러한 조직의 구성원의 자격으로 감사에 참여하고는 있지만 감사의 주체는 개인이 아니라 법인 또는 감사반임을 분명히 하고 있다. 반면에 감사 업무란 속인적인 것이면 감사업무는 결국은 사람이 하는 것이다.

물론, 회계부정이 개입된 건에 대해서 증권선물위원회는 법인의 책임과 개인 공인회계사의 책임을 구분하여 책임을 묻게 된다. 감정 평가업계에도 동일한 이슈가 발생한다.

아래의 신문기사에서는 '감정평가실무기준'을 개정하여 이를 강화하겠다는 정책방향을 설정하였다.

한남더힐 엉터리 감정평가 관련자 '철퇴'

한국감정원의 타당성조사 결과 '부적정' 판정에 따른 조치
부실 감정평가에 대해 '일벌백계' 징계 더욱 강화

국토부가 '한남더힐' 민간임대아파트(舊 단국대 부지)의 감정평가금액을 한국감정원에 감정평가 타당성조사를 의뢰한 결과, 양측(세입자·시행사)의 감정평가서 모두 '부적정'으로 판정됐다고 밝혔다.

이에 대해 국토부는 해당 감정평가사 등에 대해 '부동산 가격공시 및 감정평가에 관한 법률'에 따라 엄정 조치할 계획이라고 덧붙였다.

'한남더힐' 민간임대아파트의 세입자와 시행사측은 분양전환을 위해 양측이 실시한 감정평가금액이 상이해 갈등이 고조된 상황이었다.

한편 한국감정원은 올해 1월 1일부터 6월 2일까지 '한남더힐'에 대한 감정평가 타당성조사를 실시했으며, 그 결과 모든 법인이 주된 평가방법으로 채택한 거래사례비교법에 있어 사례선정, 시점수정, 품등비교 등 대부분 '미흡'했다고 판단했다. 이로 인해 평가액이 적정가격 범위(한국감정원 분석)를 벗어나 부적정하다는 의견을 내놨다.

한남더힐(600세대)에 대한 평가총액은 세입자측 1조 1,699억원, 시행사측 2조 5,512억원으로 현저한 차이를 보였다. 한국감정원이 제시한 적정가격 수준은 1조 6,800억원~1조 9,800억원이다.

국토부는 감정평가 타당성조사 결과가 '부적정'으로 판정됨에 따라 해당 감정평가사(법인 포함)에 대해 6월중 감정평가사징계위원회의 심의·의결을 거쳐 징계처분할 계획이다.

징계는 감정평가사는 자격등록의 취소나 업무정지, 견책을 받을 수 있으며, 감정평가법인의 경우 업무정지나 과징금의 징계처분이 예상된다.

또한 국토부는 한남더힐과 같은 부실평가의 재발을 막기 위해 '감정평가실무기준'을 개정해 대규모 일반평가에 대한 구체적인 평가기준을 마련하고, 감정평가 연수규칙을 개정해 윤리교육을 강화할 계획이다.

아울러 부실 감정평가에 대해 징계를 더욱 강화할 방침이다.

매일경제신문. 2014.6.2.

평가라는 작업이 주관적인 판단의 영역이기 때문에 평가의 결과가 적절하다, 적절하지 않다는 판단 또한 매우 주관적이다. 이는 신용평가업무도 동일하다. 감사의 과정과 같이 정형화된 회계감사기준이 존재하지 않고 자의적인 판단이 수행되어야 하는 경우는, 결과만을 두고 잘 잘못을 판단한다는 것이 어렵다.

국제회계기준이 도입되면서 공정가치평가가 자산/부채의 평가기준으로 보편화되고 있으므로 여러 가지 형태의 자산에 대한 공정가치평가의 이슈가 더 광범위하게 문제화될 것이다.

여러 가지가 이슈가 되는데 공인회계사와 감정평가사간의 전문가간의 업무영역과 관련된 다툼도 있으며 또한 동일한 업무가 양 전문가간에 수행되었다고 하고 적절한 평가 업무가 수행되지 않았다고 하면 이에 대한 조치의 경우, 공인회계사는 금융위원회의 증권선물위원회/공인회계사 징계위원회에서 수행되며 감정평가사에 대한 평가는 국토해양부에서 진행된다.

동일한 정도로 전문가의 판단이 잘못되었는데 이에 대한 정부의 제재에 차이가 있다면 이도 문제가 있는 것이다. 동일한 업무에 대해서 각기 다른 부처에서 상이한 규제가 수행되는 것이 적절하지 않다면 이를 조정할 수 있는 기관은 국무총리실밖에는 없다.

'한남더힐' 사태 감사원 간다

서울시 용산구 한담동 옛 단국대 용지에 들어서 있는 초고가 민간 임대 아파트 '한남더힐' 분양 전환을 둘러싼 논란이 감사원 감사로 이어질 것으로 보인다. 한남더힐 분양대책위원회 측이 감사원에 국민감사청구를 하기로 결정했기 때문이다.

분양대책위 관계자는 27일 "국토교통부가 한국감정원에 세입자와 시행사 측 감정평가 적정성 여부에 대해 타당성 조사를 의뢰한 절차는 물론 내용과 형식에도 문제가 있다"며 "19세 이상 주민 300여 명 이상 동의를 받았다. 다음주께 감사원에 국민감사를 청부할 것"이라고 밝혔다.

이에 국토부는 지난 24일 감정평가사 징계위원회를 열어 한남더힐 감정평가에 참여한 4개 평가법인 소속 감평사들에게 업무 정지 수준의 징계를 내렸다. 국토부는 감정평가법인에 대한 징계도 내린다는 방침이다.

매일경제신문. 2014.7.28.

이는 언론에 많이 노출된 건이지만 공정가치평가가 보편화되면서 감정평가의 대상이 되는 거의 모든 자산에 대해서 이러한 건이 빈번하게 문제로 제기될 것이다.

한남더힐 감정법인 중징계

국토교통부는 30일 부실 감정평가 논란을 빚었던 '한남더힐' 감정평가서 4명에게 업무정지와 과징금 등의 처분을 내렸다.

입주자 측 의뢰를 받은 나라감정평가법인과 제일감정평가법인 소속 감정평가사는 각각 업무정지 1년 2개월과 1년의 징계를 받는다. 사업 시행사 측 의뢰를 받은 미래새한감정평가법인 등은 과징금 대신 경고 조치를 내렸다.

나라감정평가법인과 제일감정평가법인에는 각각 2억 4,000만원, 1억 7,000만원의 과징금을 부과했다. 미래새한감정평가법인과 대한감정평가법인은 엄중 '경고'했다.

매일경제신문. 2014.7.31.

금융회사, 신평사 이용하면서 계열 자산평가사 '패키지 거래'

관행에 너무 관대한 금감원

A카드사는 17일 300억원 규모의 카드채를 발행하기 위해 한국기업평가와 한국신용평가에 신용등급 산정을 의뢰했다. 현재 이 회사가 보유한 채권 가치를 평가하는 업무는 한국기업평가와 한국신용평가 자회사인 한국자산평가와 KIS채권평가가 맡고 있다. 사실상 A사에 대한 신용평가와 자산평가를 두개 기업 계열군이 맡고 있는 셈이다.

신용 자산평가 과점 '부작용'

국내 신용평가 시장을 33%씩 나눠 갖고 있는 나이스신용평가, 한국기업평가, 한국신용평가 등 3대 신평사는 각각 나이스 P&I, 한국자산평가, KIS채권평가를 계열사로 두고 있다. 이들 3대 자산평가사의 시장점유율은 85%에 이른다.

은행 보험 증권 등 금융회사는 수시로 신용평가사 및 자산평가사에 일감을 준다. 채권을 발행하기 위해선 신용등급을, 회사 자산가치를 측정하기 위해선 보유 채권에 대해 시가평가를 받아야 하기 때문이다.

문제는 '3대 메이저'가 신용평가 및 자산평가 시장을 장악하다 보니 상당수 금융회사가 신용평가를 맡긴다는 데 있다. 일각에선 '특정 신용평가사의 자회사와 거래하는 게 향후 좋은 신용등급을 받는 데 도움이 될 것'이란 금융회사의 기대와 '모기업인 신용평가사에 좋게 얘기할테니 일감을 달라'는 일부 자산평가사의 '후광 마케팅'이 맞물린 결과라는 설명을 내놨다.

금융투자업계는 금융회사가 같은 계열 신용평가사와 자산평가사에 일감을 몰아주는 것은 엄정한 평가에 영향을 줄 수 있다며 우려하고 있다. 자본시장법(제335조의 11)이 '신용평가 과정에서 신용평가사 계열회사 서비스의 구매와 관련해 연계 거래해선 안 된다'고 못 박은 것도 이런 걱정에서다.

업계 관계자는 "신용평가사나 자산평가사들이 대 놓고 금융회사에 신용평가와 자산평가 일감을 같이 달라는 패키지 구매를 요구하는 것은 아니지만 영업과정에서 은근히 계열 관계를 홍보하는 것으로 안다"고 말했다.

금융 당국 지도 필요

신용평가사와 자산평가사들은 억울하다는 반응이다. 시장이 3사 과점체제로 운영하다 보니 어쩔 수 없이 특정 금융회사의 신용평가와 자산평가 업무를 맡게 됐을 뿐 연계 마케팅을 하지 않았다는 것이다.

하지만 금융투자업계선 신용평가의 객관성을 확보하기 위해 금융회사가 신용평가와 자산평가 일감을 같은 계열회사에 몰아주는 관행을 버려야 한다고 지적한다. 업계 관계자는 "금융회사는 대개 신용평가사와 자산평가사를 각각 2개 선정한다"며 "금융당국이 이해상충 가능성을 없애기 위해 최소 한 곳은 계열관계가 없는 곳을 선정하도록 유도하는 것도 방법"이라고 말했다.

평가의 객관성을 유지하기 위해 A와 B 신용평가사를 이용할 경우 자산평가사는 A, B 중 한 곳과 C, D 중 한 곳을 선정토록 한다는 것이다. 2011년 FN 자산평가가 신규 진입하면서 자산평가시장은 4사 체제로 운영되고 있다.

금융감독원 관계자는 "3대 신용평가사 계열 자산평가사가 '패키지 마케팅'을 했다면 문제의 소지가 있다"며 "필요할 경우 자산평가 시장의 실태 파악에 나설 방침"이라고 말했다.

한국경제신문. 2014.12.18.

신용평가 과정에서 신용평가사 계열회사 서비스의 구매와 관련해 연계 거래 해선 안 된다는 내용은 감사인이 피감기업의 감사와 비감사서비스 용역의 일부 업무의 병행을 금지할 때, 이를 피감기업 뿐만 아니라 연결의 대상이 되는 연결대상 기업의 비감사서비스에게까지도 확장하는 것과 맥을 같이 한다.

준법감시인

chapter

22

'힘실린' 준법감시인 2년 임기 보장

금융위, 집행임원 의무화 등 내부통제 강화

앞으로 금융회사 준법 감시인 임기가 보장되고 집행임원 선임이 의무화될 전망이다. 준법감시업무를 담당하는 인력 비중 기준도 신설될 것으로 알려졌다.

금융당국은 최근 잇단 금융회사 사고로 내부통제를 철저하게 하기 위해 준법감시인 역할을 대폭 강화하는 안을 논의해왔다.

13일 금융계에 따르면 금융위원회는 내부통제를 강화하기 위한 준법감시인과 감사의 역할 정립 방안을 마련해 곧 발표한 예정이다.

가장 큰 변화는 준법감시인 지위 보장이다.

제대로 된 준법감시가 이뤄지려면 임기 보장이 필요하다고 보고 2년간 임기를 보장하는 안을 마련할 것으로 알려졌다. 또 CEO 직속 기구로 만들고 집행임원 선임을 의무화해 준법감시인이 다른 영업부서 집행임원 등에게 밀리는 일이 없도록 했다.

준법감시인에게 일을 할 수 있는 인력이 보장되도록 각종 겸직 업무를 제한할 예정이다. 현재는 준법감시 부서에 있는 인력들이 소비자보호, 법무, 자금세탁방지 등 여러 업무를 동시에 하고 있는 곳이 많다. 그러다 보니 준법감시 업무에 집중하지 못할 때가 많다는 지적이 제기됐다.

현재 IT 관련 부서 인력처럼 준법감시 업무에 종사하는 인력 비중을 감독규정에 반영할 것으로 알려졌다. 또 준법감시인 업무에 대해 명확히 구분해 '자기점검'이 이뤄지지 않도록 할 방침이다.

자기점검이란 겸직하고 있는 업무를 스스로 점검함에 따른 이해관계 상충이 발생하는 것을 말한다.

준법감시인은 앞으로 사전 점검 기능을 강화하게 된다. 영업점에 대한 일상점검감사, 본부 점검 등 현재보다 다양한 분야에 걸쳐 감사 활동을 벌일 전망이다.

금융위는 이 같은 방향으로 내부통제를 강화하기로 하고 하반기에 본격적인 관련 법규 개정에 나설 계획이다.

매일경제신문. 2014.6.14.

금융기관에서 지속적으로 금융사고가 발생하자 금융위원장이 이례적으로 주요 금융회사의 준법감시인을 별도로 만나서 주의를 환기시키는 모임을 갖기도 하였다.

위의 정책 방향은 물론 충분히 이해할 수 있다. 집행임원은 집행임원이 아닌 직급에 비해서는 당연히 업무상에 무게가 실릴 것이다. 단, 집행임원제도가 도입되었어도 집행임원제도를 정관에서 제도적으로 도입한 기업은 거의 없는 것으로 이해한다.

chapter 24에도 기술되듯이 최근 도입되었고 아직 실체 자체가 명확하지 않은 준법지원인까지도 임기를 3년으로 보장되었기 때문에 준법감시인의 임기 보장은 때 늦은 감이 있다.

실질적으로 준법감시인이 기업 내의 다른 업무 부서와 비교하여 뚜렷하게 영업활동 등을 수행하는 것이 아니기 때문에 소비자보호, 민원업무 등의 다양한 업무를 담당하였던 것이 사실이다.

물론, 임기가 보장된다는 점은 큰 의미가 있지만 집행임원제도가 정식으로 도입된 기업이 아니라고 하면 집행임원은 그야말로 명목상의 임원에 그친다. 그럼에도 집행임원이라는 어느 정도의 신분적 지위를 보장해 준다는 것은 중요하다.

또한 조직 체계상 CEO 직속 기구로 만들면서 그 위상을 높인다는 점은 의미가 있지만 CEO까지도 감사하고 감시하여야 하는 감사가 또한 감사에게 보고하는 내부감사실 조직이 CEO와는 별도의 조직 체계를 가져가는 것에 비하면 CEO 직속으로 둔다는 것은 독립성 차원에서는 독립성을 확보하는 체계는 아니다. 단, 위상을 높여준다는 충분한 의미는 있다.

준법감시인의 업무가 감사기능과 중복되는 경우도 있으므로 CEO 직속보다는 감사 직속으로 조직 기구상에 두는 것도 한 대안이다.

금융공기업일 경우 감사에게는 이연성과급제도를 적용하고 있지만 준법감시인에게는 이연성과급제도를 적용하지 않는다. 이는 이들의 업무가 이연되면서 성과가 나타나는 성격이 아니기 때문이다. 이러한 차원에서는 감사도 동일하게 이연성과급제도가 맞지 않을 수도 있는데 정부의 가이드라인이 이와 같이 되어 있다.

분기간 이익 배분

chapter

23

대우조선 한진중 흑자, 마냥 기뻐할 수 없는 까닭은

국내 대형 조선소들은 올 1분기 초라한 성적표를 받았다. 세계 1위 현대중공업은 1,889억원의 영업손실을 기록하며 적자 전환했고, 삼성중공업은 분기 실적으로는 사상 최악인 3,625억원의 영업손실을 냈다. 이 회사들의 수익성 악화는 최근 2~3년간 저가로 수주한 물량이 실적에 반영된 탓이 크다. 이 회사들과 달리 대우조선해양과 한진중공업은 1분기에 806억원과 199억원의 영업이익을 각각 달성했다. 하지만 업계 관계자들은 이에 대해 "두 회사가 이익을 낸 것은 다른 회사보다 영업을 잘 하거나 뛰어나서가 아니다"고 말한다.

한 업계 관계자는 "현대중공업과 삼성중공업은 저가 수주 물량 등에 대한 손실 충당금을 1분기에 반영해 적자 폭이 커졌지만 대우조선해양은 최근 2년에 걸쳐 수천억원대의 손실충당금을 분산해 미리 반영한 결과, 1분기 실적이 상대적으로 좋게 보인 측면이 있다"고 했다. 대우조선해양도 무리한 수주를 한 것은 마찬가지라는 것이다.

한진중공업의 경우 노사 분규 여파로 2010년 하반기부터 3년 가까이 수주를 못했다. 업계 관계자는 "2010년부터 한진중공업이 적극 수주 활동을 했더라면 역시 저가 수주로 고스란히 그 피해를 입고 있을 것"이라고 말했다.

혹자는 세계 1위라고 자부하는 국내 조선소들이 외형 위주 성장 전략을 펴오다 최근 들어 안으로 곪은 부위가 터져 나왔다고 진단한다. 해양플랜트가 뜬다고 해서 설계 능력

등을 감안하지 않는 채 무리한 수주를 한 결과 실적 악화를 겪고 있다는 얘기다. 전형적인 외화내빈인 셈이다.

이에 대해 조선업계는 "중국과 일본의 조선사들은 자국 선사들과의 계약이 끊이지 않아 유리하다" "글로벌 조선 경기 침체 때문에 저가수주는 불가피하다"고 항변한다.

조선일보. 2014.5.16.

위의 신문기사는 손실충당금의 기간 배분과 관련된 내용을 담고 있다. 대변에 손실충당금을 인식할 때는 차변에는 손실을 인식하여야 하는데 손실을 언제 인식하는지에 따라서 매 분기의 업적이 달리 보고되는 것이다. 온기 (연차) 재무제표만이 주요한 재무제표가 아니므로 매 분기의 재무제표는 기간의 원칙에 따라 그 기간에 적합하도록 작성되어야 한다. 단, 분기 재무제표는 온기 재무제표가 아니므로 각 분기 내에서의 어느 정도의 금액의 배분은 회계기간이 변경되는 것에 비해서는 덜 심각한 문제라고 인식할 수 있다.

예를 들어 위의 신문 기사의 내용 중에서 2년간의 손실충당금을 배분하였다는 것은 수익비용의 원칙 또는 기간의 원칙에 어긋나는 실무관행이다. 이러한 내용이 대손충당금 등에 적용되는 내용이라고 해도 각 분기의 충당금은 그 분기에 인식되어야 할 손익, 즉, 당기손익과 연관되므로 정확히 계상되어야 한다.

이러한 내용은 자산 규모 5,000억원 이상 규모의 기업에 강제되는 분반기 재무제표의 검토가 모든 기업에 강제되지 않는다는 점과 또한 분기 재무제표가 감사의 인증 수준이 아니라 검토의 인증 수준이라는 점과 무관하지 않다. 분기 검토에 대해서는 분기 검토가 외감법에 의한 인증이 아니기 때문에 인증 자체도 적절하게 수행되지 않을 가능성이 높으며 재무제표와 또 그 인증에 미비한 점이 있더라도 이에 대한 조치도 쉽지 않다.

분기 재무제표가 잘못 공시되면서도 연차 재무제표만 적절하게 수행되면 문제가 되지 않는다고 기업들이 생각한다면 이는 매우 잘못된 생각이다. 특히나 단기로 주식을 투자하는 시장의 투자자들을 생각한다면 연차 재무제표보다도 분반기, 중간 재무제표가 더 중요할 수도 있다. 최대주주 이외의 평균적인 국내의 유가증권 기업의 주주가 1년에 평균 두 번 주식을 매각한다는 점을 기억하여야 한다.

준법지원인

chapter
24

상장사 '준법지원인제'로 혼란

올부터 자산 5천억 이상 기업도 포함
"가이드라인 거의 없고 인건비도 부담"

자산 규모 7,000억원대 유가증권시장 상장사 A사는 최근 사내 감사 역할을 하는 준법지원인 제도 도입을 두고 고민에 빠졌다.

참고할 만한 절차나 가이드라인이 거의 마련돼 있지 않아 새로 준비해야 하는 상황이기 때문이다. 게다가 기존의 감사와 준법지원인이 어떻게 다른지도 분명하지 않았다. 지난해까지 '자산 1조원 이상' 상장사에만 의무화된 준법지원인제가 올해부터 5,000억원 이상으로 확대돼 A사도 포함됐다. A사는 변호사를 새로 고용할 예정이지만 그 이후도 막막하다.

경제계에선 큰 논란이 됐던 준법지원인제 대상 기업이 올해부터 2배 가까이 늘어나면서 해당 상장사들 혼란이 가중되고 있다.

준법지원인제의 사내 활용 방안이나 역할 등이 명확하지 않은 것은 물론, 정부 측의 현황 파악마저 제대로 이뤄지지 않아서다.

2012년 개정된 상법 542조 13과 시행령은 올해부터 자산 5,000억원 이상 상장사가 준법통제기준 준수에 관한 업무를 담당하는 임기 3년의 준법지원인을 1명 이상 두도록 했다. 변호사 자격증이 있거나 사내에서 관련 업무를 5년(석사) 내지 10년(학사) 이상 한 사람만 준법지원인이 될 수 있다. 2012년 법개정을 앞두고 기업과 법조계 입장이 크게 엇갈린 바 있다.

상장회사협의회에 따르면 올해 준법지원인 도입 대상 기업은 132개사 늘어난 306개사다. 지난해부터 모두 174개사였다. 이전에는 주로 대기업이 적용대상이었다면 이번에 중견기업들이 대거 포함됐다. 코스닥 기업은 9개사에서 24개사가 추가됐다.

기준 자산 규모가 낮아지면서 해당 상장사들은 추가 비용과 가이드라인 미비에 대해 우려를 감추지 못하고 있다. 법무팀이 최소 인원만 있을 경우 새로 변호사를 고용해야 하는 것도 기업 처지에서는 부담이다.

일단 필요 인원만 갖추고 상황을 지켜보는 곳도 적지 않은 것으로 알려졌다. 상장협 관계자는 "대기업들은 법무팀을 활용해 대응할 수 있지만 중견기업으론 여건이 안 되는 곳이 적지 않다"며 "기업 문의가 많지만 상황이 다 달라 일관 기준이 없는 상황"이라고 전했다.

정부 관할 부처인 법무부는 제도 도입 2년이 됐음에도 현황 파악이 안 된 실정이다. 이 때문에 법무부 상사법무과는 지난 3월 '준법지원인제도와 준법경영 활성화 방안'을 위해 학계에 연구용역을 줬지만 결과가 나오려면 반년 이상 걸릴 전망이다.

다만 이 같은 움직임이 결국 규제 강화로 이어지는 것 아니냐는 우려에 대해서는 "아직 정해진 게 없다"는 입장이다. 현행 상법과 시행령 등에는 도입의무조항은 있지만 지키지 않았을 때 벌칙조항은 없다. 법무부 관계자는 "연구용역은 현황 파악 목적"이라며 "구체적인 방향은 그 이후에나 나올 것"이라고 설명했다.

한국경제신문. 2014.4.29.

준법지원인제도가 도입되었던 당시에는 이미 금융기관내에는 상법상의 감사 또는 감사위원회와 이 두 기능을 뒷받침하는 준법감시인이라는 제도가 존재하는데 이 이외에도 준법지원인제도는 어떠한 이유에서 시도되는 것인지에 대해서 상당한 정도의 논란이 있었다.

이미 감사기능과 준법감시 기능이 중복된다는 비판이 있어 왔다. 원칙적으로는 감사는 사후적인 조치이며 준법감시는 사전적인 예방으로 구분된다. 그러나 이는 원론적인 차원에서의 구분이고, 실질적으로 이를 구분하기는 쉽지 않다.

법무부가 제안한 제도라서 변호사들을 위해서 제도를 만든 것이라는 비판도 있었다. 우리는 무슨 문제가 있으면 기존의 제도를 활용하여 문제를 해결하려고 하기보다는 자꾸만 새로운 제도를 만들려고 한다. 이는 규제에 있어서도 동일하여 중복 규제의 문제가 초래된다.

　　문제가 발생하여 이를 제한하기 위해서는 규제를 만드는데 이렇게 여러 가지
형태의 문제를 모두 예방하려면 규제공화국이 되는 것이다. 규제를 하지 않으면
문제가 발생하므로 정부는 무엇을 하고 있느냐는 비판을 피하기 위해서 정부가 가
장 쉽게 할 수 있는 일은 규제를 하는 것이다.

국민연금 의결권 자문위원회

chapter

25

최근에 오면서 국민연금이 어느 정도 적극적으로 경영의사결정에 참여하여야 하는지가 큰 이슈가 되고 있다. 지분이라는 것은 자본주의에서는 바로 의결권을 의미하며 주주가 의결권을 행사하는 것은 너무도 당연하다.

단, 국민연금은 보건복지부 산하 기관으로 국민연금이 의결권을 적극적으로 행사한다 함은 정부가 민간기업의 경영활동에 개입하는 듯한 모습을 보이게 되어서 조심되는 부분도 있다.

경영의사결정에의 참여는 사외이사를 주도적으로 선임하는 적극적인 개입이 있고 상정된 안건에 대해서 의견을 표명하는 정도의 소극적인 참여로 구분할 수 있다.

이제까지 국민연금은 현대차, SK 등에 대해서는 전과가 있는 최대주주의 등기임원 선임에 반대하는 수준의 의결권을 행사해 왔다.

2014.5.8. 국민연금의 의결권 행사와 기업가치제고. 상장회사협의회 감사회 조찬 세미나
권종호 건국대학교 법학전문대학원 교수

사내이사의 경우 과도한 겸임은 문제가 된다.
의결권 행사 지침 개정

27조 객관적 사실에 근거하여 아래의 경우에는 이사 후보에 대하여 반대할 수 있다.

4. 지배주주의 명백한 주주가치 침해에 대하여 고의 또는 중대한 과실로 상법상 이사의 감독 의무를 게을리한 자.

명백한 주주 가치 침해에 대한 판단 기준

- 원칙적으로 법원 1심 판결시점이나 사실 관계가 명확한 경우에는 검찰 기소 시점
- 제한된 기간 동안(최소 3년) 적용함을 원칙으로 하고 사안별로 판단

10조 공시 및 제출

현재

10조 3. 제1항 2호의 규정에도 불구하고 기금운용본부는 의결권행사전문위원회가 결정한 의결권행사방향에 대하여 위원회가 주주가치를 높이기 위해 주주총회 개최전에 공개를 결정하는 경우 그 내용을 공개할 수 있다.

개정안

10조 3. 제1항 2호의 규정에도 불구하고 기금운용본부는 의결권 행사전문위원회가 결정한 의결권행사방향을 주주총회 전에 공개할 수 있다. 다만 전문위원회가 주주총회 전에 공개하지 아니하기로 결정한 경우에는 공개할 수 없다.

국민연금기금운용위원회 전체 20인 중 보건복지부장관, 각 부처 차관 및 단체장 등 8인이 정부측 인사로 구성되어 있다.

국민연금의 의결권 행사는 국민연금 기금운용위원회가 수립한 일종의 매뉴얼인 의결권행사지침에 따라 기금운용본부가 하고, 의결권행사전문위원회는 의결권 행사 지침에 따른 판단이 어려운 안건에 대해서 결정.

국민연금의 의결권행사는 기금운용본부가 하지만 공개된 지침에 의하거나 의결권행사전문위원회에서 결정한 방향에 따라서만 할 수 있음.

의결권행사 전문위 구성

정부 2인, 사용자단체 2인(전경련, 경영자총연맹), 근로자 단체 2인 (시민단체, 경실련), 지역가입자단체 2인(상경계열 교수, 법 전문가), 연구기관 1명 등으로 구성된다.

위의 내용은 기소시점의 사안에 대한 판단을 수행하고 있다. 기소시점에 해당 임원에 대해서 혐의를 인정하여 선임에 반대하여야 하는지 아니면 형이 사법부에서 확정되는 시점이 되어야 하는지에 대해서 제도권에서 여러 가지 다양한 해석이 있다. 특히, 이 건에 대해서 예를 들어 상장폐지 의사결정을 거래소가 내리는데, 상장폐지의 사유가 되었던 계류된 건의 확정 시점을 어느 시점으로 보아야 하는지 등의 경우에 중요하게 작용할 수 있다.

국민연금은 가장 영향력이 있는 기관투자자이기 때문에 이들이 수행하는 의

사결정은 다른 기관 투자자들의 의사결정에도 지대한 영향력을 미친다. 이슈는 과연 국민연금이 주총에 상정된 안건에 대해서 어떤 방향을 취했을 때 이를 공시하여 다른 투자자들의 의사결정에도 영향을 미치도록 할지의 의사결정이다. 개별 기관투자자가 별개의 의견을 형성할 것인데 이에 대해서 과도하게 한 기관의 의사결정이 영향을 미치는 것이 바람직하지 않다고 생각할 수도 있다. 공개하지 않는다고 해도 국민연금의 의사결정에 대한 보안이 지켜지기 힘들다고 하면 아예 이를 공개하는 것이 최선인 듯하다. 더더구나 의결권행사 전문위원회의 전문적인 판단에 근거한 의사결정을 굳이 국민연금의 주총에서의 의사결정에만 국한할 필요는 없다.

위의 개정안에도 명확하게 나타나지만 공개를 원칙으로 하고 있어서 국민연금의 의결권은 앞으로도 주식시장에서 leading opinion으로 작용할 것이다.

정부측 위원이 2인인 상황에서 정치적인 이슈에 대한 독립성이 확보될 수 있는지에 대해서는 고민하여야 한다. 예를 들어 공적자금위원회를 구성할 때는 민간위원이 한국공인회계사회, 은행연합회, 상공회의소, 사법부(법원행정처) 등에서 위원 추천을 받는데 이 경우 국회에서도 두명의 민간위원을 추천받게 되며 민간위원은 여당과 야당에서 한명씩 추천하게 된다.

방송통신위원회의 위원 구성의 경우도 여야에서 추천을 받게 된다. 이들 위원회의 의사결정이 정치적인 이슈에 의해서 영향을 받을 수 있기 때문이며 위원의 정치적인 성향도 고려하기 위함이다.

국민연금기금운영위원회의 구성에 있어서 정부 인사가 주된 위원이므로 정부가 주도적으로 국민연금의 운영을 책임지고 있다는 판단이 되며 정부 인사 이외의 인사들의 역할은 제한될 수밖에 없다.

위의 위원 구성을 보면 사용자 단체에서 추천한 위원은 당연히 친 기업의 입장을 취할 것이며, 근로자 단체에서 추천한 2인은 반기업적인 성향을 띨 가능성이 높다.

최광 "국민연금 운용본부 독립은 위험"

이사장 공개적으로 반대 표명… 논란 수면위로

최광 국민연금관리공단 이사장이 기금운용본부를 국민연금공단에서 분리해 투자전문회사로 독립시키는 방안에 반대의견을 공개적으로 밝히면서 기금운용본부의 독립 문제가 수면 위로 부상했다.

430조원에 이르는 국민연금 기금의 운용 효율성을 높이기 위해 운용을 담당하고 있는 기금운용본부를 국민연금공단에서 분리하는 방안이 정치권과 학계를 중심으로 꾸준히 제기돼 왔다. 이런 상황에서 최 이사장이 독립안에 대해 공개적으로 반대 입장을 표명하고 나서면서 주무부처인 보건복지부와 국민연금 사이에 긴장 기류가 형성되는 모습이다.

최이사장은 20일 서울 여의도 63빌딩에서 금융투자업계 최고경영자들을 대상으로 한 강연에서 "기금운용본부가 국민연금공단에서 독립해 운용하는 것은 굉장히 위험하고 논리상 맞지도 않다"며 "기금운용본부를 개편할 수 있겠지만, 완전히 독립된 기관을 만들어 운용을 맡기는 것은 전례가 없다"고 말했다.

그는 연금 조직에서 자산운용 부문이 성공적으로 독립된 사례로 꼽히는 캐나다 연금 운용위원회에 대해선 "캐나다는 연금 징수 및 지급 주체가 국가공무원들이라 기금 운용 조직의 독립이 불가피했다"고 설명했다. 국민연금 공단 인력의 경우 공무원 신분이 아니기 때문에 징수 지급 업무와 운용 업무를 모두 담당할 수 있다는 의미로 풀이된다.

매일경제신문. 2014.5.21.

국민연금이사장과 기금본부장이 연임의사 결정 및 국민연금운용본부 독립건과 관련된 이견 때문에 사퇴하는 수순을 밟게 된다.

국민연금, 기업배당 가이드라인 만든다

저배당기업 개별 통지 → 1년 뒤 개선 안 되면 공개 → 주주제안권행사

우선 총자산 대비 순이익(ROA), 총자본 대비 순이익(ROE) 등 20여 개 지표를 활용해 기계적으로 과소 배당기업을 선정한 후 개별 통지한다. 둘째, 과소 배당에 대한 기업의 해명을 듣는다. 셋째, 저배당 기업으로 분류된 기업들이 일정 기간 개선 가능성이 보이지 않을 경우 비공개중점감시기업(focus list)으로 지정한다. 넷째, 그래도 배당 관련 정책이 개선되지 않을 경우 공개로 전환하거나 국민연금이 직접 주주총회에 의안을 제안하는 주주제안권을 행사하도록 권고한다.

국민연금이 5% 이상 지분을 들고 있는 상장사는 삼성전자와 현재차 등 전체 상장사의 10분의 1이 넘는 277개사다.

매일경제신문. 2014.11.13.

주주제안권은 engagement(주주관여)의 한 종류이다.

이사회에서 배당의사결정하는 것으로 정관을 변경한 기업이 코스피는 50%, 코스닥은 75%에 달한다. 이러한 경우 국민연금이 배당의사결정에 대해서 주총에서 개입한다는 것이 현실적으로 어렵게 된다. 즉, 주총에서 의결권 행사가 불가하게 될 경우는 사외이사선임 등의 방법으로 적극적 경영활동의 수단밖에 남지 않게 될 수 있다.

자본시장법은 대량보유보고제도(5% rule) 임원 주요주주의 특정 증권 등 소유 상황 보고 제도 (10% rule), 단기매매차익반환제도에 대한 예외를 인정받기 위해서는 경영참여목적이 아닐 것을 요구하고 있는바, 배당 결정에 대한 참여 또한 경영 참여 목적으로 해석되므로, 배당요구가 사실상 금지되고 있다고 볼 수 있다.

국민연금 기금 운용 독립 복지부 소속으로 남는다

정부가 내년부터 국민연금 기금 운용 체계 개편을 본격적으로 추진한다, 기금운용본부는 공사 형태로 독립한 이후에도 현재처럼 복지부 산하 기관으로 남게 된다. 10일 기획재정부와 보건복지부 등에 따르면 정보는 이달 말 '2015년 경제정책 방향'에 국민연금 기금 운용 체계 개편을 추진한다는 내용을 담을 계획이다.

기금운용공사 설립은 총 투자금 457조원을 굴리는 국민연금 기금 운용 독립성과 전문성 강화가 절실하다는 정부 부처간 컨센서스에서 나온 것이다. 실제 최근 3년 국민연금 평균 수익률은 4.5%를 기록해 세계 6대 연기금 가운데 최하위에 머물렀다.

한편 내년에 기금운용 체계 개편 논의가 시작되면 기금운용공사 상위 의사결정기구인 기금운용위원회를 어떻게 구성하고 위원으로 누구를 뽑을지, 또 위원회를 상설화할지가 최우선적으로 논의될 전망이다.

매일경제신문. 2014.12.11.

동부건설

금감원, 동부건설 회계감리 검토. 재무제표에 동부 생명 496억 기재 안 해

금융감독원이 재무제표에 계열사에서 자금을 지원받은 사실을 기재하지 않은 혐의로 동부건설에 대한 감리 검토에 착수했다.

2일 금감원에 따르면 동부건설은 그룹 계열사인 동부생명에 대한 채무가 존재함에도 불구하고 1분기 연결검토보고 재무제표 주석에 이를 적시하지 않았다.

동부생명 1분기 연결검토보고서 재무제표 주석에 따르면 동부생명은 동부건설 회사채 494억 7,200만원과 기타 채권 1억 6,500만원을 보유하고 있다.

그러나 동부건설 1분기 연결검토보고서상에는 동부생명에 대한 채무가 전혀 없는 것으로 나타나 있다. 이 때문에 동부건설이 금융계열사인 동부생명을 지원한 사실을 숨기려고 한 것은 아닌지 의혹이 제기되고 있다.

동부생명은 지난달 10일 동부건설이 발행한 회사채 200억원을 매입하는 등 동부건설에 대한 지원을 최근까지 지속해 왔다. 보험업법상 자기자본 60% 또는 총자산 3% 가운데 적은 숫자를 한도로 보험사가 계열사 채권을 보유할 수 있기 때문에 동부생명이 동부건설 회사채를 매입한 것 자체가 불법은 아니다... 그러나 동부건설이 동부생명에 대한 채무를 재무제표에 기재하지 않은 것은 기업회계기준 특수 관계자 거래 기재 의무 위반에 해당될 수 있다.

중요성: 동부건설 전체 계열사 채무의 2배가 넘는 규모인데도 미반영

사전인지 여부: 공모 발행이라도 매수자가 계열사인지 알고 있었다면 채무관계 재무제
　　　　　표에 반영해야

매일경제신문. 2014.7.3.

　　특수관계자 거래, 지급보증 등은 주석사항이기는 하지만 부정과 관련될 수 있는 항목이므로 결코 소홀히 여겨서는 안 된다. 주석사항에 대한 내용은 양정기준에 있어서도 손익에 영향을 미치는 항목에 비해서는 경미한 조치를 받도록 되어 있지만 그 성격으로 보아서는 결코 경미하지 않은 경우가 많다.

증권신고서 정정

chapter
27

증권신고서 정정요구는 부실신호?

금감원 "49사 중 36곳이 한계기업"

금융감독원에서 증권신고서 정정 요구를 받은 기업들의 재무제표 건전성이 취약한 것으로 나타났다. 21일 금융감독원이 발표한 "2013년 증권신고서 심사 현황"에 따르면 지난해 증권신고서를 제출한 440건 가운데 60건(49개 기업)에 대해 금감원이 정정을 요구했다. 금감원의 정정 요구를 받은 기업 49곳의 재무현황을 분석한 결과 영업이익으로 이자비용을 감당하지 못하는 기업이 36곳이고 당기순손실을 기록한 기업이 35곳이었다. 당기순이익을 낸 14곳도 매출액 대비 순이익률이 2.9%에 그쳤다. 납입자본금이 전액 잠식되거나 부분 자본잠식 상태인 기업도 14곳이었다.

지난해 금감원으로부터 정정요구를 받은 대표적인 기업으로 동양, 금호산업, 동부제철 등이 꼽힌다. 지난해 9월 30일 법정관리를 신청한 (주)동양은 지난해 9월 26일 회사채 발행을 통해 650억원을 조달할 계획이었다.

그러나 금감원이 오리온의 지원 거부, 일부 계열사의 법정관리 가능성 등을 기재하지 않았다는 이유로 증권신고서 정정을 요구했다. 채권단 출자 전환 등 경영 정상화 방안을 추진 중이던 금호산업은 제주도 호텔 사업 관련 1심 패소 사실을 유상증자를 위한 증권신고서에 기재하지 않았다는 이유로 지난해 10월 정정 요구를 받았다.

매일경제신문. 2014.1.20.

회계에서의 우발채무, 충당부채 등의 공시에서도 그러하지만 1심의 패소 사실은 회계정보에 정확하게 보고되어야 한다. 이는 이 건이 상고과정 중에 있더라도 동일하다.

한계기업이라는 단어가 빈번하게 사용된다. 물론, 어디에도 정의되어 있는 개념은 아니지만 상당한 수준의 위험을 내포한 기업을 지칭한다. 예를 들어, 한계기업에게는 반기 재무제표에 대한 검토가 아니고 감사가 강제되어야 한다는 주장은 수년째 회계제도의 개선 제안이 있을 때마다 나오는 얘기이지만 한번도 신중하게 검토되었다고는 판단되지 않는 아이디어 차원의 얘기이다.

아마도 한계 기업에 대한 한국 거래소 차원에서의 경고를 보내는 것은 관리종목, 투자주의환기종목 등으로 지정하는 정도일 것이다. 그러나 관리종목이면서 투자주의환기 종목인 경우가 있으며 또한 관리종목이지만 투자유의환기종목이 아닌 경우도 있다. 이는 이러한 두 종류의 종목을 구분하는 기준에 차이가 있기 때문이다.

한계기업이라는 것이 개념적으로 정의할 수는 있어도 누가 한계기업인지에 대한 판단은 매우 주관적이라 어느 기관도 적극적으로 한계기업에 대한 정의를 수행할 수는 없으며 어떻게 보면 무척이나 부담되는 일이기도 하다.

이러한 한국 거래소 차원에서의 분류와 감사인이 '계속기업과 관련된 변형된 의견'으로 표명하는 감사의견은 그 궤를 같이 한다.

비상장법인 공시

chapter

28

"비상장법인도 공시 의무" 금감원, 적극 홍보키로

금융감독원이 공시 의무를 이행하지 않는 비상장사에 대해 주의를 촉구했다. 7일 금감원에 따르면 비상장법인이 공시 의무를 이행하지 않아 과징금 등 제재를 받는 사례가 늘고 있다. 금감원은 공인회계사회와 대한상공회의소에 비상장법인에 사업보고서 제출 의무를 안내하도록 하는 등 홍보를 강화하기로 했다.

매일경제신문. 2014.7.8.

자본시장과 금융투자업에 관한 법률
→ 금융위 제정 증권의 발행 및 공시 등에 관한 규정(속칭 "증발공" 규정)
→ 금감원장 제정 기업공시서식 작성기준 : 발행/정기/지분 공시 관련
주주수가 사업보고서 보고 기업을 정하는데도 사용된다. 주주수가 사업보고서 보고의 기준으로 사용된 이유는 관련된 이해 관계자가 많기 때문이다.

주주 500명 이상 외감법인 사업보고서 '비상'

자본시장법 범위 확대

자산 100억원 이상으로 주주수 500명 이상인 12월 결산 비상장사들에게 비상이 걸렸다. 앞으로는 오는 5월 15일 1분기 보고서를 시작으로 분반기나 사업연도가 끝나면 의무적으로 정기보고서를 내야 하기 때문이다.

10일 금융감독당국에 따르면 자본시장법 시행으로 사업보고서 대출 대상이 주주수 500명 이상으로 기업공개나 상장사와의 합병을 위해 금융위원회에 등록한 기업에서 주주 500명 이상 모든 외감법인으로 확대됐다.

자산총액 100억원 이상으로 의무적으로 외부감사를 받아야 하는 1만 5,000개 기업 중 주주수가 500명 이상인 곳은 앞으로 분반기 사업보고서를 정기적으로 제출해야 하는 의무가 생긴 것이다.

이데일리. 2009.3.10.

비상장기업이라도 주주수가 많다는 것은 이해 관계자가 많다는 것이므로 이 정책 취지를 이해할 수 있다.

공시형태의 변화

chapter

29

공시, 투자자 보호로 개편

투자자 의미 파악 쉽게

수시공시 서술형으로

정부가 상장 활성화를 위해 상장사 공시 부담을 줄여 주려던 기존 방침을 바꿔 투자자 관점에서 공시제도를 개편키로 했다. 투자 기업을 고를 때 도움되는 공시는 강화하고, 불필요한 공시는 없애는 방향이다.

금융위원회 관계자는 14일 "상장사 부담을 덜어 줄 목적으로 공시제도를 정비할 경우 투자자 보호에 문제가 생길 수 있어 '공시 합리화'로 방침을 바꿨다"고 말했다. 이어 "공시 부담을 완화해 줘도 상장을 꺼리는 기업이 기업공개에 나설 가능성이 높지 않다는 점도 감안했다"고 덧붙였다.

금융위는 증권사 등을 상대로 공시제도 개편 설문조사를 실시, 올해 안에 '신공시제도'를 마련하기로 했다.

금융투자업계에선 정보가치가 적어 주가에 미치는 영향이 작은 공시의 경우 상장사 자체 판단에 따라 공개 여부를 결정하는 '자율공시'로 완화될 것으로 예상하고 있다. 투자 판단에 큰 영향을 미칠 공시에 대해선 더 구체적으로 공개토록 기준이 강화될 것으로 보고 있다.

금융위는 또 수시공시의 형식을 현행 '도표형'에서 '서술형'으로 바꾸는 방안도 검토키로 했다. 도표형은 미리 짜 놓은 틀에 '빈칸 채워 넣기'식으로 공시해 투자자들이 공시의 의미를 제대로 파악하기 힘들다는 이유에서다.

한국경제신문. 2014.4.14.

도표형에서 서술형으로 변경하는 건에 대해서 기업들은 이를 반기지 않을 가능성이 높다. 정형화된 형식을 띠고 있어야 기업은 이를 더 편하게 접근할 수도 있을 것이다.

정보가치가 적어 주가에 미치는 영향이 작은 공시의 경우 상장사 자체 판단에 따라 공개 여부를 결정하는 '자율공시'로 완화한다는 정책은 맞는 방향의 정책인지에 대한 의문이 있다.

자율공시로 기업의 자율에 맡긴다는 결정은 자율권을 갖는 기업이 아무런 공시를 수행하지 않는 경우도 무방하다는 생각을 하고 있어야 하는데 자율공시에 해당되는 내용이 일부의 정보이용자가 투자의사결정시 반드시 필요로 하는 정보일 경우에는 정보의 누락이 발생할 수 있다. 공시에 있어서 기업에게 자율권을 준다는 정책방향은 매우 이상적으로 보일 수는 있어도 기업은 규제기관이 기대하는 만큼 자율적이지 않다는 것도 기억하여야 한다.

막장 '공시전쟁'

경영권 분쟁 참엔지니어링
"계열사 매각 결정 인정 못해"
전 대표 측, 이사회 결의 부인공시

상법 및 회사 정관을 위반해 진행한 이사회 결의를 인정할 수 없음.' 참 엔진니어링이 지난 24일 공시한 내용이다. 전날 이사회에서 계열사인 참저축은행을 매각하기로 결의한 것을 인정할 수 없다는 것이다. 전현직 대표간에 벌이고 있는 경영권 분쟁이 초래한 혼선이다.

공시는 각 기업의 담당자 중 한국거래소에 등록된 사람만이 보낼 수 있다. 경영권 분쟁 등이 발생한 경우에 공시 내용을 두고 혼란이 생기는 이유다. 참엔지니어링은 새로 취임한 한인수 대표 측이 공시담당자를 교체하지 못해 이사회 결의를 공시로 부인하는 소동이 일어났다. 해임된 대표가 임명했던 공시 담당자를 바꾸려면 인감이 필요하다. 그러나 해임 무효소송을 준비 중인 전임 대표가 인감을 갖고 있어 공시 담당자를 교체할 수 없는 상황이다.

역시 경영권 분쟁을 겪고 있는 신일산업도 공시를 놓고 한바탕 다툼을 벌였다. 신일산업은 지난 1일 적대적 인수를 추진하고 있는 윤대중 씨 측에서 현 대표이사 해임을 위한 임시주주총회를 열었고, 회사 측은 같은 날 다른 장소에서 따로 임시주총을 진행했다. 윤씨 측 주총에서는 대표 해임이 가결됐지만, 회사 측 주총에서는 부결됐다. 회사는 부결로 공시하려 했으나 윤씨 측의 항의와 한국거래소의 설득으로 결국 양쪽 상황을 함께 공시했다.

한국경제신문. 2014.12.29.

오락가락 공시에 피해보는 투자자들

유가증권시장 상장사인 참엔지니어링은 29일 전례 없는 공시를 냈다. 현 대표이사의 비리 혐의에 대한 3일 전 공시를 스스로 부인하는 내용이었다. 참엔지니어링 관계자는 "전 대표가 해임된 직후에 무단으로 공시를 내보냈다"며 "이와 관련해 민 형사상 법적 조치를 취할 것"이라고 말했다.

사건의 발단은 지난 9월로 거슬러 올라간다. 최대주주이자 당시 대표였던 한인수 씨가 일신상의 사유로 사임하면서 임원이면 최종욱 씨가 후임 대표이사로 취임했다. 최씨는 이후 '재직 시절 다수의 차명회사를 통해 횡령과 배임을 저질렀다'는 등의 이유로 한씨를 검찰에 고발했다. 이 과정에서 사내이사직을 유지하고 있던 한씨가 이사회를 열어 한씨를 해임했다.

하지만 최씨 측 공시 담당자까지 바꾸지는 못했다. 공시 담당자를 교체하기 위해선 한국거래소에서 법인인감을 날인해야 하는데, 인감을 최씨가 갖고 있었기 때문이었다. 이 사이 현 경영진이 아시회에서 결의한 계열사 매각을 다음날 회사가 '받아들일 수 없다'고 공시하는 일까지 벌어졌다.

결국 한씨 측이 "최씨 측으로부터 지난 26일 밤 넘겨받았다"며 29일 법인인감을 한국거래소에 제출해 공시 담당자가 한씨 측 인사로 교체됐다. 이런 복잡한 과정을 거쳐 앞서 최씨 측이 낸 현 대표의 비리 혐의에 관한 공시는 권한 없이 무단으로 내보내졌다는 재공시가 나온 것이다.

회사가 경영권 분쟁 속에 상반된 공시를 내면서 투자자들은 큰 혼란을 겪었다. 한국거래소가 중간에 "공시가 어느 한쪽의 일방적인 내용이 나가서는 안된다"며 내용의 균형을 주문하기는 했다. 증권업계에서는 이같은 대응은 미봉책이 될 수밖에 없다는 의견이 나온다. 근본적으로 분쟁을 벌이는 당사자들의 입장이 균형 있게 나갈 수 있는 제도적 시스템이 필요하다는 지적이다.

한국거래소는 이에 대해 "제도적인 해결은 한국거래소의 유연한 대응을 힘들게 할 수 있다"고 회의적인 태도를 보이고 있다. 그러나 회사 공시 담당자가 누구 편이냐에 따라 공시 내용이 180도 달라지는 현재의 시스템을 그대로 놔두기에는 투자자들이 감당해야 할 위험이 너무 커 보인다.

한국경제신문. 2014.12.30.

물론 경영권 분쟁으로 인해서 공시 자체가 매우 혼란스럽게 진행된 매우 특이한 사례이지만 공시 담당자가 지정되게 되어 있고 이 담당자가 공시를 책임지도록 되어 있기 때문에 이러한 사태를 시스템으로 방지하는 것 자체도 매우 어려울 듯하다. 거래소의 입장에서도 공시 담당자를 교체함에 있어서 법인인감을 필요로 한다는 제도를 변경하기도 어려울 것이다.

지속가능경영 보고서

chapter

30

비재무정보 공시 법제화해야

폼 폴먼 유니레버 최고경영자는 올해 실적 개선에 따른 상여금 외에 72만 달러의 추가 보너스를 받았다. 지역사회 삶의 질을 개선하고 소비자 건강 증진에 기여한 점 등 '지속가능 경영 성과'를 인정받았기 때문이다. 많은 글로벌 기업들이 CEO에 대한 주요 평가 요소로 재무적 성과와 함께 비재무적 성과를 꼽고 있다.

기업이 아무리 건전한 재무제표를 유지하더라도 돌발적으로 발생하는 사회적 위험을 관리하지 않으면 정상적인 경영에 차질을 빚을 수밖에 없다. 기업들이 협력사나 지역사회에 대한 역할이 강조되고 있고, 시민 단체들은 환경 사회적 이슈를 제기하고 있으며 사업장 안전 사고 발생 등으로 인한 생산 차질과 기업 평판 하락 등의 위험이 확대되고 있어서다.

중국 시민단체들이 애플 협력사의 실태를 고발하는 등 기업이 사회 환경적인 변수를 제대로 관리하지 못해 명성에 치명적인 오점을 남기거나 재무 실적이 하락한 실례가 잇따르고 있다. 기업 비재무성과 관리의 중요성이 높아지고 있는 것이다.

이런 추세를 반영해 지난 4월 유럽 의회는 일정 규모 기업(500인 이상의 상장기업, 금융기관 등)에 환경 사회적 정보공시를 의무화하는 지침을 채택했다. 국내에서도 비재무성과를 사업보고서 내에 공개하도록 하는 법안이 발의되어 논의 중이다.

비재무정보의 공개 범위도 확대할 필요가 있다. 재무정보의 경우 연결재무제표를 작성해 공시하고 있지만 비재무정보는 상당수 기업들이 해외 사업장과 자회사를 누락한다. 사회 환경적 위험은 오히려 개발도상국에 위치한 해외 사업장에서 나타나는 경우가 많기 때문에 비재무성과의 공시 범위도 재무정보 공시 범위에 준해서 관리체계를 확립하는 방안을 진지하게 고민해야 한다.

한국경제신문. 2014.7.21.

최근에 와서 특히나 이러한 보고서의 영역에 많은 관심을 갖게 된다. 이는 순수히 회계의 영역이 아니라 환경, 경영관리, 기업지배구조 등 회계에서 우리에게 익숙하고 정형화되어 있는 형태의 공시가 아닌 영역에 까지 지속가능 경영보고서가 확대되어 가고 있다. management 등 경영의 모든 영역이 공시의 대상일 수 있다. 따라서 이러한 보고서에 과연 실체가 있는지에서부터 이러한 보고서에 대한 인증(assurance)은 어느 수준이어야 하는지 등에 대한 여러 가지 이슈가 해결되어야 한다. 또한 정확하지 않은 정보가 전달된다고 하면 이러한 부분은 어떻게 통제가 되어야 하는지에 대한 고민도 수행되어야 한다.

현재의 이 보고서에 대한 인증은 검증이라는 표현이 사용되며 회계법인도 이 assurance를 수행하지만, 그 회계법인 이외의 기관에서도 이러한 인증을 하고 있다.

작성기준은 대체적으로 Global Reporting Initiative에서 제공하는 가이드라인을 따르고 있다.(우리나라의 경우 2012, 2013년도의 GRI G3.1를 기준으로 작성)

- 검증(assurance)기준은 AA1000AS,* GRI의 기준, ISO 26000을 사용하고 있다.
- 검증기관은 기업에 따라서 차이가 있다.
  즉, 한국생산성본부, 산업정책연구원, 한국표준협회, 언스트앤영 한영회계법인, PwC, BSI Group Korea, 대한상공회의소 지속가능경영원 등이 검증에 참여하고 있다.
- BIG4 회계법인이 지속가능성 보고서에 대한 외부 검증인으로 참여하고 있는 기업은 삼성전자(PwC), 포스코(E&Y), 아모레퍼시픽(E&Y), 현대자동차(삼정KPMG) 등이 있다.

---

* 기업의 비재무적 성과평가 국제검증 표준으로, 기업의 사회·환경 및 경제성과 보고프로세스에 대한 검증을 위해 중요성(Materiality), 포괄성(Inclusivity), 대응성(Responsiveness)을 중심으로 구성

190 금융시장에서의 회계의 역할과 적용

다음은 한영회계법인의 2012년도 포스코에 대한 지속가능보고서에 대한 검증보고서 내용이다.

> **외부 검증인의 검증보고서**
>
> **특기사항**
>
> 다음은 본 검증인의 결론에는 영향을 미치지 아니하나, 검증과정에서 향후 향상된 포스코의 지속가능경영 보고를 위해 중요하다고 판단되는 사항입니다.
>
> 경제성과보고와 같이 환경 및 사회 성과 보고의 경우도 연결기준으로 공시하는 것이 최근 지속가능경영성과 보고의 중요 트렌드 중에 하나입니다. 비재무 성과 데이터의 보고 범위를 해외 사업장을 포함한 연결 대상에 있는 주요 회사들의 성과까지 포함하여 공개할 수 있도록 적극적으로 대응하는 것이 필요한 시점입니다.
>
> 포스코는 포스코의 사회책임경영 뿐만이 아니라, 포스코 패밀리사의 지속가능경영 및 사회책임경영 활동이 이해관계자들에게 인지되고 인정받을 수 있도록 더욱 노력할 필요가 있습니다.
>
> 포스코의 지속적인 성장을 고려하면 포스코의 사회책임경영에 대한 이해관계자들의 관심은 더욱 증대될 것입니다. 보다 적극적인 이해관계자 communication 활동이 필요합니다.
>
> **독립성**
>
> 본 검증인은 IFAC(International Federation of Accountants)의 윤리 헌장을 준수하였습니다.
>
> **수행업무팀**
>
> 본 검증업무팀은 지속가능경영분야에서 전문역량과 다년간 검증 경험을 보유한 전문가들로 구성되어 검증업무를 수행하였습니다.
>
> 2013년 5월
>
> 언스트영 한영회계법인
>
> 대표이사 권승화

위의 내용에서 '본 검증인은 IFAC의 윤리 헌장을 준수하였습니다'는 검증인이 회계법인이기 때문에 포함된 문구로 이해된다. 모든 회계법인은 회계법인으로서 준수하여야 할 윤리 규정 등이 존재하므로 이러한 범주 안에서 검증 업무가 수행되었다는 것을 밝히고 있다.

재무제표에 대한 회계감사에 있어서도 적정 이외의 의견이 표명될 가능성이 매우 낮지만 지속가능보고서에 대해서도 적정 이외의 의견이 표명될 가능성은 거

의 없을 것이다. 따라서 지속가능보고서에 대한 인증이라는 것이 과연 어떠한
value가 있는지에 대한 의문이 있다.

회계법인 조치의 실효성 제고 방안

감독기관은 회계부정에 대해서 기업, 감사인과 개인 공인회계사에게 조치를
수행하게 된다. 감독원은 현행의 조치 정책에서 다음 방향으로의 변경을 모색하고
있다.

외감법상 부실감사에 대한 '회계법인 과징금 제도'를 도입하고 개인에 대한
전가(구상권)은 엄격히 제한하기로 했다. 이는 감독기관이 법인에 대해서 과징금을
징구하는 경우 회계법인이 이를 개인에게 전가하여 개인의 책임을 묻는 업계에서
의 관행을 중단하려는 정책의지를 보이는 것이다. 즉, 법인이 책임질 부분과 개인
이 책임질 부분을 명확하게 구분하겠다는 의지이다.

감독기관의 차원에서 법인과 개인의 잘잘못을 구분하여 조치를 취했는데 이
를 법인 차원에서 개인에게 청구한다는 것은 옳지 않다.

단, 감독기관이 이러한 방침을 정하더라도 법인 차원에서 개인에게 과징금을
청구하는 것을 막는다는 것은 제도권밖에 있다고도 할 수 있으며 과거에도 중소회
계법인에서는 이러한 관행이 있었던 법인도 있다.

개인은 감사담당이사만 조치하고 그 외는 회계법인 자체 조치 일임한다는 정
책방향도 갖는다. 이러할 경우, 회계법인이 자체 조치를 수행하였는지에 대한 확
인을 감독기관이 수행하여야 한다. 이는 품질관리감리 등의 과정에서 확인할 수는
있겠지만 감독기관의 조치와 회계법인의 자체 조치간에는 그 무게감에서 차이가

있을 수 있으며 회계법인의 자체적인 조치가 완벽하게 수행되는지를 100% 확실하게 통제할 수는 없을 것이다.

회계법인 경영진에게 감독책임를 부과하는 정책 방향도 갖고 있다. 감사담당이사(주책임자)에 대한 '직무정지 건의' 등 중조치 부과시 감독소홀여부에 따라 대표 이사도 감독책임에 따른 조치 부과하려는 것이다.

현재의 감독기관의 안에 의하면 감독소홀여부는 적정 감사인력 및 감사시간 투입 여부, 내부통제절차 준수에 대한 관리감독 등으로 판단하도록 되어 있는데 적정 감사인력, 감사시간 투입 여부 등이 모두 주관적인 판단의 영역이라서 감독 소홀에 대한 판단도 용이하지만은 않은 이슈이다. 적정 감사인력, 감사시간에 대한 기준이 존재하여야 이 제도를 강제할 수 있다. 이러한 객관적인 수치를 합리적으로 제시한다는 것이 어려운데 이를 이용한 정책적인 판단은 어느 정도 현실성이 있을지 의문이 있다.

한공회 차원에서 최근에 제시한 적정감사시간이 어떤 표준이라기보다는 가이드라인수준이므로 이러한 시간이 투입되지 않았다고 해서 적절한 감사가 수행되지 않았다고 결론을 지을 수 없다.

2005년 이전에는 분식회계에 대한 주된 책임자는 계정 담당자로, 담당 이사는 종된 책임자로 제재를 수행하기도 하였으나 이러한 책임이 2005년 6월 29일 조치양정기준이 개정되면서 담당 이사가 조치 수준에 관계 없이 주된 책임자로, 하부 직급자는 보조 책임자로 주된 책임자보다도 한 단계 낮은 조치를 받는 것으로 조정되었다. 담당이사가 주된 책임자가 되면서 통제의 책임에 대한 부분이 강화되었다고 할 수 있다. 또한 이 부분은 업무의 숙련도에 의한 책임일 수도 있다.

위와 같은 정책 방향의 변화로 부실감사에 대해서 책임을 지는 주체가 지속적으로 bottom up의 방향으로 나아가고 있다.

이는 통제의 책임을 강조하는 것인데 일면 이해가 가는 부분도 있다. 단, 정책적인 의사결정자의 역할 자체가 중요하다는 방향이지만 동시에 field work이 중요하다는 관점에서는 오히려 부실감사에 대한 책임이 top에서 bottom으로 가야 하는 것은 아닌지에 대한 고민을 해 보아야 한다.

물론, 이에는 field에서 부정이 발견되었는데 윗선에서 이를 정무적인 판단에 의해서 묵과하고 덮었는지, 아니면 아예 field에서 근본적으로 부정회계가 발견되지 않았던 것인지에 따라서 조치가 달라져야 한다고도 생각할 수 있지만 이를 구분해 다른 조치를 취한다는 것은 무척이나 어려운 일이다.

　동시에 감사 품질을 독립성과 전문성의 교집합이라고 할 때, 독립성은 회계법인의 본부장이나 본부차원에서 더 정치적인 혹은 정무적인 의사결정을 수행할 것으로 판단되며, 실무차원에서는 독립성보다는 업무의 전문성이 더 중요하다고 할 수 있다. 수년 전 영업정지 처분을 받았던 회계법인의 경우도 회계감사 업무에 법인차원에서 조직적으로 개입하였기 때문에 영업정지라는 극약 처분을 받았고 궁극적으로는 법인의 해체에까지 이르게 되었다.

　물론, 부실감사의 원인이 독립성의 훼손에 기초한다면 정책적인 판단을 수행하는 management에 있는 담담 파트너나 대표이사가 정무적인 판단을 수행하였기 때문에 이에 대한 책임을 물어야 한다고 주장하면 이러한 정책방향이 타당한 정책 방향이기는 하지만 고민할 사안이다.

　이는 감사보고서에도 누가 서명을 하여야 하는지 등과 관련된 업무의 책임과 관련된 부분이며 매우 심층적인 고민과 분석이 선행되어야 한다.

　또한 수년 전까지는 품질관리실장(과거의 심리실장)도 분식회계에 대해서 책임을 지도록 하다가 수많은 건에 대해서 심리업무를 수행하는 심리담당이사에게 이러한 책임을 묻는 것이 너무 과도하다는 정책적인 판단에 의해서 심리담당 임원은 조치에서 빠지는 것으로 수정되었다. 현 시점에 다시 한번 management가 중요한지 현장이 중요한지에 대한 심각한 고민이 있은 후에 정책 방향을 정해야 한다.

　심리이사에게 책임을 지우지 않는 정책은, 감사당당 파트너와 심리 담당 파트너는 동일한 수준의 책임을 질 수 없다는 정책 판단뿐만 아니라 품질관리실 담당 임원들은 많은 건에 대해서 책임을 져야 하는 것으로 귀착될 수 있다. 많은 수의 감사가 진행되면 불가피하게 부실 감사를 수행하는 경우가 발생하는데 이 모든 책임을 심리담당자에게 지우는 것도 과도한 정책 방향이라는 판단에서였다.

　예를 들면 택시기사의 경우는 종일 택시를 운전하므로 교통법규를 위반할 가능성이 일반 운전자들보다 높기 때문에 벌점에 의한 면허 정지 등을 정함에 있어서도 운전 시간이 많다는 점이 고려되어야 한다는 등의 접근이다. 운전시간에 무관하게 교통법규는 당연히 지켜야 한다는 논리에 의하면 면허 정지를 결정하는 벌점은 자가 운전자와 택시 기사간에 동일하여야 한다.

　책임을 질 자가 당연히 책임을 져야 하지만 어느 선까지 책임을 져야 하는지는 비단 회계법인내에서의 책임의 이슈에 국한된 논의는 아니다.

로펌 자문 받아와라

"로펌 자문 받아와라" 유권해석 꺼리는 금융당국

금융위 금감원 보신주의도 문제

'면피성 행정에 속 터지는 금융사

A은행 인사부는 임직원 인사철만 되면 골치가 아프다. 징계 규정에 모호한 부분이 있어서 금융당국에 해석을 요청하면 면박당하기 일쑤기 때문이다. 징계를 받은 임직원을 임기까지는 채워도 되는지, 다른 부서로 옮겨도 되는지 등에 대한 해석을 받고 싶지만 속시원하게 답을 안 해준다. 금융당국 관계자는 "알아서 하세요"라는 대답만 되풀이하다가 "그러면 정식 문서로 해석을 요청해도 되겠느냐"고 물으면 "보내지 말라"고 말을 끊어버려 더욱 답답하기만 하다.

D 금융지주 임원은 "중요한 의사결정을 해야 할 때는 대형 로펌 2~3곳에 요청해 법률 자문을 받아서 문서로 보관한다"고 설명했다. 그는 "비용은 당연히 많이 들지만 이게 속도도 빠르다"며 "규제 완화도 좋지만 당국에서 유권해석만 잘해줘도 업무 효율성이 크게 좋아질 것같다"고 덧붙였다.

외국계 증권사 한 임원은 "업계 모임에 가서 유권해석 때문에 매년 로펌에 지출하는 비용을 우리끼리 합쳐봤더니 100억원에 달하더라"며 "금융당국에 있는 변호사나 전문가들이 좀 더 적극적으로 해석만 해줘도 이런 비용은 줄어들 수 있을 텐데 안타깝다"고 말했다. 현재 금융위에는 회계사 · 변호사가 11명이 있고, 금감원에는 변호사 91명, 회계사

330명을 보유하고 있다. 마음만 먹으면 쉽게 유권해석을 해 줄 수 있는데도 책임지기 싫어하는 금융당국의 복지부동에 비판 목소리가 높다.

E은행 준법감시팀장은 "금융위든 감독원이든 규정이나 법령해석을 요청하면 절대 서면으로 답해주지 않고 구두로만 한다"며 "그것도 법령을 읽어주는 수준으로, 원칙은 이러니까 알아서 하라는 식"이라고 말했다. 그는 서면으로 받으려고 하면 "당장 급하니까 어쩔 수 없이 법률회사에 자문을 구하게 된다"고 덧붙였다.

이 때문에 금융회사들 사이에선 금융위나 금감원 유권해석을 받아 오는 것 자체를 담당자 능력으로 평가할 정도이다. 모 시중 은행 임원은 "은행장한테 보고할 때마다 '금감원에 문의한 거지?' 또는 '금융위 해석 받은 거지?'를 매번 묻는다"며 "아직 답변을 못받았다고 하면 그것 하나 제대로 못 받아오느냐고 면박당하기 십상"이라고 토로했다.

2014.8.14. 매일경제신문

물론, 공무원이나 금감원의 고충도 충분히 이해할 수 있다. 금융위 공정시장과에 한두 명의 회계사 공무원이 있지만 이들이 전체 자본시장과 관련된 조치와 회계관련 법안을 모두 준비하고 있어서 인력이 턱없이 부족하다. 이들에게 각 개별 기업의 회계처리와 관련된 의견을 요청한다면 신속하게 답을 받기를 기대하기는 무척 어려울 것이다. 적어도 한명은 증권선물위원회를 지원해야 하며, 또 적어도 한명은 정부 입법 발의 업무를 수행하여야 한다.

법무법인의 자문을 받았다고 나중에 면책을 받을 수 있는 것은 물론 아니지만 적어도 safety net은 될 수 있으며 조치의 경감 등을 받을 경우에 고려의 대상이 될 수도 있을 것이다.

보신주의 없애려 10년 전 도입했지만 '사전면죄부'(비조치의견서)제도 유명무실

13년간 고작 12건 처리
"금융당국 보신주의가 원인"

A은행 재무담당 부장은 최근 금융당국에 공문을 보내 회계처리와 관련해 문의를 했다가 깜짝 놀랐다. 공문 발송을 철회하라는 연락을 받아서다. 국제회계기준에 따라 장부를 기재하는 과정에서 은행 판단에 대한 위법 또는 위규 여부를 묻고, 이에 대한 확인을 요청했지만 거절당했다. 금융당국은 대신 "알아서 판단하라"는 대답과 함께 '비조치의견

서'를 줄 수 없으니 질의공문도 철회하라는 요구까지 했다.

A은행처럼 금융회사 임직원이 신규 영업이나 신상품 개발 과정에서 법령 또는 규정 위반 여부에 대한 사전심사를 요청하면, 금융당국이 이를 확인해 주는 '비조치의견서(no action letter) 제도'가 도입된지 10년이 넘었지만 유명무실한 상태인 것으로 파악됐다.

비조치의견서 제도란 금융회사 등이 특정 행위가 법규에 위반되는지에 대해 금융당국이 심사를 청구하면, 금융당국이 회신해 주는 제도다. 검토 결과 문제가 없으면 나중에 제재 등 법적인 문제 제기를 하지 않겠다는 일종의 '사전 면죄부'를 주는 것이다.

금융당국은 금융회사들이 나중에 제재를 우려해 신규사업이나 자금 지원 등을 꺼리는 '보신주의'를 막기 위해 2001년 증권분야에 이 제도를 처음으로 도입했다.

2005년에 전 금융권역으로 제도를 확대한 후 2006년엔 전자문서 접수 등 활성화 대책도 내놨지만 지금까지 이용 실적은 거의 없는 것으로 나타났다.

한국경제신문이 확인해본 결과 금융사들이 금융당국에 비조치의견서를 요청해 회신을 받은 사례는 지난 14년간 고작 12건에 불과했다. 수많은 요청에도 불구하고 1년에 채 한 건도 의견서를 내 주지 않은 셈이다. 한 시중은행 부행장은 "요즘엔 신상품 판매나 회계기준 등과 관련해 금융당국에 비조치의견서를 요청하면 오히려 이상한 사람으로 취급받을 정도"라고 말했다.

비조치의견서가 유명무실해진 이유는 절차의 복잡성과 홍보 부족 등이 꼽힌다. 한 카드사 사장은 "금융당국이 제도 활성화 자체를 원하지 않는 분위기"라며 "막상 요청하더라도 청구인의 인적사항 및 내용 등이 기재된 자료를 금융민원통합센터에 올리고 나면 추가 자료를 요청하는 경우가 많아 답을 기다리는 데만 몇 달씩 걸리기 일쑤"라고 꼬집었다.

금융회사 임직원들에게 '보증수표'를 내줬다가 나중에 부실이나 사고가 생기면 금융당국이 이를 책임져야 한다는 부담감 탓에 제도를 외면한 측면도 있다. 금융당국 관계자는 "비조치의견서를 내줬다가 문제가 발생할 경우 감사원 감사를 통해 지적받게 돼 이를 실행하기 쉽지 않은 게 사실"이라고 털어놨다.

한국경제. 2014.8.20.

감독기관의 고민은 항상 사전적인 예방(pre-clearance)인지 아니면 사후적인 조치인지에 있다. 이상적으로는 사전 예방으로 정책이 가야 한다는 데 있어서는 이견이 없지만 계속적으로 금융사고가 발생하고 있어서 사전 예방만을 고집할 수도 없으므로 사후조치를 취하지 않을 수도 없다. 따라서 금융당국의 인적인/시간적인 한계 때문에 사후조치로 정책이 갈 수밖에 없을 것이다.

감사보고서 감리보다 품질관리감리가 최근에 오면서 더 중요시 되는 정책취지도 사전예방이 더 중요하다는 방향성이다. 단, 품질관리감리는 감사보고서 감리에 비해서는 감독기관이 뭔가 감독활동을 하고 있다는 차원에서 덜 가시적일 수 있다.

사전 예방의 정책 차원은 재무제표에 대한 인증 이전에 내부회계관리제도에 대한 인증을 수행하는 것과도 궤를 같이 한다고 할 수 있다.

주식시장은 크게 봐서 사모 시장과 공모 시장으로 나눌 수 있다. 사모시장은 전문가들, 즉 프로들의 세계이므로 이 시장에는 선량한 투자자들을 보호해 줄 필요가 거의 없고 시장 mechanism에 의해서 시장이 움직이면 된다. 공모시장의 경우는 투자자 보호가 반드시 필요한 시장이며 선량한 투자자가 피해를 보지 않도록 보호해 주어야 한다.

금융기관 '구두' 행정지도 없어진다

금융위, 문서로만 하기로 "감독 효율 저하" 우려도

금융당국이 금융회사에 행정지도를 할 때는 경미한 사안이라도 무조건 문서를 통해 진행하기로 했다. 행정지도에 앞서 20일 이상 금융사의 의견을 청취하거나 1회 이상 공청회를 열도록 하는 내용도 검토하고 있다.

12일 금융권에 따르면 금융위원회는 지난 7월 발표한 금유규제개혁 방안의 하나로 '행정지도 운영 규칙' 개선안을 마련해 금융감독원과 협의 중이다. 개선안에는 감독원이 행정지도할 때 내용과 상관없이 금융위와 사전 협의하도록 하고 구두로는 가벼운 일도 행정지도할 수 없도록 하는 내용이 담겨 있다.

또한 금융위는 법령이나 규정에 반영할 수 없는 행정지도는 연장할 수 없도록 할 예정이다. 금융위는 행정 지도 할 때 20일 이상 금융사의 의견을 받거나 한번 이상 공청회를 열도록 하는 방안도 추진할 계획으로 알려졌다.

금융위 관계자는 "금융권 보신주의 이면에는 금융당국의 과도한 행정지도가 법규 위반 사항이 아닌데도 각종 영업활동에 제약을 준 영향도 있다"며 "구두지시 등의 부작용을 막고 행정지도의 투명성과 절차적 정당성을 확보하기 위해 행정지도 운영 규칙을 개선키로 했다"고 말했다.

이에 대해 금감원은 취지에는 공감한다면서도 감독업무 효율성 저하 등을 이유로 우려의 목소리를 내고 있다. 금감원 관계자는 "소비자 권익 등을 위해 즉각적인 조치가 필요할 때조차 금융사에 20일 이상 의견 청취 기간을 주는 것은 아무리 규제개혁 차원이라고 해도 지나친 측면이 있다"며 "시장 상황에 신축적으로 대응할 수 있도록 예외 적용 등을 확대해야 한다"고 말했다.

금감원 일각에서는 금융위가 규제 개혁을 이유로 금감원의 감사, 감독원에 대한 통제력을 높이려는 의도라는 주장도 나오고 있다.

금감원의 또 다른 관계자는 "금융위는 감독당국에 위탁해온 검사 감독권을 직접 행사하려는 움직임을 지속적으로 보여 왔다"며 "행정지도 최소화에 대한 취지에는 공감하지만 다른 배경이 있는 게 아닌지 솔직히 걱정된다"고 말했다. 금융위 관계자는 "행정지도 개선안은 금감원과 완전히 협의를 마친 후에 시행할 예정이며 현재 확정된 시안은 없다"고 말했다.

한국경제신문. 2014.10.13.

이러한 금융위의 정책 방향은 금융 감독을 무척이나 경직화하게 만들 수 있는 소지가 있다. 이 모든 것이 과도한 bureaucracy의 결과라고도 할 수 있다.

기업회계 기준을 적용하는 경우도 감독원이나 기준원의 유권해석을 받으려 한다. 유권해석이 어느 정도의 법적 구속력이 있는지에 대해서도 이슈가 되며 동시에 그렇기 때문에 감독기관에서는 책임을 질 수 있는 문헌을 피감기업에 주는 것을 가능하면 피하려 한다.

기준의 hierarchy에서도 어디까지가 기준인지에 대한 내용이 있다.

금융당국 늑장 유권해석 없앤다

민원포탈 만들어 서면 답변… 진행 상황 문자 이메일로 수시 공지

금융 보신주의를 깨자

"유권해석을 신청하면 상당수는 '적절히 알아서 판단하라'는 답변이 돌아오곤 했다." (A은행 준법감시인)

"명확한 유권해석을 받기 위해서는 금융 당국 담당자의 이력이나 성향을 사전에 파악하는 것이 무엇보다 중요하다" (B은행 준법감시인)

지난 9월 시중은행 준법감시인들은 금융위원회와의 간담회 자리에서 금융위의 유권해석 태도에 대한 불만을 표출했다. 불성실하고 모호한 해석으로 금융사의 혼란만 가중시킨다는 지적이었다.

금융위는 21일 금융혁신위원회를 개최하고 이 같은 현장의 목소리를 반영해 유권해석을 서면으로 명확히 내려주기 위한 '비조치의견서(no action letter) 등 유권해석 제도 개선방안'을 마련했다. 애매모호한 유권해석으로 금융기관의 의사결정을 늦추고 혼란에 빠뜨리던 금융당국의 관행을 줄이겠다는 방침이다.

개선 방안 핵심은 유권해석 절차를 체계적으로 관리하고 책임 소재를 가려서 금융사 요청에 명확한 유권해석을 내려주는데 있다. 이를 위해 유권해석 요청을 일괄 처리하는 '금융규제 민원 포탈'을 신설하기로 했다. 새로운 금융상품 개발, 새로운 사업 영역 진출 시 제재 가능성 여부 등을 판별해주는 '비조치의견서'도 해당 포털에서 일괄적으로 신청이 가능하다. 민원 포털을 통해 요청받은 유권해석은 14일 (비조치의견서는 30일) 내로 답변이 이뤄지도록 조치했다. 진행 상황은 이메일이나 문자 메시지로 공지되며 온라인에서도 확인할 수 있다.

시중은행 관계자는 "금융당국의 유권해석 기피는 금융당국의 보신주의를 보여주는 전형적인 사례였다"며 "이번 방안으로 금융당국도 변화하고 있다는 모습을 보여준 게 의미가 있다"고 밝혔다.

비조치의견서는 2005년부터 실시하고 있다. 하지만 해당 제도에 대해 금융사조차 제대로 인식하지 못하고 있다. 이로 인해 지난해 비조치의견서 운영 실적은 한 건에 불과했다.

금융위 관계자는 "유권해석은 사실 관계 적용 여부만을 판단해 주지만 비조치의견서는 제재 여부에 대한 의사결정에 대해 공식 해석을 내려준다"며 "금융사가 비조치의견서를 적극 활용할 필요가 있다"고 밝혔다.

유권해석의 원인이 되는 사실 관계나 쟁점이 복잡한 경우 등이 발생했을 때는 금융위원장 소속의 '유권해석 심의위원회'에서 검토가 이뤄진다. 위원회는 위원장과 외부 전문가들이 포함된 9명으로 구성된다.

유권해석과 비조치의견서를 활성화하기 위해 금융당국 담당자의 책임도 강화했다. 금융위는 유권해석 비조치의견서 운영 현황을 매년 점검하기로 했다. 금융당국의 소극적인 답변 행태를 개선하기 위한 금융당국의 유권해석 활성화 방안은 계획보다 실천이 중요하다며 성과를 지속적으로 점검할 예정이라고 밝혔다.

이날 금융혁신위는 은행 혁신성 평가제도를 오는 29일 열리는 회의에서 최종 확정하기로 결정했다. 기술금융, 보수적 관행 개선 등을 평가하는 혁신성 평가제도는 올해 하반기 실적부터 적용할 계획이다.

매일경제신문. 2014.10.22.

결산기 조정

33

최종학(숫자로 경영하라 2, 2012, 원앤북스, p. 190)

골드만 삭스는 회계연도를 변경해 일부 손실이 2009년도 장부에 반영하지 않도록 했다. 원래 골드만 삭스의 회계연도는 12월부터 시작한다(11월 결산). 즉 2008 회계연도는 2007년 12월에 시작해 2008년 11월에 끝나고, 2008년 12월부터는 2009 회계연도가 시작된다. 그런데 골드만 삭스는 2009년 회계연도부터 회계기간을 변경해, 2009년 회계연도의 시작일을 2009년 1월로 만들었다(12월 결산). 즉 2008년 12월 한달이 2008 회계연도와 2009 회계연도 어느 쪽에도 속하지 않도록 빼버린 셈이다. 이 미아가 된 2008년 12월 한달 동안 골드만삭스는 무려 13억 달러의 세전 손실을 기록했다. 물론 이런 사실은 2009년 1분기 보고서에 주석사항으로 자세히 공시되어 있다. 또 회계기간을 바꾸는 일도 합법이긴 하다. 그런데 대부분의 투자자들이 주석사항은 고사하고 분기나 연차보고서 자체를 읽지 않으니 이런 내용에 대해서는 잘 알지 못한다.

물론, 결산기가 변경되면서 우리나라에서 발생할 수 있는 대부분의 경우는 2013년에 발생한 보험사 등의 3월 결산에서 12월 결산으로 변경을 생각할 수 있다. 이 경우는 9개월 정도의 기간만이 한해 결산연도의 기간으로 보고되게 되어서 투자자가 현혹될 가능성은 높지 않다. 또한 한 산업이 전체적으로 거의 동일 회계연도에 결산기를 변경하게 되어서 투자자들이 이러한 결산기 변경을 간과할 가능성이 거의 없었다. 우리나라는 대부분의 보험업이 12월 결산으로 변경되면서 거의 모든 기업의 결산이 12월로 모이게 되었다. 40% 가량이 12월 결산이 아닌 미국과 차이가 크다(최종학, p. 281).

우리 정부의 결산기 분산 정책은 1980년대로 거슬러 올라간다. 은행을 제외한 금융은 3월로, 식음료는 6월로 분산하는 정책을 채택하였으나 이 정책은 보험업의 12월 결산 회귀로 폐기된 정책으로 30여 년 만에 원상복구된다.

그러나 위의 골드만삭스의 경우는 골드만삭스가 의도하였던 의도하지 않았던 간에 2008년의 회계기간은 2008년 11월까지의 기간이며 2009 회계연도는 2009년 1월부터 2009년 12월까지의 결산기간이므로 2008년 12월의 영업의 결과는 어느 회계기간으로 귀속하기 매우 애매한 한달로 남게 된다. 물론, 한달을 기간으로 하는 회계기간인 것은 분명한데, 2008년으로 부르기도, 2009년으로 부르기도 매우 애매한 기간이다.

위의 인용된 내용에서 보면 2008년 동안의 영업의 결과는 2009년 1분기 보고서에 주석사항으로 기록되었다고 하는데 1분기 보고서의 주석사항을 애널리스트 이외에 자세하게 검토할 투자자들은 많지 않을 것이다.

위에도 기술하였듯이 골드만삭스의 의도성을 알기는 어렵지만 2008년 12월 한달 동안에 무려 13억 달러(1조 4천 억원)의 세전손실을 기록하였다고 하니 고의성을 의심해 볼만한 대목이다. 그렇다고 골드만 삭스가 분식을 하였다거나 적법하지 않은 회계를 수행하였다고 지적할 수도 없다.

다음은 델타 에어라인의 1993년 재무제표의 주석에 나타난 내용이다. 조금 오래된 케이스이기는 하지만 결산기와 관련되어 흥미로운 내용이라 미국에서 많이 인용된다.

Depreciation and Amortization

Prior to April 1, 1993, Substantially all of the Company's flight equipment was being depreciated on a straight-line basis to residual values(10% of cost) over a 15-year period from the dates placed in service. As a result of a review of its fleet plan, effective April 1, 1993, the Company increased the estimated useful lives of being depreciated on a straight-line basis to residual values(5% of cost) over a 20-year period from the dates placed in service. The effect of this change was a $34 million decrease in depreciation expense and a $22 million($0.44 per common share) decrease in net loss for fiscal

> 1993. Ground property and equipment are depreciated on a straight—line basis over their estimated service lives, which range from three years to thirty years.

주목해야 할 점은 이와 같은 추정치의 변경이 기말 시점이 아니라 기중에 수행되었다는 점이다. 델타의 결산시점이 12월말이라고 하면 투자자들의 입장에서 추정치의 변경이 미래의 재무제표에 미치는 영향을 정확하게 이해하겠지만 기중에 추정치의 변경이 발생하였어서 이러한 영향이 미래에 미치는 영향이 축소되어 이해될 수도 있다.

즉 $22 million의 영향은 1993년 동안의 남은 결산기간인 9개월에 해당되는 내용이다. 1994년도 이후의 기간에 내용연수 연장이 미치는 영향은 $22 million이 아니라 비례적으로 이 연장이 영향을 미친다면 $22million \times 12/9 = 29million 정도로 나타날 것이다.

delta airline이 내용연수의 연장으로 인해서 재무제표의 보고되는 이익에 미치는 영향을 축소하기 위해서 내용연수의 연장 시점을 4월 1일로 정했는지는 알 수 없지만 이 주석을 읽는 투자자들은 이 내용연수의 연장이 미래의 보고되는 이익에 미치는 영향을 $22million으로 잘못 이해할 수 있는 착시 현상이 발생할 수도 있다.

통상적인 내용연수의 연장이라면 회계기말이나 회계기초에 이를 변경해서 이러한 복잡성을 회피할 수도 있고 특히나 내용연수의 연장이 추정치의 변경이므로 시급하게 결정하여야 할 사안이 아니라고 하면 시행일자를 굳이 왜 2사분기가 시작하는 일자에 맞추었는지의 그 저의를 의심할 만하다.

금전적인 제재

chapter

34

벌금형 액수 10년째 그대로, 징벌 효과가 없다

물가 재산 연동해 차등 부과해야

난 6월 대검찰청이 폭력 사정 벌금 기준을 20년 만에 두 배로 올렸다. 하지만 법조계 관계자는 "벌금액은 대부분 1990년대 수준에 머물러 있다고 보면 된다"고 설명했다. 특히 1심 판결에서 벌금형 처분은 징역 금고형보다 두 배 가량 많다. 벌금형에 대한 양형 기준이 마련되지 않은 것도 같은 범죄에 대해 들쑥날쑥한 벌금형 판결이 나오거나, 거의 징벌 효과가 없는 가벼운 처벌이 나오는 이유다.

문제는 국회가 벌금액 기준을 높여야 하지만 '표심' 때문에 전전긍긍하고 있는 점이다. 국회 법제사법위원회는 내년 상반기부터 벌금형 체계 전반을 논의할 방침이지만 '식물국회'가 계속되는 한 처리할 수 있을지 미지수다.

국회 법사위원장 이상민의원은 "대게 벌금액이 꽤 오래전에 설정돼 물가 상승분이 반영되지 않았다"며 "입법 당시 가벌 효과를 내지 못하고 있다"고 말했다. 그는 이어 "고소득자에게는 벌금형이 제재 실효성이 없어서 선진국 입법례를 참고해 벌금액을 소득 자산에 연동하는 누진 벌금제 입법을 준비하고 있다"며 "내년 상반기부터 여러 대안들을 관계부처와 함께 다룰 것"이라고 했다.

현행 총액 벌금제 중심 체계에서 – 누진 벌금제(일수벌금제)도입 – 배수벌금제 확대 등을 대안으로 설정해 검토할 예정이다. 일수벌금제는 범행 경중에 따라 일수를 정하고 범죄를 저지른 사람의 경제력에 따라 차등을 두고 벌금을 가하는 방식이다. 배수벌금제는 법에서 정하는 기준, 예를 들어 '이득액의 몇 배에 해당하는 금액을 벌금으로 낸다'는 식으로 벌금을 부과하는 것이다.

매일경제신문. 2014.9.11.

범죄를 저지른 사람의 경제력에 따라 차등을 둔다는 내용은 2014년 우리 사회를 떠들썩하게 만든 황제노역의 경우와 일맥상통한다. 힘없고 경제력이 없는 자의 노역보다는 경제력이 있는 사람의 하루 노역의 가치는 경제적으로 환산하면 무척 높다는 것이다. 사람의 생명이나 시간을 경제적인 가치로 환산함에는 여러 가지 이슈가 개입된다. 고수익인 자가 사고로 생명을 잃게 되면 평생 동안의 추정된 급여에 근거하여 배상을 받게 된다. 그렇지 않은 피해자보다도 배상액이 높게 책정되는데 이것이 그 개인의 가치를 측정하는 것은 아니지만 금전적으로 환산을 할 수밖에 없다.

최근에 와서도 대우건설의 수천억원 분식회계에 대해서 금융당국이 20억원의 과징금을 부과하자 언론에서는 아파트 두 채 정도의 경미한 조치라고 비판하였다.

금전적인 제재가 실효성이 즉, 징벌효과가 있기 위해서는 그 금액이 범죄를 예방할 수 있는 정도가 되어야 한다. 금전적인 제재가 그러한 수준이 아니라고 하면 오히려 그 금전적인 제재를 받고 불법을 범하는 것이 더 좋은 대안이라고 잘못 판단할 수도 있다.

회계법인에 대한 금전적인 조치가 이슈가 되자, 일부 중소회계법인에서는 20억의 과징금은 감당할 수 없는 금액이라 이 정도의 과징금제재를 받으면 버틸 수 있는 회계법인은 거의 없을 것이라는 주장을 하기도 한다.

민법에서는 징벌적 손해배상제도(punitive damages)를 금하고 있다. 미국과 같은 civil law에서는 징벌적 징계가 가능하다.

대법 징벌적 손배 도입 검토

대법원장 직속 자문기구인 사법정책자문위원회가 24일 공식 출범하고 사법 개혁안을 본격 논의하려고 한가운데 대법원이 최근 논란이 되고 있는 징벌적 손해배상 도입을 검토하고 있는 것으로 확인됐다.

징벌적 손해배상은 민사소송에서 가해자의 악의적 또는 반사회적 행위에 대해 실배상액 외에 처벌적 성격의 배상금을 물리는 제도다.

징벌적 손해배당은 미국 등 영미법 국가에서 발달한 제도로 우리나라에서는 지난 4월 국회를 통과한 '하도급거래공정화에 대한 법률(하도급법)' 개정안에 관련 조항이 포함됐다. 이제 재계는 소송 남발, 기업 활동 위축 등을 우려하며 반발하고 있다.

사법 정책 자문위가 징벌적 손해배상을 전면 도입하기로 하면 민법에 근거 조항을 삽입하고 모든 민사소송에서 징벌적 손해배상을 원칙적으로 허용할 수 있는 방안을 제시할 것으로 보인다.

민법에 조항을 만들지 않는다면 개별법에 징벌적 손해배상 조항을 신설하는 방법도 있다.

문화일보. 2013.7.24.

기업 불공정 행위 피해, 집단소송으로 한 명만 이겨도 최대 10배 배상

공정위, 집단소송제 징벌적 손해배상제 전면 도입 추진

기업의 담합 등 불공정거래로 소비자가 피해를 입을 경우 몇 명이 나서서 소송에서 이기면 피해를 본 모든 사람이 배상을 받고, 사안에 따라선 피해 금액의 10배까지 배상 받을 수 있는 제도의 도입을 정부가 추진하고 나섰다.

공정거래위원회는 25일 국회 정무위원회에 제출한 업무보고에서 "공정거래법 위반에 대해 집단소송제와 징벌적 손해배상제 도입 추진을 검토하고 있다"고 밝혔다. 집단소송제는 수많은 피해자 중 몇 사람만 손해배상소송에서 이기면, 소송에 참여하지 않은 다른 피해자도 자동으로 배상을 받는 소송을 의미한다.

징벌적 손해배상제는 사회적으로 강하게 지탄받을 만한 수준의 손해를 끼친 경우 실제 피해액보다 훨씬 많은 배상 책임을 부과하는 제도를 의미한다. 정부는 피해액의 최대 3-10배 수준을 검토하는 것으로 알려졌다. 기업의 담합으로 소비자들이 연간 3조원 정도의 피해를 보는 것으로 추산되기 때문에 만약 집단소송제와 징벌적 손해배상제가 함께 도입된다면 이론적으로 최대 9~30조원의 배상을 받을 수 있다는 얘기다.

현재 집단소송제는 증권분야에만 도입돼 있고, 징벌적 손해 배상제는 납품분야에 도입돼 있다. 기업이 주식 발행 등과 관련해 피해를 입으면 소액주주들이 집단소송을 걸 수 있고 납품과정에서 중소기업이 기술 탈취 등 피해를 입을 경우 대기업을 상대로 징벌적 손해배상을 청구할 수 있다. 하지만 아직까지 실제 활용 실적은 저조하다. 증권관련 집단소송제는 2005년 1월 도입됐지만 지금까지 한 건만 청구됐고, 납품 관련 징벌적 손해배상제는 지난해 말 도입돼 아직 청구 사례가 없다.

기업들은 두 제도의 도입에 강하게 반발해 왔고, 재판 결정의 효력을 소송에 참여한 당사자간 문제로 한정시켜 놓은 전체 법 체계와 어긋난다는 지적도 있다. 하지만 최근 이한구 새누리당 원내 대표가 대기업의 횡포를 막기 위해 두 제도의 도입이 필요하다고 말하는 등 여당이 도입 의사를 밝히고 있는 상태에서 주무부처인 공정위가 추진 검토 사실을 명시적으로 밝힘에 따라 제도 도입에 탄력이 붙을 것으로 보인다.

공정위 관계자는 "관련 연구 용역을 의뢰해 9월말까지 받기로 했다"며 "결과가 나오는 대로 검토해 연내에 도입 여부를 결정하겠다"고 밝혔다. 이에 대해 상공회의소 관계자는 "집단소송제를 전 업종으로 확대하면 소송 남발이나 기획소송 등의 가능성이 커진다"며 "비록 승소를 하더라도 소비자 개인이 얻는 실익은 적은 반면 소송 대기업의 이미지는 크게 추락할 수 있다"고 우려했다.

조선일보. 2012.7.26.

회계법인 부실감사로 업무정지 땐 최대 20억 과징금

국무회의 심의 의결

앞으로 회계법인이 부실감사로 업무정지를 받게 되면 최대 20억원의 과징금을 내야 한다.

정부는 17일 오전 정부세종청사에서 정홍원 국무총리 주재로 영상 국무회의를 열어 이 같은 내용의 공인회계사법 개정안을 심의 의결했다.

현행 법률에 의하면 회계법인이 부실감사로 금융위원회로부터 업무 정지 처분을 받은 경우 과징금을 최대 5억원만 내면 업무정지를 피할 수 있어 과징금 부과의 실효성이 떨어진다는 지적이 제기돼 왔다.

이에 따라 정부는 부실감사 회계법인에 부과할 수 있는 과징금 상한선을 기존 5억원에서 20억원으로 올리기로 했다.

문화일보. 2013.12.17.

주가조작 부당이득 전액 환수

지난해 9월 서울중앙지방법원은 모나리자 유니더스 등 정치 테마주 17종목에 대해 시세조종을 한 박모씨 등 5명에게 총 5,500만원의 벌금을 부과했다. 이들이 허위 사실 유포 등의 방법으로 50억원의 시세차익을 얻었다며 검찰에 고발 조치한 금융감독원 테마주 특별조사반의 판단과는 사뭇 달랐다. 허위사실 유포의 적용범위를 엄격하게 해석했기 때문이다.

이렇듯 불공정 거래 혐의로 검찰에 고발되는 사람 중 상당수는 가벼운 처벌을 받는다. 불공정거래로 의심되는 사건 가운데 기소로 이어지는 비율은 5%대에 불과하다. 벌금도 부당 이득금액의 10% 안팎에 그친다. 그러다 보니 주가 조작 사범 사이에는 '몇 개월만 감옥에서 몸으로 때우면 된다'는 얘기가 나돈다. 박근혜 대통령의 지시를 계기로 이를 근절하겠다는 게 금융당국의 계획이다.

금융위원회 등이 도입을 추진 중인 과징금 제도의 장점은 주가 조작 사범에 대해 신속히 대응이 가능하다는 점이다. 현행법상 주가 조작 사범이 형사 처벌까지 가려면 2~3년 걸린다. 김동원 전 금감원 부원장보가 발표한 '투자자 보호와 금융범죄 보고서'에 따르면 2010년 한국거래소가 불공정 혐의로 지목해 금융위에 넘긴 338건 가운데 금융위가 검찰에 고발한 건은 138건에 그쳤다. 1심에서 징역형이 선고된 비율은 11.6%에 그쳤고 집행유예가 31.7%에 달했다.

이처럼 주가 조작 사범에 대한 처벌은 제대로 이뤄지지 않고 있지만 사법 판단 외에 마땅한 처벌 수단이 없는 게 현실이다. 현행 자본시장법 429조에 따르면 기업공시 위반에 한해 최고 20억원까지 과징금을 부과할 수 있다. 하지만 소위 작전세력 등 불공정 거래 행위자에 대해 형사 처벌전에 과징금을 부과하는 기준은 없어 사실상 제도가 유명무실했다.

이에 따라 투자자 보호와 처벌 실효성을 높이기 위해 주가 조작 사범 개인에게서 신속하게 부당이득을 환수할 수 있는 과징금 제도 도입이 필요하다는 의견이 많았다. 결국 새 정부의 국정 과제에 과징금 제도 도입이 포함된 이후 탄력을 받고 있다. 신중한 태도를 보여 왔던 법무부도 긍정적으로 태도를 바꿨다.

한국경제신문. 2013.3.13.

작전세력에 과징금 부과

금융당국이 주가조작(시세조종 행위) 근절을 위해 과징금 제도 도입에 나선다. 박근혜 대통령이 지난 11일 첫 국무회의에서 주가조작 근절을 위한 제도 마련을 주문한 데 따른 움직임이다.

김용범 금융위 자본시장 국장은 12일 "주가조작으로 부당이득을 챙긴 세력들에 금융위가 직접 과징금을 부과할 수 있는 법적 근거를 마련하기 위해 자본시장법 개정에 나설 계획"이라고 말했다.

이 같은 과징금 제도 도입은 금융위가 지난해부터 추진한 사안인데다 새 정부의 국정 과제에도 이미 포함돼 있어 현실화될 가능성이 높았다.

이런 상황에서 박대통령이 직접 주가조작을 뿌리 뽑기 위한 대책 마련을 직접 주문하면서 과징금 제도 도입에 속도가 붙을 것으로 보인다. 아울러 과징금 제도가 정부의 지하경제 양성화를 통한 재원 마련 추진과도 궤를 같이 한다는 점도 금융위가 자본시장법 개정에 나선 이유 중 하나로 풀이된다.

금융위의 이 같은 움직임은 형사고발만으로는 작전세력에 대한 부당이득 환수에 시간이 많이 걸려 보다 강력하고 실효성 있는 제재 방안이 필요하다는 인식에 따른 것이다.

실제 금융위는 과징금 부과 등 민사제재 권한이 없어 주가조작 혐의자를 검찰에 고발하는 선에서 조치가 이루어졌다. 이 과정은 '한국거래소 작전 혐의 계좌 적발 – 금융감독원 조사 – 증권선물위원회 의결 후 검찰 고발 – 검찰 기소 및 재판' 순으로 이어져 상당기간이 소요됐다. 아울러 법원에서 내리는 벌금의 경우 부당이득에 대한 환수 목적이 아닌 징벌적 차원이라는 점도 금융위가 과징금 제도 도입에 팔을 걷어붙인 이유다.

금융당국 관계자는 "검찰 고발 이후 재판 과정을 거치면서 최종 판결이 나오기까지 2~3년이 걸리는데 이 기간 부당이득을 추징할 근거가 없는 상황"이라며 "과징금 제도를 도입하면 주가를 조작해 올린 부당이득에 대한 환수가 빨라질 수 있다"고 설명했다.

금감원도 주가조작 행위를 뿌리 뽑기 위해 관련 조사인력 보강에 나선다. 우선 18대 대선 과정에서 설치한 '테마주조사특별반'을 상설반으로 변경해 이를 향후 대형 주가조작 사건들을 조사하는 '특수부' 성격의 기구로 활용한다는 계획이다.

매일경제신문. 2013.3.13.

징벌적 손해 배상이나 과징금에 대해서 불씨를 집힌 것은 2013년 2월말 박근혜 대통령이 취임 후 가진 첫 국무회의에서 주가조작으로 큰 돈을 번 사람들이 이에 상응하는 죄값을 치르게 하여야 한다는 주문이 발단이 되었다.

유한회사로서의 회계법인의 책임

회계법인의 복잡한 책임의 문제가 존재하므로 미국에서도 수년 전부터 회계법인의 형태가 단순한 partnership이 아니라 LLP(Limited Liability Partnership, 제한적 유한회사)의 형태를 갖는다.* 법무법인도 동일한 회사의 형태를 갖는다.

국내의 회계법인일 경우도 1998년 합명회사(무한책임)에서 공인회계사법에 의해 유한회사로 상법상의 회사의 형태가 변경되었다. 이렇게 되면 파트너들은 자신들이 출자한 범위 내에서 책임을 지며 이러한 변화는 감사위험과 연관될 것이다. 자신들이 범하지도 않은 책임에 대해서 무한정으로 책임을 질 수는 없는 것이다. 집단소송 피고(감사인)가 연대 책임을 지도록 돼 있는 것을 비례책임으로 전환한 것도 같은 맥락에서 이해할 수 있다(chapter 2).

유한회사로 전환되면서 이미 청산된 안건회계법인에 다음과 같은 문제가 발생하였다. 다음의 내용은 김주영변호사의 「개미들의 변호사, 배짱기업과 마짱뜨다」(2014년)의 chapter 6에 나오는 일부의 내용을 인용하였다.

코오롱TNS CP 소송은 2002년 한일월드컵의 휘장사업자였던 코오롱 TNS의 CP(기업어음)을 매입했던 저축은행들이 코오롱TNS의 분식회계와 부실감사를 이유로 코오롱 TNS와 그 임원들, 그리고 코오롱TNS의 회계감사를 담당했던 안건회계

---

* 매일경제신문. 1995.12.23. 각국 회계법인 손해배상무한책임 큰 부담, 유한, 주식회사 전환 러시.

법인을 상대로 한 손해배상청구소송이다. 안진회계법인은 당시 국내 5대회계법인이었다.

안건은 2004년 3월 말을 기준으로 총 221명의 공인회계사를 거느린 대형회계법인이었다. 그런데 2005년 3월 중순 이후 불과 1~2주 만에 안건회계법인은 갑자기 소속 공인회계사 숫자가 15명에 불과한 소형회계법인으로 전락했다.

안건은 당시 2004년 12월 영화회계법인과 합병을 위한 작업을 추진하고 있었다. 2005년 1월 18일 합병을 위한 양해각서를 체결하였다고 발표까지 하였다. 그러다가 2005년 3월 15일 안건회계법인과 영화회계법인은 두 달 전에 맺은 계약을 전격 해지한다.

합병을 추진하는 경우 안건회계법인이 부담하는 각종 배상책임이 그대로 합병법인에 흡수될 위험이 있기 때문에 법인간 통합 대신 안건 회계법인의 회계사들이 개별적으로 새로운 회계법인에 입사하는 방식을 취하게 되었다. 이렇게 해서 한영회계법인이 새로이 만들어지게 되었다.

이러한 안건의 대응방식에 대해 원고측 법무대리인인 법무법인 한우리는 코오롱TNS 등의 부실감사로 인한 손해배상 책임 액수가 안건의 순자산을 초과하는 상황이고, 법원의 집행문이 발부된 채권에 대해서도 지급치 못하는 사실상 지급불능의 상황에서 유·무형의 자산을 이전하고 회사의 책임자산에 피해를 입히는 일련의 행동은 파산법사기파산죄(파산법 제366조)와 형법상 강제집행 면탈죄에 해당하며, 더구나 안건의 이사들의 경우, 회사의 재산을 일실시키는 것은 유한책임제도를 악용하여 회사 및 회사의 채권자에게 피해를 입히는 경우여서 업무상 배임죄에도 의율될 수 있다고 경고하고 있다.

구성원들이 출자액의 범위에서만 책임을 지는 유한책임제도로 전환하면서 공인회계사법은 이러한 유한책임제도에 따른 폐해를 보완하기 위해서 순자산을 5억원 이상, 10인 이상으로 유지하도록 하고, 손해배상 공동기금을 공인회계사회에 적립하게 하며, 아울러 손해배상 준비금을 회계상 계상하도록 하고 있다. 이 중 공인회계사 손해배상 공동기금은 회계상의 요건에 불과한 순자산 요건이나 손해배상준비금 요건과는 달리, 실제로 공인회계사회 배상을 위한 재원을 예치하도록 되어 있어서 회계법인이 파산하거나 해산하더라도 최후의 배상재원으로 가능하게 된다. 이 손해배상 공동기금은 각 회계법인들이 연간 감사보수의 4%를, 3개 사업연도 감사보수 평균의 20% 한도로 공인회계사회에 적립하도록 되어 있다. 회계법인 부실감사로 피해를 입은 피해자는 승소판결이 확정된 경우 1인당 3천만원을 한도로 이 기금에서 배상받을 수 있는데 피해자가 많은 경우 각 회계법인 적립액의 2배까지 지급된다.

안건의 폐업은 당시 대우 관련된 분식 회계 이슈 이후에 1년간 영업 정지를 받았던 산동회계법인의 회계사들이 대부분 삼정회계법인으로 옮기면서 삼정이 당시 big 5 회계법인인 KPMG와 계약을 맺는 것과 무관하지 않다. 또한 제휴한 한국의 회계법인에 문제가 있을 경우 제휴 관계에 있는 외국의 회계법인은 안전한가라는 문제로까지 비화될 수 있다.

KPMG, "대우 분식회계 책임 없어"

KPMG 국제담당 CEO(최고경영자) 폴 라일리 씨는 11일 서울 힐튼호텔에서 열린 KPMG와 삼정회계법인의 제휴 기념 기자회견에서 "산동회계법인과는 제휴 계약을 맺었을 뿐이며 대우그룹에 대한 공동 회계감사를 수행한 것은 아니다"라고 밝혔다.

KPMG가 제휴를 맺었던 산동회계법인은 대우그룹 분식회계 문제로 인해 현재 소송에 걸려 있으며 재정경제부의 영업정지 최종결정을 기다리고 있는 상태다.

라일리 씨는 "한국처럼 외국인이 회계법인의 지분을 가질 수 없는 경우 궁극적인 책임은 각국의 회계법인에 있다"면서 "대우는 산동의 문제이므로 고민해 본 적이 없다"고 말했다.

라일리씨는 또 "KPMG의 기준에 따라 제휴 법인을 평가, 멤버십 자격이 있는지 검토하지만 회계자료 전부를 검토할 수는 없다"면서 "당시 대우 문제는 누구도 알 수 없었다"고 말했다.

연합뉴스. 2000.12.11.

국내 회계법인의 외국 회계법인과의 제휴관계는 회계법인별로 차이가 있다. 한영회계법인의 경우는 국제적인 회계법인이 EY의 member firm의 성격이 강하지만 삼일의 경우는 PwC와 제휴관계에 있지만 상당한 정도의 자율권을 가지고 있다.

물론, 당시 KPMG가 대우를 감사한 것이 아니라 KPMG와 제휴를 맺은 산동이 대우를 감사한 것이므로 KPMG가 책임질 부분은 없는 것으로 정리되었다.

가장 최근에는 2009년 9월 화인경영회계법인*이 6개월간 영업정지를 받은

* 화인회계법인의 영업정지 관련된 내용은 손성규 저, 「금융감독, 제도 및 정책」(2012) chapter 20

것이 영업정지의 유일한 경우이다. 이 경우에도 화인회계법인의 대부분의 회계사는 타 회계법인으로 이직하게 되어서 일부에서는 회계법인에 대한 영업정지 결정이 해당 법인에는 사형선고나 다름이 없는 극단적인 처방이기는 하지만 대부분의 회계사가 다른 회계법인으로 이동하게 된다.

또한 산동이 영업정지되면서 대부분의 회계사가 삼정으로 옮기면서 client들도 삼정으로 옮기게 되면서 영업정지의 실질적인 효과가 있는 것인지에 대한 의견도 있다.

을 참조하면 된다.

분식회계와 관련된 소송건

chapter
36

회계정보는 공시의 주체가 기업이기 때문에 항상 왜곡의 가능성이 존재한다. 따라서 이를 제어할 수 있는 기능을 누군가가 해 주어야 하고 이러한 역할을 할 수 있는 sector로 크게 시장과 규제를 생각할 수 있다.

규제 또는 감독은 투자자 보호라는 큰 정책적인 취지를 가지고 선량한 투자자가 탐욕스러운 경제 주체로부터 피해를 보지 않도록 보호하는 과정이다. 그러나 무지한 투자자를 어디까지 보호해 주어야 하는지에 대해서는 여러 가지 논란의 대상이 될 수 있다. 선량과 무지는 동의어가 아니다. 단, 규제/감독은 한계가 있을 수밖에 없으며 동시에 공공의 자원이 즉, 세금이 쓰여지게 되므로 당연히 한계가 있다.

시장의 자율기능(market mechanism)은 크게 보아서 두 가지로 나눌 수 있는데 한 가지는 시장이 가격을 형성하여 기업의 irregularity를 가격에 반영할 수 있는 시장의 힘이다. 시장이 효율적이라고 하면 기업의 비정상적인 경영활동은 매우 냉혹하게 평가의 대상이 된다.

또 하나의 시장의 기능은 소송으로 나타난다. 위에 기술된 규제도 완벽할 수 없으므로 규제가 풀 수 없는 문제를 소송이라는 시장 기능이 해결할 수 있다. 소송에는 순기능과 역기능이 동시에 존재하는데 역기능이라하면 소송이 남발되는, 과도한 소송의 문제를 일컫는다. 순기능은 피소의 위험 때문에 부정을 회피하게 된다.

법의 집행도 경계하여야 하듯이 소송도 경계하여야지 그 효과가 나타나며 범죄의 예방 효과가 존재한다. 최근에 제기된 소송의 55%는 기각되거나 취하된다. 일부 인용되는 경우까지 포함하면 70%에 이르게 되어서 소송의 제기는 소송 제기 이상의 의미를 부여하기는 어렵다. 여기에 사법부에서 원고가 패소하는 비율까지 포함한다면 소송이 남발되고 있다는 판단에도 일리가 있지만 소송을 제기하는 원고의 입장을 생각한다면 소송이 남발되고 있다는 판단은 제3자의 판단일 수밖에 없다.

> 2014년 10월 21일 KBS 9시 뉴스
> 1심 판결이 2심에서 뒤집히는 경우가 30~40%, 3심에서 2심 판결을 파기하는 확률이 5%대

2심에서 1심 판결을 뒤집는 경우가 30~40%라 함은 1심 판결의 결과를 놓고 이 소송 건이 어느 정도 확정되었다는 결론을 도출하기가 무척 어렵다는 것을 의미한다. 동시에 2심의 결과가 3심에 의해서 파기되는 확률은 5%로 무척 낮기 때문에 2심의 결과가 어느 정도는 최종이라고 결론 지음에는 큰 문제가 없다.

다음의 내용은 대우의 분식건과 관련된 소송에 대한 내용으로 김주영 저, 개미들의 변호사, 배짱기업과 맞짱뜨다(2014)의 chapter 1의 내용이다. 이미 오래된 case를 인용하는 이유는 회계 관련된 소송 case가 이 저술의 내용과 같이 상세하게 cover된 적이 없고 최근 20여 년 동안 가장 큰 대기업의 가장 심각한 분식건이었다. 특히나 최근 전 대우 김우중 회장이 대우가 억울하게 정치권에 의해서 도산하였다는 주장을 하여서 주목을 끄는 최근의 일련의 사태가 발생하였기도 하다.

이 소송의 원고는 대우전자의 주식을 1998년 2월 28일부터 1999년 10월 25일까지 사이에 매수 주문하였던 주주들이고 피고는 대우 전자와 그 임원들, 그리고 대우전자의 회계감사를 맡았던 세동회계법인을 합병한 안진회계법인이었다. 1998년 2월 28일은 1997년 회계연도 감사보고서가 공표된 다음 일자이며 1999년 10월 25일은 언론에 대우그룹의 실사결과가 보도되기 시작한 일자이다. 따라서 이 일자 이후의 투자자들은 이미 대우의 분식을 인지하고도 대우 주식을 매수한 것이므로 원고로 포함되지는 않았다.

이미 매도하였거나 현재까지 보유하는 자가 원고에 포함되었다. 이미 매도한 투자자들도 분식으로 인해서 정상가격보다 높은 가격에 구입하였다가 매도하였기

때문에 손실이 발생하였다고 생각한 것이다.

따라서 분식회계사건 중에서 정정공시로 허위공시사실이 드러난 후 비로소 주가가 급락하는 양상을 보이는 유형의 사건에서는 정정공시 이후에 매도한 사람들만 총원을 정해서 소송을 내는 것이 소송전략상 안전하며 대부분 그러하게 진행된다.

하지만 늘 그런 것은 아니다. 대우전자 분식회계사건의 경우에는 소위 진실공개전 매도자도 원고에 포함시켰고 또 배상을 인정받았다. 대우 분식의 경우에는 분식기간이 오래 지속되었고 정정공시 등으로 분식회계가 드러나기 이전부터 분식회계로 인해서 숨겨진 재무적 취약성이 주가에 반영되어 주가가 하락했다. 따라서 이 경우에는 정정공시 이전에 처분한 사람들도 손해인과관계가 인정되었다. 물론 격렬한 법적 공방이 있었다.

그리고 증권관련집단소송법에 따른 집단소송은 획일적 일률적 구제를 위한 것이므로 구성원을 비교적 균질화할 필요가 있다. 정정공시 이전의 처분자와 정정공시 이후의 처분자는 약간 다른 유형의 하위집단에 해당한다. 아무래도 집단소송을 하게 되면 승산이 높은 하위집단만을 원고로 삼아 소송을 하는 것이 소송비용이나 소요시간 등에서 유리하다고 변호사들이 판단하게 된다.

정정공시 이전의 매도자를 모두 접촉하여 소송에 관심이 있는지를 묻는 것, 또한 승소한다고 해도 이를 반환해 주는 것 모두 다 현재의 주주 또한 정정공시 이후의 매도자와 비교해서는 물리적으로 더 어려운 일일 것이다.*

당시에 적용되던 증권거래법에 의하면 보상액은 이미 주식을 처분한 사람의 경우는 취득가격에서 처분가격을 공제한 순손실액이었다. 이러한 금액은 분식이 존재하지 않았다면 애시당초 주식을 매수하지 않았을 것이므로 현재는 이미 주식을 매도하였지만 매수활동으로 인한 손실을 보상해 주어야 한다는 논리였을 것이다. 아직 주식을 처분하지 않은 사람의 경우에는 취득가격에서 소송의 종결시 시가를 뺀 금액이 되도록 되어 있다.

안진회계법인이 가장 강하게 펼친 주장은 그들이 대우전자의 1998년 회계감사를 하면서 '적정'이 아닌 '한정'의견을 표명했는데도 부실감사의 책임을 묻는 것은 부당하다는 것이었다. 안진회계법인을 대표한 법무법인 태평양은 일반 회계감

---

* 손성규 저, 「회계환경, 제도 및 전략」(2014) chapter 38를 참고한다. 2012년 저술에서 이 내용을 기술할 때 한누리법무법인의 김주영 변호사께서 자문을 해주셨다.

사가 부정 적발을 목적으로 한 정밀실사와는 달리 그 범위나 강도가 제한적일 수밖에 없다는 주장을 피력하였다.

실무 책임 회계사인 최모 회계사는 "매출채권 충당금 검토를 위한 자료 미제출로 인하여 검토하지 못하였다"며 특히 "감사 중 부외부채 발견 → 전반적인 은행계정의 신뢰성 문제 제기"라는 부분으로서 최모 회계사는 '의견 거절'로 제시했다. 이 실무 책임자의 의견을 매니저 또는 파트너 회계사가 무언가 석연치 않은 과정을 거쳐 번복한 것임을 드러내고 있다.

대우전자 소액주주, 분식회계 손배소 일부 승소

서울중앙지법 민사합의 21부(박태동 부장판사)는 13일 "회계법인의 경우 1998 사업연도 회계감사인 감사의견을 낼 때 '한정의견'이 아니라 '의견거절'을 냈어야 했다"고 덧붙였다.

이데일리. 2005.1.13.

사법부가 구체적으로 어떠한 의견이 표명되어야 한다고 판단한 흔치 않은 경우이다. 물론, 회계감사의견을 결정하는 고유권한은 감사인에게 있다. 그러나 과거에 감독원이 어떠한 의견이 표명되어야 하는데 감사인은 다른 의견을 표명하였다고 하여 조치를 하는 경우도 있었지만 사법부의 이러한 의견은 매우 특이하다.

사법부가 감사인이 표명해야 했던 감사의견에 대한 의견을 제시하기도 하지만 감독기관도 이러한 의견을 제시하는 경우가 있다.

아래의 신문기사는 기존의 우리가 생각하던 상식과는 상반된다.* 즉, 감독기관은 회계법인보다는 더 보수적으로 감사를 접근하기를 기대하며 감독기관은 회계법인이 더 부정적인 감사의견을 표명하기를 기대한다. 반면에 회계법인의 감사의견은 기업에 우호적인 의견이 표명되기 쉽다.

단, 상장기업에 대한 부정적인 의견은 상장폐지, 저축은행의 경우는 뱅크런(예금인출사태) 등의 결과를 초래할 수도 있어서 매우 조심되기도 하고 상당한 수준의 정무적인 상황 판단을 필요로 한다.

---

* 손성규 저, 「금융감독, 제도 및 정책」 (2012) chapter 40에 보면 이러한 내용이 자세하게 기술되어 있다.

　　무조건적으로 엄하게만 대응하는 것이 능사는 아니다. 감사의견은 감사인의 고유권한이라서 감독기관이라고 하여도 어느 정도 이상으로 개입하기는 어렵지만 감독기관은 감독기관 나름대로 금융을 총괄하고 지도하는 입장에서 정책적인 판단을 수행할 수 있다.

　　과거에 회계감사 의견이 너무 강하게 표명되어서 문제가 된 적은 있다. 아주 오래전의 군사정권 시절에는 외부감사인이 강한 의견을 표명하려고 하면 회계법인이 무엇인데 상장기업을 부도나게 하려는 것이냐는 등의 정부 정보기관의 연락을 받았던 때도 있었다고 한다.

　　회계법인이 너무 유연한 의견을 표명함도 문제지만 책임을 회피하고자 너무 강한 의견을 표명함도 동시에 문제이며 무책임하다고 할 수 있다. 특히나 감사인이 변경되는 시점에는 전임 감사인이 감사한 재무제표에 대해서 너무 강한 의견을 표명하면서 이 두 회계법인이 이해상충을 보일 때도 있다고 한다.

금융당국, 저축은 구조조정 적당히 하려다 허 찔렸나

삼일회계법인, 정상영업 재무제표 2곳, 재무제표 못 믿어

　　삼일회계법인이 2개 저축은행에 대해 '의견거절'을 검토하고 있다는 의사를 전달하자 금융당국은 적잖게 당황하고 있다. 두 곳 모두 금융당국의 경영 진단 결과 합격 판정을 받고 정상 영업 중인 곳이기 때문이다. 금융당국은 '의견거절'이 확정될 경우 예금 인출사태 등이 재발할 가능성이 있다고 우려하면서 '신중한 대응'을 당부하고 있는 것으로 알려졌다.

　　삼일회계법인이 문제를 삼은 A저축은행은 소형 저축은행이다. 하지만 A저축은행은 대주주의 아들이 몇 년 전부터 고객들의 예금 수백억을 빼돌린 사실이 지난 7-8월 금융당국의 경영진단 과정에서 드러났다. 대주주의 아들은 횡령한 돈을 주식에 투자했다가 손실을 본 것으로 전해졌다.

　　금융 당국 관계자는 '그동안 금융감독원과 감사를 맡은 회계법인은 물론 아버지인 대주주도 이런 사실을 몰랐다'고 말했다. 금감원은 A저축은행은 대주주가 아들이 횡령한 돈을 채워넣자 '합격' 판정을 내렸고, 대주주의 아들을 횡령혐의로, A저축은행을 불법대출 혐의로 검찰에 각각 고발하는 것으로 마무리 지었다.

　　하지만 삼일 회계법인은 묵과할 수 없는 문제라고 봤다. 삼일회계법인 측은 '심각한 도덕적 해이를 보였기 때문에 경영진을 믿을 수 없다'는 입장인 것으로 전해졌다.

　　삼일회계법인이 '의견거절'을 검토 중인 다른 저축은행인 B사는 재무상태에 대한 논란이 많은 곳이다. 이 저축은행은 경영진단에서 부채가 자산을 초과하는 것으로 나타났지만 금융당국은 '위험하지 않다'는 판정을 내렸다. 반면 삼일회계법인은 '재무구조가 취약하다'는 판정을 내린 것으로 알려졌다.

28일까지 2010년 회계연도 결산 공고를 낸 64개 저축은행 중 영업정지된 곳을 빼놓고는 모두 '적정'의견이 나왔다.

금감원 관계자는 '의견거절' 움직임과 관련, '삼일회계법인이 뒷감당이 걱정된 나머지 멀쩡한 저축은행에 대해 지나치게 소극적으로 나온 것 아니냐'고 말했다. 반면 대형 회계법인의 한 회계사는 '금융당국이 저축은행 구조조정을 적당히 끝내려다 허를 찔린 것 아니냐'고 지적했다.

삼일회계법인은 금융당국의 의견을 받아들여 최종 결정단계에서 수위를 낮추는 방안도 검토 중인 것으로 전해졌다. 삼일회계법인 측은 '한정의견이나 부적정의견이 나올 수 있다'고 밝혔다.

조선일보. 2011.9.29.

감독기관의 의견이 수용 여부를 떠나서 감독기관은 bank run 등의 현상이 발생할 것을 우려하여 회계법인에 의견을 제안할 수는 있지만 동시에 회계감사의견은 회계법인의 고유 업무영역이므로 매우 조심스러운 부분이다.

저축은 구조조정 '회계감사 변수'

지방 저축은 2곳 '한정'의견. 금융당국 '우려할 일 아니다'

국내 최대 회계법인 삼일회계법인이 저축은행 두곳에 '한정'의견을 통지 회계감사가 저축은행 구조조정 마무리 국면에 최대변수로 등장했다.

삼일회계법인은 경남 소재 A저축은행과 부산 소재 B저축은행의 감사보고서에 '적정'의견을 낼 수 없으며 일부 회계처리 항목과 관련해 하자가 있다는 의미의 '한정'의견을 낼 것이라고 29일 통보했다.

삼일회계법인은 대표가 주식 투자 등을 위해 예금을 사용했고 불법 대출 혐의가 있는 A저축은행의 재무제표가 적정한지 확신할 수 없다고 봤다. 부채가 너무 많아 시장의 우려가 지속적으로 제기돼 왔던 B저축은행에 대해서도 '적정'의견을 내기에는 무리가 있다고 판단했다. 두 저축은행은 금융감독당국으로부터 영업정지 등의 적기시정조치를 당하지 않아 정상으로 분류된 회사이지만 삼일회계법인은 회계처리에 있어서 문제가 있다는 결정을 내놓은 것이다.

이에 대해 금융당국은 당혹스러워 하는 분위기다. 멀쩡한 것으로 파악됐던 저축은행에 문제가 불거지면 부실감독 논란을 피할 수 없는데다 무엇보다 저축은행 신뢰도에 타격을 주는 탓이다. 금융감독원 관계자는 B저축은행에 대해서도 '부실 저축은행을 인수해 애당초 좋은 수치가 나올 수 없는 회사였다'며 '2017년까지 장기적으로 살아날 수 있는 판단에 변함이 없고 BIS 비율도 5.2%로 나와 문제될 것이 없다'고 말했다.

하지만 저축은행업계에서는 금융감독당국의 해명에도 불구하고 불안하다는 반응이다. 감사보고서가 '적정'하지 않은 저축은행에 안심하고 돈을 맡길 수 있겠느냐는 것이다. 2010 회계연도에 회계법인이 적정의견을 내지 않은 곳은 이미 영업정지를 당한 프라임 토마토 대영 제일2저축은행밖에 없다. 지난 회계연도에 적정의견을 받지 못한 대전저축은행은 영업정지를 당했다. 한 대형 저축은행장은 '삼일회계법인의 이번 감사의견은 상징성이 크다'며 '앞으로 적정의견을 받지 못하는 저축은행이 더 나온다면 업계 전반에 충격이 나타날 수 있다'고 말했다.

한국경제신문. 2011.9.30.

감독기관과 회계법인간에 표명했던 의견과 관련되어 이견이 있었던 내용은 2002년의 SK글로벌(현 SK네트워크)의 분식회계건에서 찾을 수 있다.*

2002년 감사의견에 대해서

피감사회사가 해외현지법인에 대한 지급보증추정손실 23,927억원을 반영하지 않은 사실과 해외현지법인의 부실규모 등에 대한 관련자료 불충분으로 피감사회사의 재무제표에 미치는 영향을 판단할 수 없는 사안은, 피감사회사의 재무제표에 '매우 중요하고 전반적인 영향을 미치고 있는 사안'임에도 한정의견을 표명한 사실이 있다고 감독원은 의견을 보였다.

한정, 부적정의견, 의견거절의 구분도 매우 주관적인 판단일 수 있다. 이러한 규제기관의 의견에 대해서 감사인의 답변 내용은 다음과 같다.

전반적이라는 용어는 국제회계감사기준의 pervasive를 번역한 것으로 이는 모든 부분에 전체적으로 퍼져있다는 의미이다. 회계감사 준칙상 감사범위제한의 영향 또는 감사인의 경영자간의 의견불일치로 인한 영향이 전반적이라는 것은 기업회계기준의 위반, 감사범위의 제한, 내부통제상의 결함 등으로 인하여 재무제표상 계정과목 대부분이 중

---

* 다음의 내용은 손성규 저, 「회계감사이론, 제도 및 적용」 (2006)에서 인용/편집한 것이다.

요하게 왜곡표시됨으로써 재무제표가 정보이용자들을 오도하거나 정보이용자에게 실질적으로 유용성이 없게 되는 경우를 의미한다.

반면, SK글로벌에 대한 감사인인 영화회계법인의 한정의견을 표명한 이유로는

2002 회계연도 감사보고서에 표시된 한정사항은 해외현지법인과 직접 관련된 항목으로 해외현지법인에 대한 지급보증대지급손실 예상액 23,972억원, 해외현지법인에 대한 매출채권의 대손예상액 등이었던바 이는 추가 손실 예상액 관련 감사범위제한으로서 둘 다 해외현지법인의 재무상황과 관련된 것으로, 이러한 내용은 해외 현지 법인에 대한 지급보증대지급 손실 및 매출채권에만 국한된 항목으로 '전반적'이지 않으며 특정하게 제한된 항목이므로 이들 항목을 제외한 피감사회사의 재무제표는 여전히 정보이용자에게 의미 있는 정보를 제공하고 있다고 판단한다. 이는 전반적이라는 용어의 사용을 몇 개의 계정에 미치는 영향인지의 측면에서 접근한 것이다.

감사의견 표명 당시 SK글로벌의 국내 회계부정에 대한 검찰의 철저한 조사가 있었고, 조사결과 해외 현지 법인과 관련된 항목을 제외하고는 회계부정은 감사 당시 이미 재무제표에 반영되어 있다고 판단하였다.

이에 대한 규제당국의 입장은

"'전반적'이라는 의미는 영향을 미치는 계정과목의 항목수를 의미하는 것이 아니라 영향의 정도가 중요하다."

이에 대한 저자의 개인적인 의견은 계정과목의 수가 전체 계정 과목수에서 몇 항목에 영향을 미쳐야 이것이 전반적인지는 중요성 못지않게 주관적인 판단이다. 아마도 영향을 받는 계정 과목수와 금액이 모두 전반적이라는 용어를 해석함에 중요하다고 할 수 있다.

다시 SK글로벌의 주장은 다음과 같다.

공표된 재무제표상 자산 총계는 55,527억원, 매출액은 188,221억원이었으나, 해외현지법인에 대한 매출채권 할인액 25,800억원을 포함한 실질적인 자산총계는 81,327억원이다. 지급보증 대지급소실 예상액 23,927억원은 해외 현지법인에 대한 매출채권할인액

을 포함한 실질적 자산 총액 81,327억원의 29%이고 매출액의 13%에 해당되는바, 동 지급보증 대지급손실 예상액이 단지 특정계정과목에만 국한되고, 미계상으로 인한 영향이 재무제표가 실질적으로 무용하다고 여길 정도로 '대단히 중요하고 전반적'이라고는 판단하지 않는다.

이에 대한 규제기관의 의견은 다음과 같다.

감사인의 주장대로라면 피감사회사가 반영하지 아니한 해외현지법인 지급보증에 따른 대지급손실 추정치 23,927억원과 해외현지법인에 대한 순매출채권 28,677억원은 회사의 실질적인 자산 총계의 64%이고 매출액의 28%에 해당되는 매우 중요한 금액이다.

영화회계법인은 이 내용을 다음과 같이 대응한다.

더욱이 해외현지법인에 대한 지급보증 대지급손실 예상액 23,927억원 미계상에 대한 감사인과 경영자간 의견불일치로 인한 영향 및 해외현지법인에 대한 매출채권 추가 대손예상액과 관련된 감사범위 제한은 감사보고서 본문에 충분하고 적절하게 공시되었기 때문에 한정의견의 표명으로도 재무제표의 왜곡표시된 내용을 적절히 공시할 수 있다고 판단하였다.
결론적으로 본 감사인은 감사인의 입장에서 상기 발견사항이 피감사회사의 재무제표에 미치는 영향이 감사준칙에서 정하고 있는 '매우 중요하고 전반적인' 것에 해당되는 것은 아니라고 판단하여 한정의견을 표명하다.

이러한 의견에 대해 규제기관은

'전반적'이라는 의미가 영향을 미치는 항목수를 의미한다고 볼 때, 감사보고서에 표시된 한정의견은, 대지급채무, 매출채권, 이로 인한 투자유가증권(해외현지법인주식) 등에 영향을 미치는 전반적인 사항이라고 볼 수 있다.
물론, 회계감사기준이나 회계감사준칙에서 또는 기업회계기준에서 중요성을 수치화하여서 정의하고 있지 않기 때문에 이러한 판단은 주관적인 판단이며 그렇기 때문에 위와 같은 동일한 수치에 대해서 다른 판단이 수행되는 것이다.

위의 동일한 현상을 이해하고 해석하는 데도 감사인과 규제당국간의 견해에 차이가 있을 수 있다. '전반적'이라는 의미는 영향을 미치는 계정과목의 항목수인지 영향의 정도인지가 회계감사기준/준칙에서 명확히 구분되지 않는다. 또한 중요성의 판단기준도 매우 주관적인 판단인 것과 같이 전반적이라는 용어의 사용도 매우 주관적이다.

대우전자의 분식회계는 명백했고 부실감사도 충분히 입증된 상태였으므로 결국 가장 큰 쟁점은 과연 원고들의 손해와 분식회계 내지 부실감사간의 인과 관계를 인정할 수 있는가의 문제였다.

안진회계법인측은 비록 분식회계가 있었고 부실감사가 있었다 하더라도 원고들의 주식매입행위와 부실한 감사보고서와는 인과관계가 없다(거래인과 관계의 부정), 원고들의 주식매매 손실과 감사보고서간에 인과관계가 없다는(손해인과 관계의 부정) 주장을 하였다.

일반적인 사회현상 속에서 인과관계를 증명한다는 것은 매우 어렵다. 어떠한 두 변수간에 상관관계(association)가 존재한다는 것은 보일 수 있지만 이 관계가 인과 관계라는 것은 어떠한 논리적인 논지 전개의 결과일 수 있다. 우리가 흔히 사용하는 방법론인 회귀분석 또한 설명변수와 종속변수가 존재하고 이들간에 인과 관계를 가정하지만 이는 논리 전개에 의한 가정에 불과한 것이지 유의한 회귀계수를 구할 수 있다고 해서 논리하에서 test할 수 있는 것은 아니다.

원고들은 이를 분식회계로 인하여 부풀려진 주가에 주식을 산 데 따른 손실(주식을 고가 취득한데 따른 손실)이라고 본 반면, 피고들은 분식회계 사실이 드러남으로써 주가가 하락한 데 따른 손실(분식회계 공표 사실에 따른 손실)이라고 보는 큰 관점의 차이가 있었다.

당시의 증권거래법에는 손해 인과관계를 부정하는 입증책임은 피고들에게 있는데 주가하락의 원인이 분식회계 이외의 원인에 있다는 것에 대한 입증이 없다는 점 등을 들어 피고들의 주장을 반박하였다.

'주식 가격은 신도 모른다'는 얘기를 하기도 한다. 사실일 수도 있다. 이러한 상황에서 소송으로 얽힌 건에 대해서 무엇이 주가를 결정하였는지를 입증한다는 것은 참으로 어려운 것이다. 따라서 법에 의해서 증거를 보여야 하는 원고 또는 피고는 그만큼 입증에 대한 부담을 안을 수밖에 없다. 즉, 입증 책임을 지는 원고 또는 피고가 태생적으로 불리할 수밖에 없는 구도이다. 이는 법안이 어떻게 제정되었는지에 따라서 유불리가 구분될 수 있다.

그저 분식회계 발표 후의 주가하락이 분식회계로 인한 것이라고 통계적인 확증을 할 수 없다는 정도의 내용이며, 이를 근거로 위 판결 역시 과연 그렇다면 원고들이 주식을 취득한 후 처분할 때까지 부실감사 내지 분식회계와 무관한 어떠한 외부적 요인으로 인해서 주가가 하락한 것인지에 관한 아무런 설시도 없이 그저 원고들이 주식을 취득할 당시 이미 주가가 분식회계를 반영하여 상당히 떨어져 있었고, 그후에는 감정보고서에 비추어볼 때 주가가 비정상적으로 떨어지지 않았다는 정도로 하여 인과관계를 부정하였는바, 이는 명백한 증권거래법상 배상책임의 요건 사실 및 입증책임의 분배에 관한 법리를 위반한 것이라 할 것이다.

분명 증권거래법에서는 이러한 경우 투자자들이 주식을 산 가격에서 판 가격을 뺀 나머지 금액을 배상하도록 규정하고 있음에도 불구하고, 분식회계사실이 알려진 시점 이후 주가하락이 통계학적으로 비정상적임을 확증할 수 없다는 이유로 배상을 부인하거나 막연한 투자자들의 책임을 들어 책임액수를 제한하는 것은 입법자의 의도에 반하는 것이라는 주장이다.

1999년 10월 26일 언론 보도로 분식회계가 널리 알려져 주가가 하락한 이후 주가변동분에 관하여는 분식회계와 부실감사간 인과관계를 좀 더 확인하여야 한다는 주장이다.

박××의 감정결과를 가지고 분식과 원고들 손해 전부간에 인과 관계가 없다는 입증이 되었다고 볼 수 없다. 다만 분식회계가 널리 알려져 부양된 주가가 다 제거되어 주가가 형성된 후에 주식을 매도하거나 변론 종료일까지 계속 보유한 경우에는 총 손해액 중 일부가 분식과 무관한 손해인지를 따져보아야 한다는 주장은 맞기 때문에 이 부분은 다시 심리를 해 보아야 한다.

분식회계 책임소송서 회계법인 60%가 패소

2006년부터 2014년 5월까지 분식회계 소송 44건 중 57%에 해당하는 25건에서 회계법인이 일부 또는 전부 패소했다. 분식 사고가 나면 절반 이상은 외부감사인이 법적 책임을 지게 된다는 것이다. 회계법인의 배상 규모는 평균 2억 8,000만원으로 나타났다.

한국경제신문. 2014.12.5.

감사인의 소송과 관련되어 더 많은 연구가 수행되어야 한다.

주관적인 판단의 영역

chapter

37

제도와 관련된 영역에는 주관적인 판단의 영역인 것이 많다. 양쪽의 논지가 모두 일리가 있으며 정책 입안자가 의사결정을 해야 하는 부분이다. 이를 뒷받침 하는 학문적인 연구도 가정, 연구 방법론이나 표본기간에 따라서 연구 결과가 동일하지 않을 수 있다.

이 모든 내용에 대해서 뭐가 맞다 뭐가 틀리다는 판단을 하기가 무척이나 어렵고 정책적인 판단의 영역으로 남게 된다.

아래에 나열한 항목들은 주관적인 판단의 대상일 뿐만 아니라 오랜 기간 동안, 논란의 대상이 되었던 항목들이다.

1. 사외이사의 term limit

예를 들어 사외이사의 term limit 관련된 부분이 있을 수 있다. 우리나라 금융기관은 5년이라는 term limit이 있다. 이 정책이 입안된 이유는 회사와 사외이사간에 필요 이상의 유착관계가 형성되고 entrench되어서 회사에 대해서 비판적으로 의견을 내기 어렵기 때문이다. 감사인에게 term limit을 두는 제도와 동일한 취지로 시작된 제도이다. 또한 일부 금융지주의 경우는 사외이사가 사외이사로서의 지위를 이용하여서 일부 떳떳하지 않은 이득을 취한 경우도 있다고 비판을 받았다.

최근 모 금융지주에서의 이사회가 문제가 되자 사외이사의 임기를 1년으로 줄이는 논의가 진행된 적이 있다. 아무리 사외이사가 문제가 되어도 사회 통념상

1년의 임기라는 것은 너무 짧은 임기로 무리한 제도가 아닌가 한다.

금융기관에는 5년 term limit 제도가 강제되지만 일반 기업에는 강제되지 않는 제도이다. 그러나 비 금융기업에 있어서도 특정 사외이사가 오랜 기간 사외이사를 맡고 있으면 신문기사에 명단이 올라갈 가능성이 높아진다. 사회적으로 비판받아 마땅하다는 식으로 접근되는 것이다.

그러나 이 제도에 대해서 다시 한번 생각해 보아야 한다. 기업에 대해서 적어도 2/3년 동안은 이사회 활동을 하여야 해당 기업을 이해/학습할 수 있고 실질적으로 회사에 보탬이 될 수 있는 업무를 수행할 수 있는 기간은 그 이후의 기간인데 term limit을 강제로 두는 것은 바람직하지 않을 수도 있다.

양쪽 논지가 모두 일리가 있다.

동시에 우리나라에서는 한 상장기업의 사외이사를 맡을 경우, 추가적으로 사외이사를 맡을 수 있는 기회가 상장이나 비상장기업의 경우에 무관하게 한 회사로 제한된다. 수년 전까지만 하여도 사외이사를 맡을 수 있는 기업의 수가 상장기업에 대해서만 두 개의 회사로 제한되었다. 그렇기 때문에 수년 전까지 적용되던 제도에 의하면 비상장기업에 대해서는 아무런 제한이 없었다.

미국의 경우는 사외이사를 맡을 수 있는 기업의 수가 제한되지 않는다. 물론, 우리나라에서 이러한 제도가 시행된 사유는 사외이사가 상근하는 직업이 있는 경우가 많은데 그들이 비상근으로 수행할 수 있는 업무가 제한적일 수밖에 없다는 내용에 근거한다. 즉, 기업의 사외이사를 너무 많이 맡게 되면 사외이사로서의 업무에 충실하기 어렵다는 우려에 근거한 정책이다.

미국의 사외이사는 대부분이 경영자들이 맡는 것으로 알려져 있는 반면에 우리나라의 경우, 전직 공무원, 전직 판검사, 변호사 및 교수들이 주류를 이루고 있다. 경영자들이 맡기 어려운 이유 중의 하나는 사외이사를 맡는 경영자가 해당 산업의 전문가라고 하면 해당 기업의 기업 비밀이 외부로 유출될 수도 있다.

또한 충분한 사외이사 시장의 pool이 존재하는가에 대해서도 생각해 보아야 한다.

은행 사외이사 '금융전문가 확대' 말잔치 그치나

최근 이슈가 되고 있는 금융과 IT 융합과 관련해 IT업계 전문가를 사외이사로 선임하려 해도 30여 개에 달하는 결격사유를 적용하다 보면 거의 대부분 탈락한다는 설명이다. 해당 금융회사를 누구보다 잘 아는 퇴직 임원을 선임하려 해도 2년은 지나야 한다. 사업 상 경쟁 관계나 협력관계가 있었던 임원도 사외이사로 갈 수 없다.

문제는 최근 금융회사 지배구조에 관한 법률을 발의하면서 이 같은 요건을 오히려 더 강화하고 있다는 점이다. 정부는 해당 금융회사 임직원은 3년간 사외이사를 못하게 강화 하는 법안을 만들었다. 김기식 새정치민주연합 의원은 한술 더 떠서 사외이사 냉각기간을 아예 2년에서 5년으로 늘리는 법안을 발의한 상태다.

시중은행 C부행장은 "외국계 금융회사들은 우수한 퇴직 임원도 사외이사를 시켜서 전 문성을 높이고 있는데 한국은 오히려 과도한 규정이 전문성을 오히려 떨어뜨리고 있는 형 국"이라고 지적했다.

매일경제신문. 2014.11.22.

사외이사들도 당연히 경제적인 유인이 있다. 감사인에게 지급되는 감사보수 도 뇌물이 되지 않기 위해서는 적정(표준) 수준의 감사보수가 지급되어야 한다는 주장이 제기된다. 이 동일한 논리가 이사회의 사외이사에게도 적용된다. 사외이사 로서의 시간 투자에 대한 적정한 수준의 수임료가 지급되어야 하는 것이다.

최근 KB 금융지주의 경우에서 보더라도 사외이사들은 회장을 뽑고 회장은 자기를 뽑아 준 사외이사들을 챙기는 등의 이사회가 그들만의 league가 되어 가는 모습은 바람직하지 않다.

이러한 부분에 대한 규제도 금융위는 모범규준을 통해서 규제를 시행하게 되 는데 이 모범규준에 대한 비판도 있다.

대주주 경영권 침해하는 '모범규준'은 간섭주의 전형

한국의 은행법에는 한 사람이나 한 회사가 은행 지분을 압도적으로 갖지 못하도록 돼 있다. 그 결과 모두가 주인이며 아무도 주인이 아니듯이, 은행 경영에 적극적으로 관심을 갖고 나설 만한 주주가 없게 됐다.

모범규준은 금융위원회가 수년 전부터 추진해 오던 관련 입법이 늦어지자 법이 아닌 행정지도로 발표된 것이다. 행정지도라지만 금융회사로선 법처럼 따를 것이다. '지배구조 에 정답이 없기 때문에' 만든 규준이라는데, 정말 그런 신축성이 있는 생각으로 만들었는 지 묻고 싶다.

한국경제신문. 2014.11.25.

금융위 '118개 금융회사 지배구조 개선' 논란

"사외이사 임기 1년 너무 짧아 독립성 훼손 우려"

금융감독원이 사외이사 적격성 평가를 실시하는 등 당국 개입 가능성을 높인 점도 염려하는 시각이 나온다.

지주사와 자회사간 거래 잔액이 1억원 이상인 개인은 사외이사가 될 수 없다는 조항 같은 결격 요건이 사라지지 않으면 실효성이 떨어질 수밖에 없다는 지적도 나왔다.

금융권 관계자는 "세세한 부분까지 공시를 요구함으로써 정부가 경영에 간섭할 수 있는 여지가 커졌다"

매일경제신문. 2014.11.28

사외이사의 경우도 해당 회사의 지분이 너무 많으면 주요주주의 반열에 올라갈 수도 있으므로 사외이사로서의 자격을 제한하기도 하는 아래의 규정과 같은 성격의 제도라고 이해는 되지만 그렇다고 은행을 금융기관으로 이용하는 것과 주식이 많아서 사외이사로서의 자격이 없다는 판단과는 완전히 상이한 접근이다.

현재는 은행 주식 1% 이상의 지분을 보유한 주주는 사외이사를 할 수 없도록 되어있는 반면 은행주식을 6개월 이상, 0.5% 이상 지속적으로 보유한 주주의 경우 사외이사를 추천할 수 있는 상충적인 규정이 존재한다. 즉, 1% 이상의 지분을 가진 주주는 사외이사를 추천할 수 있을 뿐이고 자신이 직접 사외이사가 될 수는 없다.

과거에 금융지주의 일부 사외이사들이 본인들이 상근으로 일하는 직장과 관련되어 은행으로부터 혜택을 받았다고 해서 문제가 된 적이 있다.

2. 감사인유지제도

오랫동안 피감사인과 감사인이 감사계약을 지속하는 것이 좋은지 아닌지도 매우 주관적인 판단의 영역에 놓여 있다. 감사계약이 오래 지속되는 것이 좋다는 논지는 해당기업에 대한 내부통제 등의 업무 파악이 가능하기 때문에 더 충실한 감사가 수행될 수 있다는 주장이고 그 반대 논리는 이 관계가 지속될수록 독립성을 유지하기 어려울 것이라는 것이다. 즉, 위에 기술된 사외이사의 임기와 관련되어 거의 동일한 논리이다. 이는 외부감사인과 사외이사는 기업의 외부/내부로만 구분된 것이지 기업에 대해 모니터링을 한다는 차원에서는 차이가 없다.

3. 강제교체

우리나라에서는 2006년부터 2009년 2월까지 이 제도가 시행되었다.

감사인 강제교체 제도는 미국의 엔론 사태 이후에 미국에서도 도입을 고민하였던 제도이다. 미국에서도 신규 감사인으로 변경시 피감기업을 새로운 시각에서 보기 때문에 회계감사의 품질이 개선된다는 주장과 신규감사인은 피감기업을 신규 수임하면 내부통제 등 해당 기업에 대한 파악에 시간이 걸리기 때문에 강제교체 제도가 바람직한 제도가 아니라는 주장이 혼재되었다. 1과 2에서의 고민과 궤를 같이 하는 내용이다.

또한 감사인 강제 교체제도가 시행되던 기간에도 동시에 감사인 유지제도가 병존하였는데 어떻게 보면 감사인 강제교체제도와 감사인 유지제도는 완전히 다른 정책적인 방향을 가진 제도라고도 할 수 있다. 유지제도는 유지하는 것이 좋다는 제도이고 교체제도는 교체하는 것이 좋다는 제도이다. 물론, 유지제도가 minimum을 보장한다는 취지의 제도라는 점은 이해할 수 있다.

유럽에서는 2016년부터 감사인 강제 교체제도를 시행하는데 첫 10년 이후에는 강제 교체하지만 공모할 수 있는 기회를 주어서 20년까지는 가능하고 joint audit을 수행한다고 하면 24년까지도 연장 가능하다고 한다. 유럽의 경우도 모든 기업에 강제교체 제도를 적용하는 것은 아니고 상장기업과 은행, 보험 등의 금융기관에 적용하게 된다.

미국의 경우에, 100대 기업의 평균 계속 감사 기간이 28년, fortune 500기업의 평균 감사기간이 21년이며 100년간 교체하지 않은 기업도 10%가 된다고 한다.

4. 파트너교체와 감사팀 교체 제도[*]

파트너교체와 감사팀 교체도 감사인 교체가 감사인유지제도보다는 덜 이슈가 되기는 하였지만 회계법인 내에서는 회사를 감사하는데 있어서 매우 큰 걸림돌과 부담으로 작용하고 있었다. 수임한 공인회계사가 3년이 경과된 이후 다른 파트너에게 주된 업무를 이관하여야 하는데, 어떠한 경우는 형식적으로 주된 파트너로서의 역할을 넘기지만 실질적으로는 계속적으로 관여하는 경우도 있고, 또한 힘들게 수임한 client를 넘기는 것이 적합한지에 대한 의견도 있다.

또한 감사인 강제교체제도가 시행되던 기간에도 파트너교체 제도가 시행되고

---

[*] 손성규 저, 「회계환경, 제도 및 전략」 (2014)에는 자세한 제도의 변화가 기술되었다.

동시에 팀원의 2/3 교체 제도도 동시에 시행되어서 감사 관련되어 바꿀 수 있는 모든 것을 모두 바꾸는 모습으로 진행되었다. 강제교체 제도가 파트너 교체 및 감사팀 교체와 병행하는 것이 합리적인지에 대해서도 별 고민을 하지 않았던 것 같다.

회계법인 내부적으로는 파트너가 client를 받아온 경우인데 이에 따른 보상이 따라야 하며 이를 남에게 넘기게 되므로 이 수임으로 인한 혜택은 누구에게 가야 하는지에 대한 복잡한 셈법에 대한 고민을 하게 된다.

피감사인과 감사인의 관계가 지속될 경우, 담합 등의 위험 때문에 이 관계를 단절시키려는 것이 좋다는 정책적인 판단인데, 결국은 독립성 훼손의 이슈이다. 그렇다면 독립성이 훼손된다면 누구의 독립성이 훼손될 확률이 높은지를 생각하게 되는데, 감사팀보다도 정책적인 판단을 하게되는 담당 파트너와 그 위의 본부장 등이 정무적인 판단을 수행할 가능성이 높다.

이는 이들이 이 용역을 수임하는데 역할을 수행한 것이고 chapter 36의 대우전자의 분식건에서도 보듯이 실무자가 정무적인 판단을 한다기 보다는 윗선에서 정책적인 판단을 수행할 가능성이 높기 때문에 윗선의 독립성의 훼손이 더 우려되는 부분이다.

정무적인 판단을 수행하지 않는 실무선에서 더 중요한 것은 업무에 대한 전문성이기 때문에 이들의 tenure가 길게 유지되는 것이 크게 문제가 되는지에 대한 의문을 가져볼 수 있다. 전문성이 더 필요한 position에 대해서는 임기에 대한 제한을 두지 않고 전문성보다는 독립성이 더 중요한 position에 대해서만 term limit을 두는 대안도 가능하다.

5. 비감사서비스

비감사서비스의 병행 또한 2002년 엔론 사태 이후 지속적으로 이슈가 되는 내용이다. 어떠한 비감사서비스의 병행이 회계감사의 독립성 확보에 문제가 되는 것이고 어떠한 항목들은 병행이 허용되어도 문제가 없는 것인지에 대한 논의는 기업/감사인별로 차이가 있기 때문에 모든 기업이 동의하는 완벽한 해답을 내어 놓기 어렵다. 또한 일부의 업무일 경우는 회사의 감사위원회에 승인을 받은 후, 승인 이후에 병행이 가능한데, 기업 측에서 문제가 없는지의 판단을 감사위원회에 승인 요청하는 경우, 매우 특이한 경우가 아니라고 하면 이를 감사위원회가 승인하지 않는 경우는 거의 없다고 판단된다.

이사회에서 부결되는 안건이 거의 없다는 내용과 감사위원회에서 병행에 문

제가 있어서 불가하다는 의견을 표명하는 경우가 거의 없을 것이라는 것은 이사회/
감사위원회 제도의 맹점일 수도 있고, 한계일 수도 있다.

유럽에서는 감사인 강제교체 제도를 시행하면서 비감사서비스에 대한 제재도
강화하였는데, 전체 수임료 중에 감사수임료의 한계를 70%까지로 제한하였다. 과
거 우리나라에서도 2002년 비감사서비스 제한과 관련된 논의가 진행될 때, 어느
비감사서비스는 가능하고 어느 서비스는 불가하다는 것으로 판단한다는 것 자체
도 어렵기 때문에 금액으로 제한하자는 접근도 제안되었다. 이도 어느 정도 일리
가 있는 것이 독립성이 훼손되는 주된 이유가 경제적인 유인 때문이다.

6. 외감대상기업

chapter 39에서 집중적으로 거론될 외감대상기업 선정 기준 또한 무척이나
주관적인 판단의 대상이다. 어느 정도 규모의 기업이 회계감사의 대상이 되어야
하는지는 규모에 대한 일반적이고 절대적인 판단 기준이 관건이다. 120억원의 자
산 규모의 기업이라고 하여도 기업이 갖춰야 하는 체계를 못 갖춘 기업이라고 판
단하면 감사의 대상일 필요가 없다고 생각할 수도 있다.

7. 지정제의 확대에 대한 의견

chapter 3에서도 많은 논란이 있었지만 지정제를 확대하는 데 대해서 많은
의견이 있다. 자유수임제에 맹점이 많은데도 불구하고 지정제를 더 확대하면 안
되는 것인지, 지정제가 확대되면 자유수임제라는 대원칙이 무너지는 것이 아닌지
에 대한 고민을 수행하여야 한다.

8. 감사수임료

흔히들 감사수임료가 너무 낮아서 감사품질이 유지될 수 없다는 것이 통설이
다. 동시에 결산기에 회계법인의 임원들이 가져가는 급여의 수준을 보면 감사수임
료가 절대 낮은 것이 아니라는 주장도 동시에 있다. 물론, 어느 직급의 파트너가
어느 정도의 경제적인 보상을 받는 것에 근거하여 급여가 너무 높다, 낮다고 판단
한다는 것 자체에 대해서도 문제가 있다.

회계법인의 신입회계사가 어느 정도의 급여를 받고 대표, 부대표, 전무 급의
파트너가 어느 정도의 급여를 받을 것인지는 회계법인 내부에서 정할 사안이다.
신입 회계사의 급여 수준은 금융이나 컨설팅 등의 전문가 집단의 급여 수준에 비
한다면 그렇게 높은 수준은 아니다.

9. big 4 회계법인

회계법인의 형태가 big 4 회계법인 위주로 움직이는 데 대해서 많은 우려가 있다. EU에서도 2008년의 경제 위기에 대한 책임을 찾을 때 신용평가사들의 책임이 적지 않다는 얘기를 하고 신평사와 big 4 회계법인에 대해서 too big to fail이라는 얘기를 한다.

big 회계법인이 너무 많다고 또는 너무 적다고 하여도 정부가 개입하여 회계법인을 restructure할 수 있는 상황은 아니니 major 회계법인 수에 대한 논의는 별 실효성이 없는 내용이라고도 할 수 있다. 그러나 독과점의 이슈가 이 영역에 부정적인 영향을 미친다고 하면 공정위 등의 정부기관의 관찰의 대상이 될 수 있다.

미국은 대형 회계법인의 하나인 Arthur Anderson을 영업정지하면서 시장에서 퇴출시켰다. 그러나 전 세계적인 major 회계법인이 4개 남은 상황에서 major 회계법인에 영업정지 등의 강한 조치를 하면서 회계시장의 전체 틀을 흔들 수 있는지에 대해서는 여러 가지 논의가 있을 수 있다. 주된 회계법인의 수가 너무 적다는 것은 감독기관이 가지고 있고 가져야 하는 감독권의 자유도(degree of freedom)에 제한을 받는다고 할 수도 있다. 물론, 감독기관이 감독권을 행사할 때 정치적인 이슈를 고려하여야 하는 것은 아니지만 의사결정을 수행함에 분명히 constraint임은 분명하다.

chapter 3에서 이미 언급되었지만 미국에서는 2007년부터 Center for Audit Quality라는 단체가 활동하고 있어서 big 4 회계법인의 이익을 대변하고 있으며 또한 big 4 회계법인의 이익을 대변할 수 있는 연구활동도 지원하고 있다.

10. Dual Audit

France에서의 제도로 Green paper에서도 흥미롭게 주목하는, 두 회계법인이 동시에 감사를 수행하는 joint(dual) audit도 있다. 감사 선임 과정은 bidding process에 의해서 별개의 회계법인들이 신청하게 되며 회사가 이들 중 두 개 회계법인을 선정하게 되는데, 이들 두 회계법인은 동일 network의 회계법인일 수 없다. 두 회계법인이 감사보고서에 서명을 하게 되는데 이 두 회계법인간에 이견이 있을 경우는 개별적으로 의견을 표명하게 된다.

감사인 강제 교체제도가 유럽에서 시행되게 되면서 10년 만에 강제 교체의 기회가 있으며 bidding에 의하면 20년 만에 강제 교체가 수행되며, 24년까지 감사인이 교체되지 않고 감사인이 유지되기 위해서는 dual audit으로 갈 수 있다는 정책방향을 정하고 있어서 프랑스에서의 dual Audit제도를 모방하는 방식을 취하게 된다.

Dual audit이라는 제도는 일명 joint audit이라고도 호칭되는 제도이다. 한 회계법인이 단독으로 감사를 수행하면 이 감사가 객관적이지 않을 수도 있기 때문에 프랑스에서 현재 적용되는 제도이다. 그러나 비용이 중복해서 발생하므로 cost effective한 제도인지에 대해서는 의문이 있다. 또한 두 개의 회계법인이 동시에 감사를 수행한다면 피감기업의 입장에서도 무척이나 부담스러운 일일 수도 있으며 한 회계법인이 기업내 정보에 대해서 접근 가능한 것이 부담이 될 수도 있는데 복수의 회계법인에 기업 내부의 정보가 노출되는 것에 대해서 부담스러워 할 것도 같다.

이러한 이유에서 감정평가사에게서 평가를 받을 경우도 복수로 평가사를 선정하여 한 평가사의 편향성을 희석하려는 노력을 하기도 한다. 우리나라의 신용평가업에서 복수평가제도가 시행되는 것도 이러한 맥락에서 이해할 수 있다.

신용평가업에 대한 복수 평가가 수행되는 것보다도 외부감사의 복수평가는 더 복잡한 것이 신용평가는 대부분이 경우, 기업 외적인 요인이나 macro 경제 변수들을 이용한 평가라고 한다면 회계감사는 많은 경우, 해당 기업의 내부정보가 제공되어야 한다. 따라서 이렇게 제공된 자료도 복수의 감사인이 공유해야 하는 복잡한 문제를 초래한다.

PCAOB는 미국거래소에 상장되어 있는 모든 기업의 감사를 수행하는 회계법인에 대한 조사를 수행하며 이에는 우리나라의 회계법인도 예외가 아니다. PCAOB의 우리나라 회계법인에 대한 조사는 금융감독원과 공동으로 진행하게 되는데 감사가 진행된 사례에 대해서 실질적인 감사과정에 대한 점검을 양 기관이 공동으로 진행하기도 한다. 그런데, 양기관이 감사에서의 문제점을 동시에 발견한다고 해도 이에 대한 조치 수준에는 차이가 있다. 수년 전 안진 회계법인에 대한 한국전력 감사관련 공동 조사에서 안진이 수행한 감사건에 대해서 PCAOB와 금융감독원이 모두 문제를 인지하였지만 감독원이 이 문제가 조치를 할 정도의 심각한 잘못은 아니라고 결론을 내린 반면, PCAOB도 동일한 결론을 도출하기는 하였지만 이 결론을 내릴 때까지 PCAOB는 오랜 시간이 걸렸다. 이와 같이 동일 건에 대한 해석이 각 기관별로 차이가 있다는 것은 어떻게 보면 너무나 당연한 결과이다.

프랑스의 dual audit에서 복수로 감사가 진행되지만 의견은 개별적으로 표명된다는 내용과 어느 정도 맥을 같이 하고 있다.

우리나라에서는 dual audit에 대한 논의는 전혀 진행되지 않았으나 프랑스에서만 진행되던 제도가 EU에 의해서 제한적으로 채택되는 것을 보면 앞으로 이러한 제도에 대한 검토가 필요할 수도 있다.

11. 제도의 문제인가 운용의 문제인가?

우리는 문제가 해결되지 않으면 빈번하게 법안을 개정하거나 제도를 변경하려고 한다. 그러나 회계와 관련되어 잘못되는 부분이 있다고 할 때 이것이 과연 제도의 이슈인가 아니면 실행상에 발생하는 문제인가에 대해서 심각하게 고민해 보아야 한다.

KB금융지주의 회장과 행장간의 힘겨루기에 의한 문제가 불거져 나왔을 때 언론에서 KB금융지주와 은행의 이사회에 실무 경험이 없는 교수가 너무 많다는 점이 문제점으로 지적되었다. 교수는 이론적인 부분에 강점이 있는 동시에 실무에 약점이 있으며 미국의 이사회의 구성을 보면 다수의 실무 경험이 있는 다른 회사의 경영자들이 이사회의 member일 가능성이 높다.

그러나 우리나라의 이사회의 구성이 왜 이렇게 되었는지를 보면 결국은 이해 상충의 소지가 있는 실무에서의 금융 전문가들을 배제하다 보니 궁극적으로는 독립성이 보장된 교수들만이 남게 되었다는 것이다.

아무리 선진화된 제도라고 하여도 구성원들이 이를 준수하려는 의지가 없다면 이는 무용지물이다. 규제에는 한계가 있을 수밖에 없고 규제가 모든 것을 해결할 수 없다.

한 사례를 든다.

수년 전부터 외부 감사인의 선임과 관련되어 최종적인 권한을 감사위원회가 (감사위원회가 구성되지 않는 기업의 경우는 감사인선임위원회가) 갖는 것으로 진행되어 왔다. 그러나 이러한 감사위원회의 외부감사인 선임은 형식적으로만 이렇게 진행되었지 실질적으로는 회사가 주도적으로 이를 진행하고 감사위원회의 추인을 받는 형태였어서 감사위원회가 실질적으로 이를 주도하도록 개정되었다. 이에는 감사위원회는 이와 관련된 회의록을 documentation하여야 한다는 등의 내용이 포함된다.

강화된 제도가 시행되기 이전에도 감사인의 선임은 감사위원회의 고유권한이

기는 하였지만 저자의 제한된 감사위원회 경험에 의하면 다음과 같이 진행되었다. 회사가 내부적인 검토에 의해서 어느 회계법인이 좋겠다는 내용을 정하여 감사위원회에 상정하게 된다.

적어도 복수 후보로 이러한 안건이 상정되고 동시에 회의 내용에 각 회계법인 선임으로 인한, 또한 추천과정에서 회사가 수임료 등을 포함하여 내부적으로 고민한 내용 등을 감사위원회에 보고할 수 있다면 감사위원회도 이 두 대안을 놓고 심각한 논의를 할 수 있을 것인데, 실상은 회계법인이 단수로 감사위원회에 추천되게 되어서 감사위원회에서 실질적인 어떤 심도 있는 논의가 진행될 수 있는 분위기가 아니다.

물론, 감사위원회 위원들이 감사위원회에 회계법인을 복수로 추천하여 심도 있는 논의를 할 수 있도록 준비를 해달라는 요청을 한 것도 아니므로 별 심각한 고민 없이 추천된 회계법인을 거의 승인하게 된다.

유럽의 경우는 회계법인을 정하여 주총에 추천하지만 추천하는 회계법인 이외에도 예비적으로 한 회계법인을 더 상정한다고 한다.

물론, 충분한 자료 요청을 하거나 마땅히 해야 할 역할을 수행하지 못한 책임을 감사위원회에 있다고 볼 수도 있지만 사외이사로 구성된 모든 위원회가 한계가 있을 수밖에 없으며 위원회가 제 역할을 찾아 갈 수 있도록 실무진들이 충분한 지원을 할 수 있어야 한다.

아마도 규제가 존재하는데도 잘 준수되지 않기 때문에 반복하고 중복하여 규제를 만드는 것일 수도 있다. 그런데 규제한 대로 준수하겠다는 의지가 그만큼 중요하다.

준수되지 않는 회계 관련 제도

38

제도가 존재하는데도 잘 안 지켜지는 내용들도 있다. 언론에 보도되었던 것도 있는데 회사가 몰라서 안 지키는 것인지 아니면 제도를 지키지 않는 것인지는 분명하지 않지만, 다음 세 가지 경우를 모아서 기술한다.

가. 이사회 내의 회계 전문가
나. 위원회 구성
다. 주총 안건의 통합 상정

가.

> **상법 제542조의11 (감사위원회)**
> ① 자산 규모 등을 고려하여 대통령령으로 정하는 상장회사는 감사위원회를 설치하여야 한다.
> ② 제1항의 상장회사의 감사위원회는 제415조의2 제2항의 요건 및 다음 각 호의 요건을 모두 갖추어야 한다.
>   1. 위원 중 1명 이상은 대통령령으로 정하는 회계 또는 재무 전문가일 것
>   2. 감사위원회의 대표는 사외이사일 것
> ③ 제542조의10 제2항 각 호의 어느 하나에 해당하는 자는 제1항의 상장회사의 사외이사가 아닌 감사위원회위원이 될 수 없고, 이에 해당하게 된 경우에는 그 직을 상실한다.

④ 상장회사는 감사위원회위원인 사외이사의 사임·사망 등의 사유로 인하여 사외이사의 수가 다음 각 호의 감사위원회의 구성요건에 미달하게 되면 그 사유가 발생한 후 처음으로 소집되는 주주총회에서 그 요건에 합치되도록 하여야 한다.
1. 제1항에 따라 감사위원회를 설치한 상장회사는 제2항 각 호 및 제415조의2 제2항의 요건
2. 제415조의2 제1항에 따라 감사위원회를 설치한 상장회사는 제415조의2 제2항의 요건

법률 또는 정관에서 정한 이사의 원수를 결한 경우에는 임기의 만료 또는 사임으로 인하여 (해임의 경우는 제외) 퇴임한 이사는 새로 선임된 이사가 취임할 때까지 이사의 권리 의무가 있다(상법 386조 1항).*

이러한 퇴임이사제도는 이사의 결원으로 회사가 정상적인 활동을 할 수 없게 된 사태를 막고자 하는 제도이다.

법원은 정관상 이사의 정원을 일부 결하더라도 회사의 운영에 장애가 없다면 이 규정을 적용할 필요가 없다고 판결하였다. 즉 이사 중의 일부에 임기가 만료되었다 하더라도 아직 임기가 만료되지 않은 다른 이사들로써 정상적인 법인의 활동을 할 수 있는 경우에는 구태여 임기만료된 이사로 하여금 이사로서의 직무를 계속 수행케 할 필요는 없다고 해석한다.

그 밖에 상법은 일시이사제도도 두고 있다.

상법은 상장회사는 사외이사의 사임·사망 등의 사유로 인하여 사외이사의 수가 제1항의 이사회의 구성요건에 미달하게 되면 그 사유가 발생한 후 처음으로 소집되는 주주총회에서 제1항의 요건에 합치되도록 사외이사를 선임하여야 한다고 제542조의8 제3항에 규정하였을 뿐 이사의 결원에 대한 다른 강제조항을 규정하고 있지 않다.

따라서 이사의 결원충원을 위한 임시주주총회를 반드시 개최하여야 하는 것은 아니며, 이 내용은 위의 감사위원회 위원이 결원되었을 경우도 동일하다.

위의 상법의 내용은 회계 또는 재무 전문가라는 표현을 사용하고 있는데 회계전문가가 반드시 재무전문가가 아니며 재무전문가라고 또한 반드시 회계전문가는 아니다. 더더욱 경영을 전공하는 교수라고 해서 회계전문가라고 인지되어서는

* 이 내용을 자문해 준 연세대학교 법학전문대학원의 심영 교수님께 감사한다.

안 된다.

위의 상법의 내용과는 무관하게 감사위원회의 업무는 회계전문가가 담당하여야 할 몫이라고 판단한다. 사회는 점점 전문화되어 가고 있는데 전문가의 영역을 분명히 할 필요가 있다.

이러한 회계, 재무전문가도 자산 규모 2조원이 넘는 기업에만 강제된다.

미국의 경우는 모든 감사위원은 financially literate해야 한다고 하고 이는 able to read and understand basic financial statements라고 정의된다. 그리고 최소 세명의 감사위원으로 구성되어야 하며 모두는 사외이사여야 한다.

대통령령의 내용은 다음과 같다.

> 법 제542조의11 제2항 제1호에서 "대통령령으로 정하는 회계 또는 재무 전문가"란 다음 각 호의 어느 하나에 해당하는 사람을 말한다. [개정 2012.2.29 제23644호(대학교원 자격기준 등에 관한 규정)] [[시행일 2012.7.22]]
>
> 1. 공인회계사의 자격을 가진 사람으로서 그 자격과 관련된 업무에 5년 이상 종사한 경력이 있는 사람
> 2. 회계 또는 재무 분야에서 석사학위 이상의 학위를 취득한 사람으로서 연구기관 또는 대학에서 회계 또는 재무 관련 분야의 연구원이나 조교수 이상으로 근무한 경력이 합산하여 5년 이상인 사람
> 3. 상장회사에서 회계 또는 재무 관련 업무에 합산하여 임원으로 근무한 경력이 5년 이상 또는 임직원으로 근무한 경력이 10년 이상인 사람
> 4. 「자본시장과 금융투자업에 관한 법률 시행령」 제29조 제2항 제4호 각 목의 기관에서 회계 또는 재무 관련 업무나 이에 대한 감독 업무에 근무한 경력이 합산하여 5년 이상인 사람

본조는 2009년 1월 30일에 신설되었는데 그 시점 이후 회계 또는 재무전공자가 대거 감사위원으로 선임되었다고 판단되지 않아서 이러한 제도가 충실하게 지켜지지 않는다고 판단된다.

기업지배구조원에서 개별 기업의 지배구조 평가시 회계 및 재무전문가의 자격에 대해서 회사와 논란이 있을 때가 있다고 한다. 예를 들어 회사에서는 전직 지방국세청장을 선임하여 회계 전문가라고 주장하는데 세무전문가가 회계전문가는 아니라는 점에 대해서 논란이 있을 때가 있다고 한다.

나.

정책적인 의지가 반영된 제도가 확립되었는데 아래의 신문기사에서도 공개적으로 기업이 제도를 준수하지 않는다는 점이 언론에서까지 지적되었으며 감독기관이 이러한 부분에 대해서 어떠한 조치를 취하는지에 대해서는 의문이다.

사외이사 요건 못 맞춰. 대우건설 등 '위법'

자산 2조원 이상 상장 대기업들에 대해 사외이사와 감사 선임 요건 등을 강화하는 개정 상법이 지난해 4월부터 시행에 들어갔으나 바뀐 규정대로 제대로 적용하지 않아 상법을 어기는 상황이 빈번하고 있다.

최근 12월 결산 상장법인들의 3월 주총 시즌이 본격 시작된 상황에서도 현대상선, 대우건설 등 상당수 상장 대기업에 이 같은 사례가 나타나고 있다.

대림산업은 지난 7일 사외이사 추천위원회 구성을 "사내이사 4명+사외이사 4명"에서 "사내이사 3명+사외이사 4명"으로 정정하는 공시를 냈다.

지난해 4월 개정된 상법에서 자산 총액 2조원 이상 대기업의 경우 사외이사 후보 추천위원회 구성 요건이 '총 위원의 1/2 이상이 사외이사가 될 것'에서 '사외이사 후보추천위원회는 사외이사가 총 위원의 과반수가 되도록 구성하여야 한다'고 바뀐 것을 모르고 있다가 뒤늦게 문제가 되자 황급히 고친 것이다.

2분의 1 이상과 과반수는 크게 차이가 난다. 예를 들어 추천위원회가 6명으로 구성될 경우 2분의 1 이상의 규정에 따르면 사외이사를 3명 이상 두면 되지만 과반수 규정을 따르면 4명 이상 돼야 한다.

상장 대기업들이 대표이사와 사외이사 1명 등 2명으로만 사외이사 추천위원회를 구성한 사례도 많은데 이것 역시 법 위반이다. 2분의 1 요건에는 해당하지만 과반수 요건에는 못 미치기 때문이다.

아시아나항공은 지난해 상반기 말 기준 사내이사 2명, 사외이사 2명으로 사외이사 후보추천위원회를 구성해둔 상태이지만 과반수 요건을 맞추기 위한 추가적인 움직임이 포착되지 않고 있다.

현대상선은 지난해 11월 22일 내 놓은 분기보고서에 사외이사추천위원회를 현정은 회장과 다른 사외이사 1명 등 총 2명으로 구성해 놓고도 과반수 조건을 충족했다고 해석했다. '2분의 1 이상'과 '과반수'의 차이를 헷갈린 셈이다. 현대상선 관계자는 10일 "지난 6일 이사회에서 사외이사추천위원회 멤버를 3명으로 늘려 법적 요건을 충족했다'고 밝혔다.

금호타이어는 지난해 11월말 공시한 분기보고서를 통해 김창규 대표와 박병엽 사외이

240 금융시장에서의 회계의 역할과 적용

사 두 명으로만 사외이사 추천위원회를 구성해 놓고선 2분의 1 이상 요건을 충족하고 있다고 했다.

　대우건설 역시 지난해 11월말 기준 서종욱 사장과 박송화 사외이사 2명만으로 사외이사 후보추천위원회를 구성해놓고 적법한 절차에 따랐다고 설명하고 있다.

　반면 아모레퍼시픽은 주주총회를 앞두고 뒤늦게 문제점을 인식하고 지난달 7일 사외이사를 후보추천위원으로 선임해 추천위원회를 3명으로 늘려 황급히 법적 요건을 맞췄다.

　현행법상 자산 총액 2조원 이상 상장기업에 대해선 이사회 구성 요건이 매우 까다롭다. 2조원 미만은 사외이사 숫자를 전체 이사의 4분의 1 이상 유지하면 되지만 자산 2조원 이상은 최소 3명 이상 사외이사를 두되 전체 이사 총수의 과반수여야 한다.

　하지만 OCI는 전체 등기 임원이 8명이지만 이 가운데 사외이사는 4명이다. OCI는 지난해 3월 사외이사 1명이 중도퇴임하자 올 정기주총까지는 1년 동안 빈 자리를 채우지 않고 내버려뒀다.

　문제는 대기업들의 이 같은 상법 위반 사례가 수두룩한데도 처벌 규정이나 이를 감사할 제도적 장치가 없어 사각지대에 방치돼 있다는 점이다.

매일경제신문. 2013.3.11.

　이러한 위원의 선임은 회사의 행정절차만 거치면 되므로 복잡한 과정이 아니다.
　사외이사의 결원도 임시주총을 개최하면서까지 보충하여야 하는 의무가 있는 것은 아니다. 물론, 사외이사를 맡을 수 있는 인적 pool이 제한되어 있으므로 다른 회사에서 사외이사 임기를 마친 후보자를 찾는다면 적임자를 찾기 어려울 수도 있다. 물론, 이는 그 특정 기업의 이슈이다.
　또한 자산규모 2조원에 못 미치는 기업이 기업의 여러 가지 infra가 부족하여 제도를 준수하지 못한다면 이는 이해할 수도 있지만 자산규모 2조원 넘는 대기업에서 상법을 준수하지 않는다는 것은 이들 기업의 수준으로는 이해하기 어렵다.

다.

주총 이사 선임 일괄상정 논란

　오는 15일 상장사 주주총회가 몰려 있는 '주총데이'를 앞두고 일부 기업이 다수의 이사를 한꺼번에 통과시키는 방식을 취하려고 하면서 논란을 불러 일으키고 있다.

　다수의 이사를 선임할 때엔 이사 후보별로 안건을 분리해서 상정해야 한다는 주총원칙(권고)과 거리가 있기 때문이다. 이사 후보별 찬반을 물어 선임 여부를 결정하는 '주주의

결권' 침해 소지가 있다는 지적이다.

12일 금융감독원 전자공시 시스템에 따르면 LG화학 신세계 현대자동차 현대모비스 등은 주총 소집 결의서에서 '이사선임의 건'을 하나의 안건으로 상정했다. 반면 삼성전자 KT 대립산업 제일모직 등 대다수 기업은 이사 개인별로 안건을 따로 나눴다.

LG화학은 박일진 남기명 오승모 등 사외이사 3명의 재선임건을 제2호 이사선임의 건에 하나로 묶어 상정했다. 신세계도 법률 자문을 받고 있는 법무법인 인사를 사외이사로 선임하면서 개인별로 분리하지 않고 상정했다. 독립성이 침해될 가능성이 있다는 우려다. 현대자동차는 정의선 김충호 사내이사 후보와 남성일 이유재 사외이사 후보를 하나의 안건으로 상정했다. 현대모비스는 정몽구 전호석 사내이사 후보와 박찬욱 사외이사 후보 선임건을 하나의 안건으로 묶어 올렸다.

상장회사협의회 관계자는 "논란 소지가 있는 인사의 경우 충분한 논의를 거쳐 안건을 하나로 묶어야 한다"며 "하나의 안건으로 묶어서 처리하면 개별 인사에 대해 반대표를 던질 수 없게 된다"고 지적했다.

매일경제신문. 2013.3.13.

이사와 감사의 선임을 따로 진행하여야 한다는 정책 방향과 동일하다.

각각 개별건에 대해서 안건이 상정되는 경우와 개별적으로 상정되는 경우에는 많은 차이가 있다. 주주총회 진행 중에 각 개별 안건에 대해서 가부의 의견을 표명할 수 있겠지만 안건이 개별적으로 상정되는지 또는 묶어서 상정되는지에 대한 의사진행과 관련된 의견을 표명하기는 결코 쉽지 않다. 의안을 진행하는 기업 측에서 이를 구분하여 상정할 경우만, 구분하여 안건의 의결이 가능하다.

특히나, 큰 기업의 주총에서 소액주주가 반대의견을 내도 이것이 반영되기는 어려운 분위기로 주총이 진행된다. 그러므로 주총 의사진행과 관련된 부분은 주총 이전에 잘 정리가 되어 있어야 한다.

즉, 주총의 경우는 상정된 안건에 대한 가, 부 의견을 표명하게 되지 회의의 진행과 관련된 건을 주총 행사장에서 논의하기는 용이하지 않다.

또한 이러한 내용이 권고이기 때문에 법적 구속력을 띠지 않는다는 점도 이 제도를 강하게 강제할 수 없는 한계점이다. 기업의 경우는 권고이기는 하지만 제도권에서의 권고라는 의미는 거의 그렇게 하라는 의미이며 이를 인지하고도 기업이 준수하지 않는다면 의도적으로 제도를 지키지 않겠다는 것으로 해석할 수도 있다.

외감대상기업

자산 적어도 매출 많으면 외부감사

삼성디스플레이, GS칼텍스, 호텔롯데 등 자산 1조 넘는 비상장사 회계감독 강화

모바일게임 쇼핑몰 등 금융위, 내년부터 의무화

모바일게임회사나 인터넷쇼핑몰처럼 자산이 적어도 매출이 큰 비상장 주식회사는 내년 부터 회계법인의 외부감사가 의무화된다. 또 루이비통코리아와 같은 유한회사도 외부감사 대상에 포함된다.

금융위원회는 외부감사대상 선발 기준에 매출을 새로 넣고, 유한회사로 범위를 넓히는 내용의 '주식회사 등 외부 감사에 관한 법률 개정안'을 마련, 지난 24일 증권선물위원회에 보고했다. 금융위는 다음달 정기 총회에 개정안을 제출, 이르면 내년부터 시행할 방침이다.

개정 외감법은 외부감사 대상을 '직전사업연도말 기준 자산 총액, 부채규모, 종업원 수, 매출 등이 일정 수준 이상인 주식회사와 유한회사로 규정했다. 구체적인 기준은 외감 법 개정안이 통과된 뒤 결정된다.

업계에선 현행 외부감사 대상이 −자산 120억원 이상, −자산 70억원 이상+부채 70억원 이상 −자산 70억원 이상+종업원 300명 이상인 점을 고려할 때 새로 추가된 매출 기준은 120~500억원 사이에서 결정될 것으로 보고 있다.

금융위원회가 외감법 개정안을 넣은 것은 스마트폰 시대로 접어들면서 몸집은 작지만 웬만한 제조업체보다 많은 매출을 올리는 새로운 형태의 벤처기업들이 속출하고 있는 현상을 반영한 것이다.

음식 배달 애플리케이션 '배달의 민족' 운영업체인 '우아한 형제'들이 대표적인 사례다. 이 회사는 설립 3년 만에 1,000만 소비자와 13만 7,000곳에 달하는 배달음식 업체들을 연결해 주는 '허브'가 됐다. 매출은 지난해 이미 100억원을 넘겼다.

하지만 배달업체들이 '배달의 민족'과 거래를 트기 위해 (주) 우아한 형제들의 재정 상태를 확인하고 싶어도 재무제표를 볼 길은 없다. 자산 총액이 42억원에 불과해 외부감사 기준(자산 120억원)에 못 미쳐서다.

금융위 고위 관계자는 "인터넷 쇼핑몰이나 모발일 게임업체 중 상당수는 보유자산이나 종업원 수는 적지만 수백억원이 넘는 매출을 올린다"며 "이런 회사들은 수많은 거래처나 소비자들 상대하는 만큼 외감대상에 넣어 재무제표의 신뢰도를 끌어올릴 필요가 있다"고 말했다.

개정 외감법은 루이비통코리아 애플코리아 등 대형 유한회사들도 외감대상에 포함했다. 2011년 상법 개정으로 유한회사에 대한 사원수 제안(50인 이하) 들의 폐지돼 사실상 주식회사와 비슷해졌기 때문이다.

금융위 관계자는 "유한회사란 이유만으로 외부감사를 계속 면제해주면 유한회사로 바꾸는 주식회사가 속출할 것"이라며 "실제 2007년부터 2012년까지 루이비통을 비롯한 85개 외감 대상 주식회사가 유한회사로 전환했다"고 설명했다.

구체적인 선정기준은 자산 부채 종업원수 매출액 등을 감안해 시행령 개정 때 넣기로 했다. 업계에선 주식회사처럼 자산 총액 120억원으로 결정될 경우 1,500여 개 안팎의 유한회사들이 새로 포함될 것으로 추산하고 있다.

금융위는 또 삼성디스플레이 GS칼텍스 호텔롯데 등 자산 총액 1조원이 넘는 대형 비상장 주식회사에 대한 회계감독 규제를 상장사 수준으로 강화하는 내용도 개정안에 넣었다.

한국경제신문. 2014.9.27.

위의 내용은 금융위가 외감법의 틀을 완전히 바꾸어서 '주식회사'라는 명칭을 삭제하는 대안도 검토하였던 내용이다. 외감법의 틀안에서 유한회사를 포함하는 것보다는 주식회사에 국한할 필요가 없다는 점도 일리가 있다. 즉, '주식회사의 외부감사에 관한 법률'에서 주식회사를 완전히 삭제하고 '외부감사에 관한 법률'로 법 체계를 완전히 바꾸는 것을 한때 검토하였다. 또한 이 논의가 최근에 와서는 '주식회사 등의 회계 및 외부감사에 대한 법률'로 명칭을 변경하는 논의가 진행되고 있다.

회계정보에 대한 외부 감사이고 외감법에 회계와 관련된 내용도 포함되어 있는데 '회계'라는 단어가 빠져 있는 것도 이상하다.

분식회계 땐 분식액 10% 과징금 낸다

외감법 개정안 발표

분식회계한 퇴직임원도 2년간 상장사 취업 제한

매출액 기준도 새로 넣어

이르면 내년 말부터 회계분식을 저지른 회사는 분식금액의 최대 10%만큼을 과징금으로 내야 한다.

금융위원회는 이 같은 내용을 담은 외감법 전면 개정안은 7일 발표했다. 개정안은 입법예고를 거쳐 국회에서 통과되면 2015년말(유한회사는 2016년 말)부터 시행될 전망이다.

개정안은 분식회계를 저지른 회사와 감사인에 대해 처벌을 강화하는 내용을 담았다. 우선 분식회계 혐의로 해임 면직 권고 조치를 받은 기업 임원은 향후 2년간 상장사 취업이 제한된다. 이 규정은 현직 임원뿐 아니라 퇴직 임원에도 적용된다.

회계분식을 저지른 회사 및 감사인에 대한 과징금 부과 조항도 신설됐다. 비상장사에 대해선 그동안 사실상 징계 근거가 없었다. 금융위는 비상장사를 포함한 모든 외부감사 대상 회사에 대해 회계분식 금액의 최대 10%(20억원 한도)만큼을 과징금으로 불릴 수 있도록 했다. 감사인에 대해선 감사보수의 2배(5억원 한도)까지 과징금을 부과할 수 있도록 했다.

금융위는 또 외감법 적용대상에 루이비통코리아 애플코리아 등 유한회사에 포함시켰다. 2011년 상법 개정으로 유한회사에 대한 사원 수 제한(50인 이하)과 지분양도 제한 규제가 폐지돼 사실상 주식회사와 비슷해졌다는 이유에서다.

다만 이해 관계자 수가 적은 유한회사에 대해선 외부감사를 면제해 주기로 했다. 또 일부 유한회사에 대해선 외부감사를 받더라도 감사보고서 공시는 면제해줄 방침이다.

금융위는 또 외부감사 대상을 선정할 때 기존 자산총액, 부채총액, 종업원 수 외에 매출액 기준을 새로 넣었다. 보유 자산이나 종업원 수는 적지만 수백억원대 매출을 올리는 모바일게임업체나 수백억원대 매출을 올리는 모바일게임업체나 인터넷 쇼핑몰 등도 외부감사 대상에 넣기 위해서다. 구체적인 기준은 시행령에 위임했다.

한국경제신문. 2014.10.8.

2014년 말에 확정된 외감법 시행령에서는 매출 기준은 포함되지 않았다. 매출 기준을 포함해 달라는 요청은 한국공인회계사회에서 수년간 주장했던 내용이다. 그들의 주장은 부채 기준이 포함된 것은 채무자를 위한 것이고, 매출 기준은 채권자를 보호하기 위한 것이므로 부채와 매출이 포함되면 채권, 채무자를 모두 반영하여 외감 대상이 정해질 수 있다.

해임 면직 권고 조치를 받은 임원이 계열사에 가 있다가, 또는 어느 기간 동안 직을 맡고 있지 않다가 다시 선임되는 '눈 가리고 아웅식'으로 조치를 피해가는 것을 미연에 방지하기 위한 제도이다.

감사보수의 2배까지로 과징금을 제한한 것은 2012년 4월 개정된 상법에서 이사에 대한 손해배상한도를 급여의 6배, 사외이사에게는 급여의 3배로 제한하는 것이나 궤를 같이 한다고 할 수 있다. 또한 감사계약서에서 감사인과 피감기업이 감사 계약을 수행할 때에, 법적 구속력이 없다는 일부 주장도 있는 내용이지만, 감사인이 부담할 수 있는 liability capping(배상책임)이 감사수임료 한도로 또는 감사수임료의 두 배 등으로 제한하는 경우도 있는데 이와도 궤를 같이 한다.

민사일 경우는 계약서가 어떻게 되든지 소송 당사자가 민간이므로 법적 구속력에 대한 의문이 제기될 수 있지만 과징금의 경우는 행정기관의 조치이므로 한도를 두는 것이 가능하다.

이는 감사인이 피감기업과의 배상책임에 있어서의 책임을 수임료 또는 수임료의 몇배로 제한한다고 해도 회계분식에 의해서 피해를 입은 제3자가 감사인에 대해서 민사소송을 제기한다면 이 경우는 감사계약서에 있어서 감사인과 피감기업 간에 수임료를 한도로 감사인을 보호하려는 계약서 문구와는 무관하다.

유한회사도 외부감사 의무화

금융위 관계자는 "이번 개정안을 다음달까지 입법예고한 뒤 규제개혁위원회와 법제처 심사 등을 거쳐 국회에 제출할 예정"이라면서 "국회에서 통과될 경우 이르면 내년부터 시행될 것으로 예상한다"고 말했다.

매일경제신문. 2014.10.8.

위의 내용은 과거에 한공회에서 주장하던 내용과 동일한 논지이다.

권오형 한공회장 인터뷰

지난번에 부채규모 70억원, 종업원 수 300명으로 됐는데, 종업원 수 대신 매출액을 넣어야 합니다. 국회의원들도 바꿔야 한다는 데 인식을 같이 하고 있기 때문에 분위기는 마련됐다고 봅니다.

매출이 많으면 채권채무 이해관계자가 많게 되는데, 이해관계자가 많은 곳이 투명해지려면 감사를 받아야 합니다.

부채규모가 포함된 이유가 부채가 많은 기업의 경우, '채무' 이해관계자가 많다는 이유였을 것인데 매출이 많다는 것은 채권 이해관계자가 많은 것으로 제도를 이렇게 운영한다면 채권 채무가 모두 포함될 것이다.

2010.7.13. 조세일보.

또한 이러한 논의가 있을 때, 종업원 수로 외감법 대상 기업을 정한다는 것이 정부의 고용창출 정책과 배치된다는 의견도 있었다. 즉, 종업원 수를 300명 이하로 고용하면 외감법을 피해갈 수 있다는 단점이 존재한다.

자산 70~100억원 기업 중 부채가 70억원 이상이거나 종업원수 300명 이상인 경우도 외감 대상으로 규정하는 내용의 외감법 시행령 개정안을 2009년 12월부터 시행하고 있다. 이 시행령이 확정되던 시점에도 매출을 외감대상 기업 선정 기준에 포함하여야 한다는 논란이 있기도 하였다.

종업원수가 어떠한 이유에서 감사대상기업을 선정하는 잣대로 사용되는지에 대해서는 다음의 기사를 참고할 수 있다. 따라서 직원수라는 것은 기업 규모에 대한 대용치일 수 있다. 고용시장의 경직성을 생각하면 종업원을 갑자기 늘리기도 어렵고 갑자기 줄이기도 어렵고 동시에 1인당 생산성이 급작스럽게 변화하는 것도 아니니 특히나 그러하다.

분식회계 잡는 비법? 직원 수 변동 확인하라

미국 노스캐롤라이나 대학 회계학과의 조 브라질(Brazel) 교수는 재무제표보다는 직원이나 공장면적의 변화를 보는 것이 분식회계 여부를 더 쉽게 판정할 수 있다고 주장했다. 연구진은 지난 9일 미국의 220개 기업을 대상으로 직원과 수익증가율을 분석한 결과를 발표했다. 이 중 110개 기업은 1984년에서 2002년 사이에 분식회계를 했다. 나머지 110개 기업은 정상적으로 재무제표를 발표했다. 그 결과 정상적인 기업에서는 수익 증가율과 직원 증가율이 대략 4% 차이를 보였다. 하지만 분식회계를 한 기업에서는 그 차이가 20%나 났다.

브라질 교수는 '분식회계의 대표적인 방법은 회계를 조작해 수익을 부풀리는 것'이라며

'하지만 제조업의 직원 수, 공장면적이나 유통업의 소매점수, 병원의 방문 환자수 등은 조작이 어렵다'고 밝혔다. 일반적으로 분식회계를 한 기업은 수익이 오르는데 직원수는 줄어드는 현상이 나타났다.

조선일보. 2009.11.11.

회계업계, "외부감사 대상에 '매출액 기준' 넣어야"

"종업원 기준은 실효성 부족, 고용정책 방향과도 역행"

올해 초 외부감사 대상기준에서 빠진 '매출액' 기준을 재추진하려는 회계업계의 움직임이 점차 확산되고 있다.

당초 금융위원회는 '주식회사의 외부감사에 관한 법률(외감법)' 시행령 개정안 입법예고에서 자산 70억~100억원 기업 중 매출액 200억원 이상인 경우도 외감 대상으로 명시했다가 규제개혁위원회 심의에 의해 이 기준이 삭제됐다.

조세일보. 2010.7.23.

2009년 이후 외감대상 법인을 축소할 때도 상당한 정도의 논란을 거쳤다. 당연히 시장 자체의 변화를 초래하는 사건이므로 회계업계에서 이에 대해 민감하게 반응하는 것은 당연하다.

외부감사 면제 중기에 도움 안돼

송재현 중소회계법인협의회장

중소회계법인협의회는 회계사 10~100명을 거느린 회계법인 120개로 구성돼 전체 회계사 가운데 약 40%(4,000명)을 대표하는 단체다.

송회장은 "회계 투명성을 높이는 방향으로 개혁한다던 정부가 개정안을 통해 회계감사를 비용 요소나 규제로 본다는 시각을 고스란히 드러냈다"고 지적했다. 그는 "외감대상을 줄이는 건 실질적으로 기업 외부 정보를 이용하는 사람들이나 중소기업들에게 큰 피해가 갈 수 있는 위험한 정책"이라며 "현재도 비상장 기업들이 외부감사를 회피하려 자산부채총액을 의도적으로 조정하는 경우가 있는데 그런 사례가 더 늘어날 가능성이 크다"고 말했다.

"비영리법인을 포함한 대부분 기업만 예외를 허용하는 네거티브 시스템 도입을 검토해야 한다"고 말했다.

매일경제신문. 2014.9.3.

"현재도 비상장 기업들이 외부감사를 회피하려 자산 부채총액을 의도적으로 조정하는 경우가 있다"는 주장은 충분히 일리가 있다. 그러나 이러한 논지는 어떠한 방식으로 외감대상기업을 선정하던지 동일한 문제가 발생할 수 있을 것이며 이는 단지 외감대상의 선정에만 국한되는 얘기는 아니다.

예를 들어 주요경영사항 수시공시의 경우는 유가증권시장 또는 코스닥시장의 공시규정에 자산총액의 100분의 5(대규모법인의 경우 1,000분의 25) 이상의 경우에 공시의무를 부가하는 경우가 있다. 즉, 공시를 결정함에 있어서 중요성 잣대가 적용되는 것이다.

이러한 경우에 공시의무를 피하기 위해서는 이 중요성 기준만을 피해가면 된다. 따라서 이와 같이 어떠한 잣대를 수치적으로 정의한다는 것이 반드시 긍정적인 측면만 있는 것이 아니다.

아예, 이와 같이 중요성을 판단하는 식으로 규제를 피해간다면 오히려 중요성을 수치적으로 정의하지 않는 것도 한 대안이며 이러한 접근 방식이 회계에서 중요성을 수치적으로 정의하지 않는 이유일 수도 있다.

기업이 적자를 보고한다는 것이 크게 부담되는 일이기 때문에 큰 적자가 아닌 borderline일 경우에 흑자 전환을 시도할 수 있다.

어느 정도 크기의 금액이 중요하고 이에 대해서는 반드시 공시해야 한다고 하면 기업은 이 금액의 공시를 회피하려 할 경우는 그 금액보다 낮은 금액일 경우에는 이 정보가 중요하지 않기 때문에 공시하지 않아도 무방하다고 주장할 수 있다.

따라서 이러한 점이 금액을 정의하면서 기준을 제시하는 것에 대한 단점의 하나이다.

단, 이러한 문제에도 불구하고 외감대상 기업의 선정 등에 있어서 수치적으로 이를 정하지 않을 수는 없다.

정부의 입장은 2009년 외감대상기업을 자산규모 70억원에서 100억원으로 상향조정하였고 이러한 기간이 이미 5년이 경과되어 2014년에는 120억원으로 상향조정하게 되는데, 우리 기업의 규모가 비례적으로 켜졌기 때문에 외감대상 기업의 규모도 높아져야 한다는 단순한 논리에 근거한다. 외감대상 기업을 정하는 기준은 70억, 100억, 120억원 등 어떠한 계산에 의해서 나오는 것이 아니라 정책적인 차원에서 누군가가 정해 주어야 하는 금액이다.

현재 적용되는 120억원도 무슨 근거가 있어서 나온 수치는 아니고 과거의 100억원도 그러하다. 120억원을 외감대상기업으로 정한 것은 시행령의 내용이다. 이를 역사적으로 조망해 보면 다음과 같이 제도가 변경되어 왔다.

- 1980년 12월31일 외감법 제정 당시에는 외부감사의 대상을 직전사업연도말 자산총액이 30억원 이상 또는 자본금이 5억원 이상인 주식회사로 규정함
- 1988년 4월에는 자산총액이 30억원 이상인 주식회사로 그 기준을 단일화함
- 그후 전반적인 회사의 규모가 커짐에 따라 1990년 3월에는 자산총액을 40억원 이상으로 상향조정함(외감대상 기업을 주식회사로 국한하지 않기 시작함)
- 1993년 5월에 자산총액을 60억원 이상으로 상향조정함
- 1998년 4월에 자산총액을 70억원 이상으로 상향조정함

따라서 1998년에 70억원으로 외감대상 기업이 조정된 이후에, 거의 11년 만에 2009년 외감대상 기업이 100억원으로 조정된 것을 볼 수 있다.

즉, 지난 5차에 걸친 외감대상 기업 규모의 상향 조정은 평균 6년 만(8년, 2년, 5년, 5년, 11년)에 조정되고 있다. 따라서 이번에 5년 만에 외감대상기업이 조정된다면 이는 평균적인 외감대상 기업의 조정이다.

정책의 일관성

자산재평가 공시와 관련된 제도의 변화에 대해서는 「회계환경, 제도 및 전략」 (2014) chapter 70. 수시공시제도의 변화를 참고한다.

그 내용에 근거하여 진행되었던 내용을 기술한다. 2009년 4월 16일부터 자산 재평가를 강제공시하는 제도를 운영해 오다가 2013년 2월, 제도를 채택한 이후 채 4년도 안된 시점에 자산재평가의 내용은 강제 공시사항에서 빠지게 된다. 제도가 변경되어 자산재평가가 자율공시로 재분류된 이후에는 거의 공시하는 항목에서 누락되는 문제점을 노출하게 된다.

자산재평가, 숨기는 기업 많다

올 들어 국내기업의 자산재평가가 줄을 잇고 있는 가운데 상당수 기업들이 제때 공시 를 하지 않고 있다. 특히 수천억 또는 1조원대의 막대한 재평가 차익을 얻은 대기업조차 투자자들에게 알리지 않고 은근슬쩍 결산결과를 발표해 투자자들을 오도할 수 있다는 지 적이 제기되고 있다.

23일 금융업계에 따르면 CJ제일제당(152,500원 2,000 -1.3%)은 최근 자산재평가를 통해 9,358억원의 차익을 올렸고, GS칼텍스도 토지와 구축물 등의 재평가를 통해 순자 산을 1조 3,000억원 가량 늘렸다. 남광토건(10,900원 50 +0.5%)도 최근 자산재평가 결과를 반영해 가결산결과를 공시했다.

이들 기업 중 재평가결과를 공시한 곳은 없다. 지난해 말부터 허용된 자산재평가가 공시의무사항이 아니라는 이유에서다.

자본시장법 시행 후 금융위원회는 '20'개의 사항만 의무공시사항으로 관리하고 나머지는 한국거래소로 넘겼는데, 자산재평가 항목은 의무공시사항에서 제외됐다.

금융감독원은 "과거 IMF 때는 자산재평가법에 따라 이뤄졌기 때문에 의무공시사항이었지만 이번에는 새로운 회계기준에 따라 각 기업들이 자율적으로 하고 있기 때문에 공시도 자율공시"라는 입장이다.

그러나 자산재평가를 공시하지 않는 바람에 애꿎은 투자자만 피해를 볼 수 있다는 지적이 제기되고 있다.

증권업계 한관계자는 "공시의 가장 큰 목적은 투자자 보호"라며 "투자자의 손익항목 변화와 중요한 관련이 있는 사항들은 의무적으로 공시하게 해야 한다"고 밝혔다.

이 관계자는 "개인들은 증권사 리포트나 공시 등 외부자료에 의존해 투자의사결정을 할 수밖에 없다"며 "자산재평가는 부채비율 등 기업의 외양을 크게 변화시키기 때문에 투자자에겐 매우 중요한 정보임에도 불구하고 공시를 하지 않는다면 정보의 비대칭이 너무 심해질 것"이라고 말했다.

다른 관계자는 "국제회계기준(IFRS) 적용 전에 나올 수 있는 과도기적인 문제점이지만 기업정보의 연속성이 깨져 투자자들의 판단이 흐려질 수 있다"며 "기업의 자산가치가 왜 바뀌었는지도 모르면서 투자해야 한다는 현실은 국내기업과 감독당국의 투자자보호에 대한 인식이 얼마나 낮은지 보여주는 것"이라고 말했다.

또 "동일한 업종이라도 재평가를 한 기업과 하지 않은 기업의 재무제표상 차이가 발생해 투자시 혼란이 가중된다"며 "투자자들을 보호할 수 있는 일시적인 장치를 마련하는 게 시급하다"고 강조했다.

머니투데이. 2009.2.24.

위의 내용 중, 자산재평가법에 의해서 재평가를 했을 때는 의무공시였고 2009년의 경우는 회계기준 때문에 재평가를 하게 되었는데 이 경우는 자산재평가 자체가 강제가 아니었으므로 공시도 자율공시여야 한다는 논지는 이해하기 어렵다. 의무공시로 분류되어야 하는 내용은 투자자가 반드시 알고 있어야 하는 사실인지 여부가 중요한 것이지 재평가 회계 자체가 강제였는지 자율이었는지는 중요한 것이 아니다.

16일부터 상장사 자산재평가 공시 의무화

상장사가 자산재평가를 하면 오는 16일부터 의무적으로 공시해야 한다. 10일 금융감독당국 등에 따르면 한국거래소는 '유가증권시장 및 코스닥시장 공시규정 개정안'을 마련, 금융위원회에 제출했다. 상장사가 유형자산에 대한 재평가를 할 경우 반드시 공시하도록 한 것을 골자로 향후 금융위 의결을 거쳐 16일부터 시행한다는 계획이다.

2008회계연도부터 기업들에 허용된 유형자산에 대한 재평가는 2000년 말까지만 한시적으로 적용돼 지난 2001년 이후 허용되지 않아 왔던 회계기준이다.

하지만 자산, 부채를 취득원가 외에 공정가치로 평가할 수 있도록 한 국제회계기준 (IFRS)이 오는 2011년 모든 상장사에 의무적으로 도입되는 만큼 금융위기에 따른 기업 회계부담 완화차원에서 조기 도입했다.

거래소의 이번 조치는 상장사의 자산재평가 결과가 주가 파급력이 큰 재료지만 정작 '공시 해도 그만, 안 해도 그만'인 자율공시인 탓에 투자자들이 혼란을 겪고 있기 때문이다.

종전 회계기준에서는 토지, 건물, 기계장치 등 영업을 하기 위해 취득한 유형자산에 대해 원가법(취득 장부가)만으로 평가하도록 하고 있다. 투자수익이나 임대목적으로 취득한 투자부동산에 대해서도 마찬가지다.

하지만 기업들은 2008년도 재무제표에 보유한 부동산, 항공기, 선박 등의 유형자산을 살 때 가격이 아니라 현재 시가로 재평가해 과거 10년간 자산가치 상승분을 반영할 수 있게 됐다.

유형자산 재평가는 그만큼 부채비율 감소 등 재무지표 개선 효과를 가져오게 된다.

이에 따라 최근 12월 결산 법인들의 결산시즌과 맞물려 토지, 건물 등 부동산을 보유한 상장사들이 잇단 자산재평가를 통해 막대한 평가차익을 내면서 주가에 큰 영향을 미치고 있다.

특히 은행의 국제결제은행(BIS) 비율이나 보험사의 지급여력비율 등 금융회사들의 건전성 기준을 끌어올리는 효과가 있어 앞으로 자산재평가를 도입하는 금융회사들도 잇따를 것으로 예상되고 있다.

앞으로는 상장사들의 경우 이에 대한 공시가 의무화돼 투자자들은 공시를 통해 빠짐없이 제때 관련 정보를 얻을 수 있을 것으로 보인다.

금융당국 관계자는 "2000년까지 자산재평가제도가 존속해 있을 당시에는 의무공시사항이었기 때문에 이번 조치는 이를 부활시킨 측면이 있다"고 말했다.

이데일리. 2009.4.10.

그 구체적인 규정은 다음과 같다.

유형자산 분류별로 자산재평가 실시에 관한 최초 결정이 있은 때 및 자산재평가 결과 최근 사업연도말 자산총액의 100분의 5(대규모법인의 경우 1,000분의 25) 이상의 자산재평가 증가금액 또는 감소금액이 발생한 사실이 확인된 때.

거래소에서 이러한 강제공시를 수행한 현황은 다음과 같다.

자산재평가 결정 공시 현황

구 분	'09년	'10년	'11년	'12년	소계
유가	88	151	17	6	262
코스닥	56	93	32	6	187
소 계	144	244	49	12	449

어떠한 논의 끝에 이 공시 내용이 빠지게 되었는지는 전갈서를 참조하면 되고, 이렇게 공시 의무를 경감하려는 제도의 결과, 기업이 재평가와 관련되어 어떻게 수시공시 정책을 적용하였는지를 검토해 보면 자산 2013년 2월 이후 재평가를 수행하였던 기업 중, 자율공시의 형태로 공시를 한 기업의 수는 매우 제한된다.

결론적으로, 중요한 내용인데도 불구하고 4년 만에 강제공시에서 자율공시로 전환하면서 거래소가 이 건을 너무 소홀하게 대응한 것은 아닌지에 대한 생각을 하게 한다. 특히나 강제공시에서 이 내용을 해제하면서 거래소가 가졌던 생각이 자산재평가가 good news 성격의 내용이므로 강제하지 않아도 공시할 것이므로 이러한 내용이야말로 강제공시가 아니고 자율공시의 형태로 남겨 두는 것이 최선이라는 정책적인 판단을 수행한 것이다. 물론, 나타난 현상은 전혀 그렇지 않다.

호재성 공시라서 공시를 강제하지 않아도 공시할 것이라는 내용은 너무 단순한 접근인 것이 아무리 자산재평가가 호재성 공시라고 하여도 자산재평가라는 사건은 기업의 자산이 갑자기 늘어나는, 기업으로 보아서는 기회 요인인데, 이러한 자산의 증가가 자산재평가가 원인이라는 것은 재무제표의 주석 사항을 보거나 자산재평가 잉여금을 검토하면 알 수 있는 내용이다.

그러나 재무제표를 상세하게 검토하지 않는 정보 이용자의 입장에서는 이를 인지하지 못할 것인데 그럼에도 굳이 자율공시를 통해서 자산의 증가가 다른 요인

에 의한 것이 아니라 자산재평가의 결과라는 것을 밝히고 싶은 기업은 소수일 것
이다.

물론, 여러 가지 성격의 공시가 혼재되어 있는 강제공시에서는 굳이 호재성
공시를 강제공시에 묶어 둘 필요가 없다는 식의 생각을 할 수도 있지만 호재성 공
시라고 하여도 기업의 입장에서 호재성 내용을 공시하는 것이 기업에 더 유리한지
아니면 다른 형태(이 경우는 재무제표의 형태)로 어차피 공시될 것이므로 강제공시
에서 이 항목을 삭제해도 무방하다고 결정한 것이다. 의도를 가지고 추진된 정책
방향이 별 고민 없이 수년만에 번복되는 결과와 문제를 경험하였다.

기업에게 공시 부담을 경감해 주는 것은 중요한 정책이다. 그렇다고 투자자
들에게 투자의사결정에 꼭 필요한 정보가 전달되지 않는 것도 중요한 잘못이다.

공인회계사의 사회적 지위

chapter

41

    미국의 경우, 의사, 변호사, 회계사가 3대 자격증이라고 하는데 우리나라에서는 회계사의 자격증은 아무리 생각해도 변호사나 의사의 지위에 있지는 않은 듯하다. 사회적인 지위라는 것이 왜 중요하는지에 대해서 의문을 제기할 수도 있고 사회적인 지위가 뭐냐라는 의문이 제기될 수도 있다. 물론, 사회적인 지위나 위치는 자본주의에서는 경제적인 윤택함과 분리해서 생각할 수는 없지만 경제적인 내용이 모두는 아니다.

    미국의 경우 소위 학부 위주의 일류 사립대학교에서는 학부에 경영학 교육이 없는 경우가 많으며 학부에 경영학 교육이 있는 경우는 주립대학이 대부분이다. 이들 학부 경영학 교육에서는 회계학 교육이 빠질 수 없으며 그렇기 때문에 이들이 주로 미국에서 CPA 시험을 치르게 되고 CPA로 활동하게 된다.

    미국에서는 연방 정부에서 CPA 자격증을 부여하는 것이 아니고 주 정부에서 자격증과 license를 부여하기 때문에 최근에 와서는 대부분의 주에서 CPA가 되기 위해서는 150학점의 이수를 강제하고 있고 학부 수업만으로는 이 학점을 채우기가 불가능하지는 않지만 어렵기 때문에 대학원에 진학하는 경우도 있다. 단, 석사학위가 있을 경우는 150학점은 강제되지 않는다.

    학교마다 조금씩 다르지만, 미국에서 큰 회계학 과정을 가진 두 주립대학인 Illinois와 Arizona 대학을 중심으로 회계교육과정을 기술한다. 이 두 대학교에는 석사 과정이 두 가지가 있다. 하나는 (Illinois에선 MAS(Master of Accounting Science)라고 하고 Arizona에선 MAcc(Master of Accounting)이라고 함) 미국의 대학교에서 회계 학사학위를 받은 학생들을 대상으로 하는 심화과정인데, 그 프로그램의 과반수 이상은 학부를 마치고 곧바로 석사 진학한 학생들로 구성된다. 그들에 겐 학부의 연장선상의 과정, 즉 대학교 5학년 같은 개념이 된다. CPA 시험 학점 이수 요건이 강화되면서 취직 전에 석사 과정 진학하는 학생이 조금 늘었다. 학부 과정 중에 그 학점 이수를 하는 것이 불가능한 것은 아니다.

동시에 학부에서 경영학을 전공하지 않은 경우에 MBA 학위로 진학하는 경우, MBA 교육을 받으면서 CPA 자격증을 취득하려고 하는 경우는 매우 드물다. 이 경우, 회계에 관심이 있으면 금융이나 증권 등으로 진출하게 되어서 회계 전문가의 영역으로 나아가지는 않는다.

그렇기 때문에 소위 일류 학부 대학교나 top MBA에서는 회계사 자격증 소지자가 나오기 어려운 구도이다.

다른 하나의 석사 프로그램은 미국에서 회계학을 전공하지 않은 사람들에게 속성으로 CPA 시험 자격을 주려는 목적의 프로그램으로, Illinois와 Arizona 두 학교 다 MSA(Master of Science in Accounting)라고 부른다. 이론적으로는 미국에서 회계학을 전공하지 않은 모든 사람들 대상의 프로그램이지만 실제로는 과반수가 미국에서 학부 자체를 하지 않은 유학생들이고(미국에서 타 전공을 한 사람들도 물론 있지만 그들은 소수임), 특히 중국인 학생들이 압도적으로 많다. MAS/MAcc과 마찬가지로 1년짜리 프로그램이지만 그동안 이수해야 할 학점이 많기 때문에 가을 학기부터 시작하지 않고 주로 여름(6월)에 시작해서 이듬해 5월에 끝난다. Illinois에선 그 유학생들도 미국에서 학위를 안 했다 뿐이지 자신들의 모국에선 회계학 전공을 했거나 심지어 회계법인 근무 경험이 있는 사람들이 많았는데, Arizona의 경우는 아무 백그라운드가 없는 학생들도 많다.

우리나라에서도 일부에서는 회계전문대학원에 대한 논의가 많은데, 미국은 MSA를 받고 어느 정도 준비를 하면 시험에 pass될 수 있는데 우리나라의 공인회계사시험은 시험에 합격하기가가 무척 힘들기 때문에 회계 전문대학원을 졸업하고도 자격증을 받지 못하면 학위 자체도 무용할 수 있다고 생각되어서 회계전문대학원이 논의는 되었지만 실질적으로 가동하기는 쉽지 않다.

Law school의 경우도 Law school을 졸업하고 시험에 pass하지 못하는 경우는 학습하였던 법지식을 어디에 사용할지가 애매하게 된다. 물론, Law school 졸업하고 변호사 시험에 합격하지 않아도 학습하였던 법지식을 활용하여 경제/사회 활동을 수행할 수는 있지만 일단 Law school을 졸업하면 전문가로서 인정을 받고 싶어하게 되므로 교육과 자격증을 분리해서 생각하기는 조금 어렵다.

미국의 경우 Law school이나 MSA 과정이나 모두, 변호사 자격증 시험인 BAR exam이나 CPA 시험에 pass하기가 그다지 어렵지 않기 때문에 크게 문제가 되지 않는데 우리의 경우는 Law school이나 회계전문대학원이 지식보다는 전문가가 되기 위한 자격증을 전제로 교육이 진행된다고 하면 해결하기 어려운 문제가 발생한다.

우리나라의 경우도 최근에는 그러한 경향이 있듯이 미국의 경우도 이러한 자격증이 성공을 보장하는 것이 아니라 이 자격증은 단지 이 업계에서 새로운 경쟁을 시작하기 위한 그야말로 자격증에 불과하다는 인식이 정착되어야 한다.

변호사가 되었든 공인회계사가 되었든 공익성과 자격증 소지자의 경제적인 유인이 적절한 선에서 절충되어야 하지만 공익성은 타협의 대상이 아니다.

의사도 동일하다. 국민의 생명을 담보로 본인들만의 경제적인 이익을 추구할 수는 없다.

변호사의 경우, 전관예우 등의 경우가 아니라고 하면 고소득에 대한 도덕성을 지나치게 비판하는 것은 자본주의의 근간을 흔드는 결과일 수도 있다.

동시에 경제 활동을 하는 우리 모두도 법무법인이나 회계법인이 기본적으로 영리법인인 것을 부정할 수 없다. 그렇다면 이들의 도덕성 및 공익성은 해당 한국공인회계사회나 대한변협의 윤리규정 등이 작동되어야 하는데 감독기관의 입장에서는 이익 단체의 윤리규정에 의한 제재는 자율규제에 의한 것이어서 감독 규제에 비해서는 무엇인가 미흡하다는 생각을 하게 된다.

나라에는 국격(國格)이라는 것이 있고 사람에게는 품격이 있다. 이에 상응하는 격조가 회계사라고 하는 자격증 소지자에게도 있어야 한다.

우리나라가 세계 7번째로 30~50 클럽에 가입한다고 한다. 30은 인당 GNP 3만불을, 2015년에 초과한다는 것이고, 50은 인구수에 있어서 5,000만을 넘는 국가가 된다는 것이다. 규모로 보나 경제력에서보나 어느 면에서 보나 실질적으로 세계 강국의 반열에 오르게 된다.

감리실패

chapter

42

구멍난 금감원 '감리 그물망'

'문제 없다' 판명했지만 국세청, 제보로 분식회계 발견

감리주기도 7년 → 27년 '허술'

50명으로 1,700여 개사 감당 못해

회계법인 품질 관리 제재 강화해야

금융감독원이 한 차례 감리를 실시하고 분식회계를 찾아내지 못한 사례가 8건에 이르는 것으로 나타났다. 금감원이 연간 시행한 감리 건수도 최근 5년간 73% 줄어들어 금융당국의 회계감독 기능에 큰 구멍이 뚫렸다는 지적이 나온다.

13일 김기식 새정치연합 의원에게 제출된 국정감사 자료에 따르면 금감원이 최근 10년간 실시한 감리에서 '문제가 없다'고 판명한 회사 중 사후 분식회계가 발견된 경우가 8개로 나타났다.

금감원은 2005년 말부터 작년까지 1조 3,350억원대 분식회계를 한 효성에 대해 2007년 감리를 실시했지만 아무런 문제점을 발견하지 못했다.

올해초 국세청 세무조사 과정에서 회계의혹이 불거지면서 진행한 2차 감리에서 비로소 회계분식 사실을 적발했다. 한솔제지가 2003년부터 8년간 2,350억원 상당의 매도 가능 채권을 과도하게 부풀린 것도 찾아내지 못하다가 검찰 통보에 의해 실시한 2차 감리에서 발견했다. 이밖에 삼우이엠씨 희훈이앤지 엑사이엔씨 인성정보 파캔오피씨 신텍 등도 1차

감리는 무사히 통과했으나 국세청 통보와 외부 제보 등을 계기로 수년간의 분식회계가 드러났다.

금감원이 최근 5년간 상장사 감사보고서 감리에서 분식회계 등 위반 사항을 적발한 비율은 17% 정도다. 657개사 감리에서 117개 위반사항을 지적했다. 그러나 '위반 사항 없다'고 처리한 회사 중 8곳에서 검찰이나 국세청 조사 등에 의해 분식회계가 드러나면서 나머지 무혐의 처리된 회사의 감리 결과도 신뢰를 잃게 됐다.

김의원은 "기업의 회계투명성 제고는 자본시장 발전의 전제조건이고 이를 관리 감독하는 것이 금감원"이라며 "금감원이 감리하고도 분식회계를 발견하지 못한 것은 당국의 무능함을 여실히 드러낸 것"이라고 비판했다. 금감원 관계자는 "감사보고서와 공시자료를 위주로 하는 심사감리는 검찰 수사처럼 한 회사만 집중적으로 들여다보는 게 아니기 때문에 분식회계를 적발하기 쉽지 않다"고 어려움을 호소했다.

감리 그물망도 갈수록 허술해 지고 있다. 금감원이 지난해 시행한 상장사 감리는 61건으로 2009년의 229건보다 73% 감소했다. 1,700여 개 상장사가 한 번 감리를 받은 다음 또 다시 감리받을 때까지 주기를 따지면 기존 7년에서 27년으로 급증한 셈이다. 같은 기간 한국공인회계사회가 위탁받아 실시하는 비상장법인 감리 건수도 219건에서 56건으로 줄면서 감리 주기가 8년에서 30년으로 늘어났다.

금감원 회계감독국 관계자는 "최근 동양그룹 대우건설 등 대형 혐의감리에 인력이 집중되면서 일반 감리는 상대적으로 덜 진행됐다"며 "50명의 검사인력으로 1,700여 개 상장사를 촘촘히 감리하는 것이 무리한 측면이 있다"고 말했다.

전문가들은 분식회계 근절을 위해선 회계법인이 감사보고서 생산 단계부터 품질관리를 엄격히 하고, 금감원은 회계법인의 품질관리 감리를 강화해야 한다. 현재는 회계법인의 조직 운영상 문제가 드러나도 금감원은 제재할 수 있는 법적 근거가 없다.

이에 금융위원회는 금융당국이 회계법인의 감사 품질을 평가하고, 분식회계 규모에 따라 과징금을 부과할 수 있도록 하는 내용의 관련법 개정안을 지난 7일 입법 예고했다.

한국경제신문. 2014.10.14.

금융감독원에서는 수년간 감리대상 기업을 대외비로 관리하였다. 이는 감리대상으로 선정되었다가 지적 사항이 없었는데 나중에 회계분식이 발견되면 감독원의 감리 과정에 문제가 있다는 것이 드러나기 때문이다.

특히나 이러한 기업에 대해서는 사후적으로 분식건이 노출되어도 이러한 분식에 대해서 지적을 하는데 대한 부담을 안고 있었다.

감사에도 한계가 있을 수 있듯이 감리에도 한계가 있을 수밖에 없다. 감사도 회사에서 제공된 자료에 근거하여 감사업무가 수행됨으로 인한 한계일 수도 있다.

이러한 자료가 공개된 이상 감독원에서 해당 기업의 감리를 수행한 검사역은 많은 부담을 느낄 수 있다.

그러나 위의 신문기사에도 기술되어 있듯이 감사는 부정적발이 아니다. 즉, 재고조사를 수행한다고 해도 이것이 전수조사가 아니라 표본추출이므로 예를 들면 문제가 되었던 창고가 재고조사의 대상이 아니라고 하면 문제를 발견할 수 없다.

물론, 재고실사의 빈수도가 문제가 될 수는 있다. chapter 12에서도 기술되어 있듯이 외국의 감사 실무 관행에서 30%의 재고실사가 norm이라고 할 때, 우리의 5~10%의 재고실사는 감사에 있어서 due care가 아닐 수 있다. 물론, 전수조사가 아니므로 표본 조사의 비율을 높인다도 하여도 완벽한 재고실사가 될 수는 없다. 그러나 어느 정도의 재고를 표본으로 추출해야 한다는 것에 대한 해답은 없다.

언론이나 국회에서 이러한 식으로 감독기관의 조사에 대해서 문제를 삼게 되면 이에 대해서 감독기관은 무리한 조사를 수행할 수도 있어서 이러한 내용을 기사화할 때는 매우 유념하여야 한다.

또한 감독기관에서 검사역들에 대한 업무 평가를 수행할 때도 무조건적으로 지적 건수만을 가지고 업적 평가를 수행하여도 무리한 감독과 적발이 진행될 소지가 크다. 잘못하면 매우 작은 잘못에 대해서 건수 채우기식의 조치가 진행될 위험도 존재한다.

위의 신문기사는 감독원의 감리실패에 대해서 지적하고 있다. 다음의 기사는 감사인의 감사실패에 대해서 지적하고 있다. 감사인은 결국은 감사의견으로 자신들의 의견을 표명하게 되어 있는데 분식의 75%가 의견으로 표명이 되지 않고 있다는 통계치이다.

분식회계 75% 감사서 적발 안 돼

평균 소송 청구액은 10억 2,800만원이었고, 회계법인은 57%가 패소해 약 6,200만원의 손해 배상 판결을 받았다. 소송까지 간 44건 중 약 66%는 상장폐지 등 거래소의 제재를 받았다.

매일경제신문. 2014.12.5.

기관투자자의 역할

chapter

43

분식회계로 손실… 회계법인도 연기금에 배상해야

신텍 감사 맡은 삼일회계법인 감사 후 분식 드러나 주가 급락

법원 "전형적인 분식 회계 수법"

업계 "감사책임 지나치게 물어"

코스닥 상장사의 분식회계로 투자손실을 입은 연금과 기관투자자들에 회사와 회사를 감사한 회계법인이 함께 손해를 배상해야 한다는 법원 판결이 나왔다. 공적 성격이 강한 연금들이 투자 피해에 대해 집단으로 제기한 첫 소송에서 법원이 원고 측 손을 들어준 것이다. 회계법인의 책임 한도에 대한 논란이 거세질 전망이다.

서울중앙지법 민사 32부(부장판사 이인규)는 사립학교교직원연금공단(사학연금) 공무원 연금공단 등 연금과 우정사업본부 국민은행 신한은행 우리은행 외환은행 HDC자산운용 KTB자산운용 등 기관투자자들이 "삼일회계법인의 감사를 믿고 투자했다가 손해를 봤다"며 한솔시택(옛 신텍)과 삼일회계법인을 상대로 낸 5건의 손해배상청구 소송에 대해 모두 원고 승소 판결했다고 9일 밝혔다. 또 서울동부지법지법 민사 15부(부장판사 김종문)도 같은 취지로 국민연금공단이 낸 손해배상청구소송에서 원고 승소 판결했다. 두 재판부가 배상하라고 한 금액의 합은 신텍은 77억원, 삼일회계법인은 45억원이다.

앞서 신텍은 2007년계부터 특정 공사에서 본 손실을 다른 공사로 떠넘기는 등 손실을 과소 책정하는 방법으로 3년간 매출액과 당기순이익을 조작했다. 2008년부터 2011년 반기에 걸쳐 매 회계연도당 158~394억원에 이르는 매출을 과다 계상했으나 감사를 맡은 삼일회계법인은 이 기간 꾸준히 '적정'의견을 냈다. 2011년 삼성중공업이 신텍 인수에 나서면서 회사 주가는 한때 2만 4,850원까지 급등했으나 삼성의 실사 결과 분식 의혹이 불거지면서 7,000월까지 급락, 투자자들이 큰 손실을 봤다.

삼일 측은 "회사 측의 의도적이고 계획적인 회계 부정이 있거나 기망 행위가 있을 경우 회계법인이 그런 사정을 밝혀낼 의무는 없다"고 주장했으나 두 재판부는 받아들이지 않았다. 민사 32부 재판부는 "의도적이고 계획적인 부정 행위에 의한 것이라고는 하나 가장 전형적인 분식회계 수법이고 회사가 관련 증빙 자료를 위조한 것도 아니었다"며 회계법인에 책임을 물었다.

이번 사건은 보수적인 성격의 연금들이 투자 손해를 입힌 회사와 회계법인을 상대로 낸 첫 단체소송이었던 만큼 관련 업계에 상당한 영향을 미칠 것으로 보인다. 신텍의 소액 주주들과 또 다른 투자자인 동양자산운용 등도 추가로 선고를 기다리고 있어 총 배상 액수는 더 늘어날 전망이다. 원고 측을 대리한 김광중 법무법인 한결 변호사는 "연기금들의 경우 국가의 재정 지원정책 변경 등에 대한 우려도 있어 향후 더욱 적극적으로 투자 손실 회복을 위한 소송에 나설 전망"이라고 말했다.

회계업계에서는 사법부가 기업의 경영비리에 대해 감사인의 책임을 점차 무겁게 묻고 있는 데 대해 우려하고 있다. 회계업계 관계자는 "분식의 1차적인 책임은 회사에 있는 것인데 감사인의 부실 감사만 부각되고 있는 것 같아 안타깝다"고 말했다.

한국경제신문. 2014.10.10.

연기금과 같은 기관투자자가 분식회계에 대해서 소송을 제기하는 것은 일반투자자가 소송을 제기하는 것과는 의미하는 바가 많은 차이가 있다. 일반투자자들은 집단소송이 아닌 이상 법정 소송 비용을 부담하기 어려운 반면 기관투자자들은 소송 비용에 대한 부담이 없이 고품질 법률 전문가의 도움을 받아 가면서 소송을 진행할 수 있다.

또한 분식회계로 인하여 투자손실을 입은 기관투자자들은 소송의 승패 결과에 무관하게 책임을 회피하기 위해서라도 소송을 제기할 수 있다. 소송을 제기하지 않는다면 어떠한 사유에서 소송을 제기하지 않았는지에 대한 책임 추궁을 당할 수도 있다.

과거 SK글로벌의 분식회계건이 문제가 되었을 때, 잔액에 대해서 공란으로 잔액 조회서를 보내 준 금융기관도 당연히 책임이 있지만 금융기관이 떼인 금액에 대해서 소송을 제기하지 않으면 책임 문제가 초래되므로 본인들이 책임이 있다는 사실을 인지하면서도 회계법인의 책임을 묻지 않을 수 없다.

은행도 SK 분식회계 책임있다

"SK 글로벌이 1억5천억원대의 분식회계를 할 때 은행들도 직 간접적으로 연루됐던 것으로 밝혀졌다. 이에 따라 향후 분식회계와 관련된 손해배상소송이나 형사 행정 처벌에서 은행들도 책임을 면키 어려울 것으로 보인다. 서울지검 관계자는 14일 "SK글로벌이 2001 회계연도 결산에서 1조 1천 8백억원의 은행대출금(유선스, 기한부수출환어음매입)을 누락시킬 수 있었던 것은 일부 은행이 대출잔액증명서 (은행조회서)상의 대출잔액 란을 공란으로 처리해줬기 때문"이라며 "이들 은행은 분식회계의 원인제공자로 민, 형사상 책임을 피할 수 없을 것"이라고 말했다.

또 '여신 규모가 컸던 3~4개 은행은 대출잔액란을 제대로 기재하긴 했지만 회계법인에 우편으로 보내야 할 은행조회서를 SK글로벌에 넘겨줘 결과적으로 서류방조를 위조한 책임이 있다. SK글로벌은 은행에서 받아온 이들 조회서를 위조해 유선스 대출 잔액을 공란 처리한 뒤 은행별 관할 우체국에 가서 회계법인에 발송하였다.

검찰 조사 결과 지난 2000년말까지 대부분의 은행들은 SK글로벌에 대한 은행조회서에 대출한도액만 기재하고 대출잔액(현재 나가있는 대출금)은 공란으로 처리해줬다. SK글로벌은 이 조회서를 유선스대출잔액이 없음을 증빙하는 자료로 회계법인에 제시했고 회계법인은 추가 사실 확인 없이 이를 인정해줬다.*

한국경제신문. 2003.3.15.

그러나 실무에서 근무하는 회계사들의 의견으로는 대부분 대출한도액만을 표기하는 것이 금융기관에서의 관례였다고 한다. 이는 대출잔액을 대출한도까지 대출하지 않은 것은 대출을 받는 기업의 문제이며 대출한도(line of credit)를 허용하여 주었다는 것도 대출을 받는 기업의 신임도와 연관되기 때문에 매우 중요한 정보의 하나이다. 회계에서도 실무에서의 관례를 어디까지 인정해야 하는지가 이슈가 된다.

SK글로벌이 조회서를 은행별 관할 우체국에 가서 회계법인에 발송하였다는

* 한국경제신문. 2003. 3. 15. 은행도 SK 분식회계 책임있다.
  국민일보. 2003. 3. 18. SK 분식 회계의 교훈.
  조세일보. 2003. 4. 2. 기업 분식회계 책임 회계법인에만 전가 안돼.

것은 완전한 범죄행위이며 SK글로벌의 책임은 명백하다. 이러한 문제를 해결할 수 있는 방법으로는 회계감사인이 은행조회서를 회수한 후 이를 해당 은행 지점에 확인하는 것이다.

은행들은 분식회계의 최대 피해자이기는 하지만 위와 같이 책임을 면하기는 어려우며 공동책임을 져야 한다. 기업에서 채무잔액증명서까지 위조하면서 조직적으로 저지른 분식회계를 감사에서 적발하지 못했다며 책임을 묻는 것은 감사구조에 대한 이해가 부족한 것 아닌지와 관련된 법적 책임 문제가 이슈화되고 있다.

기업이 조직적으로 은폐한 분식회계에 대한 책임을 묻는다면 수천억원대의 대출을 해주면서 심사를 느슨하게 한 채권은행 역시 분식회계의 책임에서 자유로울 수만은 없을 것"이라고 강조했다.

한편 채권은행단도 참여연대로부터 SK글로벌의 여신심사 및 사후관리 책임을 이행하지 않았다는 지적과 함께 사실상 공범이라는 비난까지 받은 바 있어 SK글로벌 분식회계의 책임은 꼬리에 꼬리를 물어 채권단에게까지 이어졌다.

> 참여연대는 이날 "SK글로벌이 채권은행 명의로 된 채무잔액증명서를 위조해 재무제표의 해당항목을 '0'으로 만든 것을 인지하지 못한 것은 수천억원대의 채권을 보유한 채권은행으로서 재무제표의 숫자조차 확인하지 않는 중과실을 범한 것이거나 고의로 분식회계 사실을 묵인한 것으로 볼 수밖에 없다"고 지적하며 금융감독위원회에 채권은행단에 대한 조사를 요청했다.

분식회계와 관련되어 기업, 회계법인만 책임이 있는 것이 아니라 위에 보듯이 채권은행도 책임을 면하기 어렵다. 이러한 부분은 이제까지 간과된 부분이다. 은행이 여유자금이 있을 경우는 거래하는 기업의 건전성을 보지 않고 무조건적으로 자금을 대출하는 것이나 회계법인이 수임료를 덤핑을 하는 것이나 모두 영업활동을 수행하기 위해서 분식과 관련된 공범이 되는 것이다.

SK 글로벌의 사건이 터졌을 때도 잔액증명서와 관련해서 은행도 책임이 없다고 할 수 없었기 때문에 은행이 소송을 제기하지 않고 영화회계법인과 ×××억원으로 타협을 보게 되었다. 이러한 과정에서의 영화회계법인의 입장을 충분히 이해할 수 있다. 이러한 성격의 소송이란 매우 장기간의 소송으로 가는데 변호사 비용만 천문학적인 금액을 보일 것이다. 실질적으로 대우 건의 소송은 변호사 비용만 1,000만달러(100억원)를 초과하였다고 알려졌다. 이러한 금액의 소송을 진행하기 보다는 ×××억원으로 타협을 본 것이다. 반면, 다른 회계법인의 입장에서는 영화회계법인의 사례가 좋지 않은 선례를 남긴다는 불만을 갖고 있다.

예금보험공사 등 금융당국의 지침은 '분식회계가 벌어진 회사의 임원들은 모두 민사상 손해배상 소송 대상으로 포함시킨다'는 원칙을 견지하고 있다. 은행의 입장에서는 자신들의 책임도 없지 않지만 회계법인을 소송하지도 않을 수 없는 입장이다.

은행조회서의 정확한 또는 신속한 회신은 필수적인 것인바, 개별 은행 및 은행연합회 차원에서의 협조가 보다 적극적으로 이루어지도록 하는 제도적 보완이 필요하고 장기적으로는 On-line에 의한 확인시스템까지 갖출 필요가 있다.

섀도우 보팅

내년 '섀도우 보팅 폐지' 앞두고 상장사, 감사재선임 '대소동'

섀도우 보팅이 폐지될 경우 나타날 어려움

감사(감사위원) 선임 실패에 따른 관리종목 지정   67.6%

정관변경 등 주총 결의안 처리 무산 14.2%

주총 참여 권유 업무 과중 11.9%

주총 참석 대가로 금품을 요구하는 악성 주주 등장 5.6%

상장사들의 때 아닌 임시주주총회가 줄을 잇고 있다. 대부분 내년 1월 섀도우 보팅(의결권 대리 행사) 폐지를 앞두고 감사를 선임하기 위한 것이다. 섀도우 보팅은 주총에 참석하지 않은 주주도 투표한 것으로 간주하는 제도이다.

이 제도가 사라지면 주총에서 의결정족수(주주의 25%) 미달로 특별 의결이 필요한 감사선임 절차를 못 밟는 사례가 속출할 것으로 우려되고 있다. 섀도우 보팅이 없어지기 전에 감사를 일단 선임하려는 상장사들의 고육지책으로 임시주총 개최 소동이 벌어지고 있는 것이다.

26일 금융감독원 전자 공시시스템에 따르면 이달 들어 감사 선임을 위한 주주총회 소집 공고를 낸 상장사는 33곳이다. 감사 임기 만료일이 내년 3월인데도 섀도우 보팅 폐지 전 서둘러 감사를 뽑는 업체들이 대부분이다. 효성아이티엑스, 일성건설, 황금에스티, 삼천당제약 등이 대표적이다. 골프존, 다원시스, 태창파로스, 서울신용평가정보 등은 감사임기가 1년 넘게 남았지만 서둘러 감사를 새로 뽑기로 했다.

섀도우 보팅은 주총에 참석하지 않는 주주들이 안건에 대해 주총 참석 주주들과 똑같은 비율로 투표했다고 간주하는 제도로 내년에 폐지된다. 하지만 특별 의결 사항인 감사 선임은 대주주가 보유지분에 관계없이 3% 이상 의결권을 행사할 수 없는 '3% rule'은 계속 적용된다. 따라서 내년부터는 대주주 지분율이 높은 회사는 '의결권이 있는 주식의 25% 찬성'이라는 감사 선임 요건을 맞추기 어려울 것으로 지적되고 있다. 감사를 선임하지 못하면 관리종목으로 지정되고, 이듬해에도 감사를 세우지 못하면 상장 폐지된다.

금융위원회는 주총에 참석하기 어려운 소액주주가 자신의 의결권을 스마트 폰이나 컴퓨터 등 전자 매체를 통해 회사나 주요 주주들에게 위임하는 전자위임장 권유 제도를 이달 초 입법 예고했다.

하지만 최대주주 지분율이 50%가 넘는 기업들은 이 방법을 활용하기 힘들다는 주장이다. 최대주주 지분율이 53%대인 코스닥 반도체 장비 업체 로체시스템즈가 내년 정기주총에서 감사선임 안건을 의결하려면 최대주주 의결권 3%를 제외한 나머지 22%를 소액주주 중에서 확보해야 한다. 회사 관계자는 "전자 위임제가 도입된다고 해도 수백명의 소액주주를 투표에 참여시키는 것은 무리"라고 말했다

섀도우 보팅이 폐지되는 것은 대주주가 자신과 가까운 특정인을 감사로 선임하고 계속 유입시키는 등의 문제가 발생한다는 이유에서다. 같은 인물이 8년간 감사로 일한 삼천당제약처럼 특정인이 계속 감사직을 수행하는 경우도 드물지 않다. 그러나 이는 경영상의 판단일 뿐이라는 지적도 만만찮다.

한국경제신문. 2014.10.27.

150개 상장사 감사 선임 못할 판

내년 섀도우 폐지 후폭풍, 법무부, 결의 여건 완화 검토

내년 "섀도우 보팅" 폐지에 따른 의결정족수 부족으로 감사 선임이 사실상 '올스톱' 될 위기에 처한 상장사가 150여 개에 달하는 것으로 나타났다. 법무부는 이와 관련, 주주총회 결의 요건을 완화하고 '3%룰'을 폐지한 상법 개정 검토에 들어갔다.

16일 상장회사협의회에 의하면 12월 결산 상장법인 1,673곳 중 590곳이 감사 또는 감사위원을 내년 3월 주총에서 새로 선임해야 하는 것으로 집계됐다. 이 가운데 150곳은 올해 주총 때 정상적인 방법으로 의결정족수를 채우지 못해 섀도우 보팅(주총 미참석 주

주도 참석 주주 표결 비율대로 투표한 것으로 간주하는 제도)을 활용한 회사들이다.

상장협 관계자는 "이들 150개사는 현행제도에선 감사선임이 사실상 불가능하다"며 주총대란이 벌어질 가능성을 우려했다. 상장사가 감사위원이나 사외이사(감사 포함)을 선임하지 못하면 관리종목으로 지정되며, 1년 뒤에는 상장 폐지된다. 상장협은 지난 14일 국회와 법무부에 3%룰(감사 선임시 최대주주 측 지분을 3%만 인정) 폐지 및 주총 결의 요건 완화를 건의했다.

법무부도 상법 개정 검토에 들어갔다. 현행 주총 보통 결의 요건에서 '전체 주주의 25% 찬성' 조항을 빼고 '참석 주주의 50% 이상 찬성'으로 완화하는 방안 등을 검토하는 것으로 알려졌다.

한국경제신문. 2014.11.17.

섀도우 보팅 폐지 후폭풍… 내년 150개사 감사선임 비상

"감사선임 위해 주주 수만명 찾아다녀야 할 판'

대기업 계열 H사는 지난 5월 '섀도우 보팅 폐지 대응팀'을 꾸렸지만 아직 뾰족한 답을 찾지 못했다. 내년 3월 감사위원 3명 전원을 새로 뽑아야 하는데 섀도우 보팅 폐지로 사실상 선임이 불가능해져서다. 오너와 계열사들이 보유한 이 회사 지분율은 약 36%. '3%룰'에 따라 감사 선임시 최대주주 측 지분은 3%만 인정된다. 나머지 64%를 보유한 주주로부터 찬성표 '22%'를 추가로 끌어와야 감사위원을 선임할 수 있다. 회사 관계자는 "기관투자자가 없어 9만명이 넘는 소액주주를 일일이 찾아다니며 찬성위임장을 받아야 할 판"이라며 "주총에 아무 관심이 없는 소액주주들을 무슨 수로 주총장으로 끌어들이느냐"며 한숨지었다.

비상 걸린 재계

섀도우 보팅 폐지가 코 앞에 닥치자 재계에는 비상이 걸렸다. 상장사들은 내년 주총 때 보통결의 요건(참석 주주의 50% 이상 찬성 + 전체 주주의 25% 참석)을 맞추지 못하면 사외이사 선임은 물론 재무제표 승인도 못 받는다. 이렇게 되면 관리종목으로 지정된 뒤 상장폐지 수순을 밟아야 한다.

내년에 감사 감사위원을 선임해야 하는 590개 상장사 최고경영자(CEO)들의 머릿속은 더 복잡하다. 감사선임은 3%룰도 적용받기 때문이다. 상장회사협의회는 이 중 의결정족수를 확보하기 힘들어 섀도우 보팅을 이용해온 150개 상장사 가운데 감사선임 실패 사례가 나올 것으로 우려하고 있다.

A사 관계자는 "전체 주주의 60~70% 가량이 수시로 주식을 사고파는 소액주주여서 평소 관리 할 수 없는 노릇"이라며 "손 쓸 방법이 없어 관련 상법 규정이 바뀌거나 섀도우 보팅 폐지가 유예되기만 기다리고 있다"고 말했다.

업계에서 소액주주 비중이 큰 중소기업들이 대기업에 비해 더 큰 타격을 받을 것으로 분석하고 있다. 대기업의 경우 지분을 대량 보유한 연기금 펀드 등 기관투자가나 외국인 비중이 높기 때문에 이들만 잘 챙겨도 의결정족수를 확보할 수 있기 때문이다.

이러다 보니 연내 임시 주총을 열어 새로 감사를 선임하는 '꼼수'도 잇따르고 있다. 섀도우 보팅을 적용해 올해 감사를 선임해 놓으면 2~3년 정도 시간을 벌 수 있다는 판단에서다. 올 4월 이후 일성건설, 활금에시트 등 84개 기업이 이런 식으로 신규감사를 선임했다.

주총 결의 조건 완화되나

재계는 근본적인 해결책으로 상법 개정을 요구하고 있다. 현행 주총 보통결의 요건에서 '전체 주주의 25% 이상 찬성' 조항을 빼고 '참석주주의 50% 이상 찬성'만으로 완화해 달라는 게 첫 번째다. 두 번째는 3%룰을 없애 달라는 것이다.

법무부는 재계 의견을 반영해 주총 결의요건 완화를 검토하기 시작했다. 다만 '전체 주주의 25% 이상 찬성' 규제를 풀어주더라도 일본처럼 의사정족수 규정 도입으로 보완할 가능성도 있는 것으로 전해졌다.

3%룰 폐지는 반대 여론이 변수다. '최대주주를 감시해야 할 감사를 최대주주가 마음대로 선임하게 된다'는 부정적인 여론이 클 경우 폐지는 쉽지 않을 전망이다. 이 경우 최대주주와 특수관계인을 합산해 3%룰을 적용하는 대신 특수관계자를 떼어내 각각 3%룰을 적용하는 식으로 완화될 수도 있다는 게 재계의 분석이다. 법무부 관계자는 "검토 단계일 뿐 확정된 것은 없다"고 말했다.

내년 3월 주총시즌부터 4개월밖에 남지 않은 만큼 상법 개정은 정부 입법에 비해 절차가 간단한 의원 입법 형태가 될 수도 있다.

의결 정족수:
보통결의: 출석주주 50% 이상 찬성 & 전체 주주 25% 이상 찬성
특별결의: 출석주주 66% 이상 찬성 & 전체 주주 33% 이상 찬성

대주주 의결권 제한:
감사: 최대주주 및 특수관계인은 합산 3%로 제한
감사위원(자산 2조원 이상 기업): 사외이사 감사위원은 개별 주주 3%로 제한

한국경제신문. 2014.11.17.

감사선임 요건 비교해 보니

영미 참석주주 절반 이상 찬성하면 통과

한국 전체주식 25% 찬성 + 3%룰도 적용

미국 영국 일본 등 주요국의 주주 총회 의결 요건은 한국보다 훨씬 단순하다.

기본적으로 재무제표 승인, 사외이사 감사 선임 등 보통결의 안건은 주총 참석 주주의 50% 이상 찬성표를 얻으면 통과된다. 참석주주의 50% 이상 찬성에 더해 '전체 주주의 25% 이상 참석'을 규정한 나라는 주요국 중 한국이 유일하다. '3%룰' 역시 한국에만 있는 규제다.

주총 의결 정족수 기준이 가장 단순한 곳은 미국 독일 중국이다. 보통결의 기준으로 주총 참석 주주의 50% 이상 찬성표만 얻으면 된다. 주총이 성립되려면 '전체 주주의 일정 비율 이상 참석해야 한다'는 의사정족수 규제도 없다. 영국과 호주의 경우 의사정족수 규제는 있지만 형식적인 기준일 뿐이다. 주주 2인이 참석하면 주총이 성립한다.

일본은 주총 성립요건으로 '전체 주식의 50% 이상 참석'을 전제 조건으로 삼고 있다. 다만 각 기업이 정관으로 의사정족수 요건을 배제할 수 있기 때문에 큰 부담은 없다. 도요타자동차 등 상당수 상장사가 정관을 바꾸는 식으로 의사정족수 요건을 폐지했다.

프랑스도 '전체 주식의 20% 이상 참석'이란 의사정족수 요건을 내걸고 있지만, 실제 참석 인원 부족으로 주총이 무산되면 다음 주총에선 의사정족수에 못 미쳐도 성사된 것으로 간주한다.

3%룰 폐지를 주장하는 목소리도 높아지고 있다. 오너의 전횡을 견제할 감사를 뽑는 안건이라 할지라도 최대주주 투표권만 제한하는 것은 '1주=1의결권'이란 주식회사의 기본 원칙에 배치된다는 이유에서다. 최준선 성균관대학교 법학 전문대학원 교수는 "3%룰은 상법의 대원칙인 '주주평등의 원칙'에 어긋난다"고 말했다.

한국경제신문. 2014.11.17.

주주평등의 원칙이 더 중요한 것인지 아니면 주주의 감사권이 더 소중한 것인지에 대해서 생각해 본다. 과거에 감사를 최대주주 사람으로 심어 놓는 일이 다반사로 발생하였다. 상법에서 감사는 감시의 역할을 수행하여야 하는데 최대주주가 자기가 편한 사람을 감사로 선임하면 감사의 역할 자체가 형식에 흐를 수밖에 없게 된다. 이러한 문제를 제어하는 방법은 최대주주의 의결권에 제한을 두는 극단적인 방법밖에는 없다. 따라서 이러한 의결권에 cap을 두는 제도가 주주평등의 원칙과 상충되는 결과를 초래한다.

1962년 상법 제정 당시 상법 제410조에 현재와 같은 3% 제한 규정이 들어갔다.*

> 제409조 ① 감사는 주주총회에서 선임한다.
> ② 감사의 임기는 1년을 초과하지 못한다.
> 제410조(선임방법) ① 의결권없는 주식을 제외한 발행주식의 총수의 100분의 3을 초과하는 수의 주식을 가진 주주는 그 초과하는 주식에 관하여는 전조 제1항의 감사의 선임에 있어서는 의결권을 행사하지 못한다.
> ② 회사는 정관으로 전항의 비율보다 낮은 비율을 정할 수 있다.

일본 상법에는 없었던 것이며 세계 어느 나라에도 없었던 것이다.
이 조문은 1984년 상법 개정시에 제409조로 옮겨졌다.

> 제409조(선임) ① 감사는 주주총회에서 선임한다.
> ② 의결권없는 주식을 제외한 발행주식의 총수의 100분의 3을 초과하는 수의 주식을 가진 주주는 그 초과하는 주식에 관하여 제1항의 감사의 선임에 있어서는 의결권을 행사하지 못한다. 〈개정 1984.4.10.〉
> ③ 회사는 정관으로 제2항의 비율보다 낮은 비율을 정할 수 있다.
> 〈신설 1984.4.10.〉

그동안 시민단체와 법학교수들과 공무원들의 기업에 대한 부정적인 인식 때문에 개정할 엄두가 나지 않아 현재까지 존속하게 되었다고 한다.

법에는 3%보다 낮은 비율을 정관으로 정할 수 있다고 되어 있으나 실질적으로 정관에 의해서 이 비율을 낮춘 경우가 있는지를 알 수 없다. 아마도 3%도 대주주의 주주권에 상당한 제약을 가한 것이므로 이를 더 낮춘 기업을 찾기는 쉽지 않을 것이다.

최대주주는 주주총회에서는 감사 선임 이외에는 주주권을 제한받지 않는다. 이러한 법이 어떠한 사유에서 적용되고 있는지에 대해서는 충분히 이해할 수 있지만 동시에 주주총회에서는 1주식, 1표를 인정하면서 굳이 이 의결에 대해서만 예외적으로 cap을 두는 제도에 대해서는 생각해 보아야 한다. 감사가 monitoring이라는 점을 매우 강조한 내용이다.

---

* 이 내용을 자문해 주신 성균관대학교 법학전문대학원의 최준선 교수님께 감사한다.

'섀도우 보팅' 폐지 (내년 1월부터) 날벼락...때 아닌 '연말 주총' 붐

제재 조치: 감사 500만원 이하 과태료 부과

　　　　　감사위원 5,000만원 이하 과태료 부과 + 관리종목 지정 및 상장폐지

2015년 3월 임기 만료: 115개사

2016년 3월 임기 만료: 19개사

대주주의결권 제한

감사: 최대주주 및 특수관계인 지분 합해 3%까지만 의결권 인정

감사위원: 최대주주 및 특수관계인 지분 합해 3%까지만 의결권 인정

(자산 2조원 이상) 사외이사인 감사위원은 모든 주주지분 3%까지 의결권 인정

지난 4월부터 이달 21일까지 감사, 감사위원 선임을 위한 임시주총을 열거나 소집결의를 한 기업은 모두 134개사(유가증권 37개사, 코스닥 97개사)에 달했다. 전체 상장기업(1674개사)의 8%에 해당하는 숫자다. 특히 이 가운데 11월(1~21일)에 임시주총 소집을 공시한 곳은 93개사나 됐다. 이들 93개사는 모두 올해 12월 30일 이전에 임시주총을 열어 감사 감사위원을 선임할 예정이다.

협의회 관계자는 "11월에 임시주총 소집공고가 집중된 건 올해 안에 임시주총을 열려면 최소 40일 이전인 11월21일까지 주총 소집공고를 해야 한다는 규정 때문"이라고 말했다.

재계 "상품권을 주라니…"

기업들은 내년부터 주총 의결을 거치려면 발품을 팔아 '전체 주주 25% 이상, 출석과 주주 50% 이상'의 찬성표를 주총장으로 끌어 들여야 한다.

예를 들러 대주주 특수관계인 지분이 50%인 기업을 가정해 보자. 감사 선임 때 대주주 지분 3%만 인정되기 때문에 추가로 22%의 찬성표를 소액주주 등이 위임장을 받는 방식으로 받아와야 한다.

정구용 상장회사협의회 회장은 "정부는 소액주주들에게 상품권을 줘서라도 주총장에 데려오라고 하는데, 기업들 부담이 얼마나 큰지 알기나 하는지 모르겠다"며…

한국경제신문. 2014.11.24.

위의 의결 정족수에서 관건은 출석 주주 50%의 찬성이라기보다는 전체 주주 25% 이상의 출석이라는 출석 정족수의 건이다.

전자투표 도입한 상장기업 대상 섀도우 보팅 제도 3년간 연장 추진

개정안은 전자투표를 도입한 상장사가 감사 감사위원을 선임 또는 해임할 경우 2017 년말까지 기존 섀도우 보팅 제도를 활용할 수 있도록 했다.

한국경제신문. 2014.11.25.

섀도우 보팅 폐지와 신주주정책

내년초 주주총회에선 대부분 회사가 서면으로 의결권을 모집할 것으로 보인다. 전자투 표제는 아직 상장사의 2% 정도만 도입했기 때문이다. 서면 의결권이나 전자투표 모두 의 결권을 득해야 한다는 점에서 기업들은 과거와 달리 어떤 방식으로든 소액주주들과 소통 을 시도할 것으로 보인다.

매일경제신문. 2014.11.25.

1원 1표, 1인 1표, 정규재 칼럼

주식이 아무리 많아도 대주주 의결권이 3%로 제한되고 여기에 더해 섀도우 보팅까지 금지해버린 1원 1표를 1인 1표로 바꿔치려는 정치적 음모다.

섀도우 보팅은 말 그대로 대량의 주식보유자(대부분은 기관투자자들이다)가 자신의 주권을 주총에서의 찬반표결에 비례적으로 행사하도록 하는 위임계약이다. 자신이 직접 주총에 참여할 필요는 없지만 회사로 하여금 유효하게 주총을 진행하도록 예탁원을 통해 편의를 베풀어주는 것이다.

섀도우 보팅 금지는 가능하면 많은 소액주주가 주총에 참여하는 것이 좋겠다는 소위 '그랬으면 좋겠다'법의 하나다. 희망사항을 법률과 혼동하는 이런 법들은 필시 소액주주 의 직접행동을 통해 대주주를 견제하자며 시민운동가들이 만들어낸 악의적 법률이다. 당 연히 주주평등권을 침해한다. 주주평등권은 1원 1표이지 1인 1표가 아니다. 사실 소액주 주에게는 주식을 매매하는 것이야 말로 가장 신속한 투표 행위다. 그들은 주총과 상관없 이 주식을 사고 판다. 이는 기관투자자도 마찬가지다. 이것이 '태생적 유권자'일 수밖에 없는 정치와의 차이다. 우리는 대한민국의 유권자가 되고 싶어 된 것이 아니다. 그러나 소 액주주는 주식 투자로 돈을 벌기 위해 주주가 된 것이다.

대주주와 소액주주는 전혀 같지도 않다. 심지어 상속세나 자본이득과세에서는 세율까지 차별하고 있다. 물론 이것도 잘못된 것이다. 보유기간, 주주 지위, 회사와의 이해 관계, 매매의 자유, 책임의 유무 등에서 소액주주와 대주주는 같을 수도, 같아서도 안 된다. 그런데 지금 논란이 되고 있는 법률들은 이것을 억지로 같게 그리고 대주주를 역차별하는 조항들로 채워 놓고 있다. 집중투표를 배제하는 안건 표결에서 의결권을 제한하도록 하는 조항도 마찬가지다.

세계 어느 증권시장도 이런 식으로 대주주를 차별하지 않는다. 더구나 기권이나 거부도 당연히 주주의 권리다. 이는 정치 유권자의 권리이기조차 하다. 그런데 25% 이상의 참석을 강제한 주총 유효조항이라니, 실로 어처구니가 없다. 기업의 의사정족수를 인민주의적으로 개악해 놓은 자들은 과연 누구인가.

한국경제신문. 2014.11.25.

연말 임시주총 잇단 돌연취소 왜

상장사들이 임시주총을 취소하는 이유는 섀도우 보팅 제도 폐지를 3년간 유예하는 자본시장법 개정 법률안이 국회 본 회의를 통과했기 때문이다.

매일경제신문. 2014.12.13.

이러한 3% rule의 실효성에 대해서도 의문이 제기된다.

현행 감사위원 선출 방식 (일괄 선출방식)은 주총에서 이사를 일괄 선임하고 그 후 선임된 이사 중에서 감사위원을 선임 할 때 3% 초과 보유분에 대한 의결권 제한이 적용 되는 방식이다.

이런 경우 이사 선출 시에는 대주주 의결권 제한이 없어 자기 구미에 맞는 사람들로만 이사 선임이 가능하며 이런 pool을 가지고 3% 의결권 제한을 적용한다 하여도 대주주의 입김이 배제된 감사위원 선출이 어렵게 된다.

즉, 현재의 제도는 무늬만 3% rule이 적용되기는 하지만 이는 사외이사로 선임된 당사자를 놓고 이들 가운데에서의 3% rule의 적용이므로 실효성은 매우 낮다. 이는 사외이사로 선임된 이사들 중에서 감사위원을 선임하는 과정에서 이 3% rule의 적용에 따라서 감사위원 선임의 결과가 달라질 수는 있지만 법의 취지를 달성하기 위해서는 이 두 안건이 분리되어서 상정되어야 한다고 판단된다.

반면 2015년에 적용되는 금융회사의 지배구조법에서의 분리선출 방식에서는 이사와 감사위원을 처음부터 분리하여 선출하게 되고 감사위원의 경우 3% 이상 보유주주의 3% 초과분에 대해 처음부터 의결권이 제한되어 대주주의 영향력이 배제된 감사위원의 선출이 가능하게 되어서 1962년 입법 정신을 50여 년 만에 살릴 수 있게 된 듯하다.

즉, 법의 적용을 두고도 이를 주총에서 어떠한 방식으로 운용하는지에 따라서 법 제정에 있어서의 정신을 살릴 수도 있고 그렇게 안 될 수도 있다.

결언

　　인생은 계속 도전할 때, 살맛이 난다. 강의를 더 좋아하는 교수가 있고, 연구를 더 좋아하는 교수가 있다. 행정이 잘 맞는 교수도 있다. 저자는 저술이 도전도 되고 흥미롭다. 정년을 10년 안쪽으로 남겨두면 시간이 무척 빨리 지나간다고 한다.

　　기나긴 방학이 되면 이 많은 시간을 무엇을 하고 지낼까라고 생각하게 된다. 휴가로 2개월여의 시간을 지낼 수는 없는 것이고, 교수는 연구할 수 있을 때까지 계속 연구를 계속하는 것이 즉, 본연의 업무에서 만족하고 사는 것이 가장 행복하다고 생각한다.

　　우리 모두는 인생에서 무엇인가를 남기고 간다. 정책서적이라는 것이 판매 매수가 많은 출판물이 아니지만 간혹 저자의 어느 저술에서 무슨 점을 알게 되었다는 독자의 의견을 듣게 되면 나름대로 보람을 느낀다. 또한 모 회계법인의 품질관리실 내부 meeting에서 저자의 저술의 내용을 두고 토론을 벌였다는 얘기를 듣게 되면서 '내가 뭔가 사회에 보탬이 되는 일을 하였구나'라는 성취감을 느끼게 된다.

　　좋은 직장에서 좋은 분들과 같이 일할 수 있으니 너무 감사하다. 주변의 학생, 직원, 동료교수들에게 감사한다. 학교에서 연구년을 받아서 이 저술을 마감할 수 있었으니 저자가 몸담고 있는 모교 연세 대학교에 특히 감사한다.

2016. 1. 저자

참고문헌

감사인증기준위원회. 2013. 8. 20. 회계감사기준 연차 개선 (2013년)

경향신문. 2014.2.7. 노동["쌍용차 정리해고 무효" 판결]쌍용차 당혹… "대법원에 상고하겠다"

경향신문. 2014.2.9. "10원도 맞춰야 하는 회계, 쌍용차는 숫자 제각각"

국민연금, 자본시장연구원. 2014.11.13. 국민연금의 배당기준 수립방안 정책 토론회

국민일보. 2003. 3. 18. SK 분식 회계의 교훈

금융위원회. 2014.2.5. 정책브리핑

김주영. 개미들의 변호사, 배짱기업과 맞짱뜨다. 문학동네. 2014.

매경이코노미. 2014.3.5.−11. 의미 없는 재계 순위 발표 중단하자. 이남우

매경이코노미. 2015.1.28.−2.3. 재계 "경영 비밀" 반발… 총수들 등기 임원 줄사퇴

매일경제신문. 1995. 12. 23. 각국 회계법인 손해배상무한책임 큰 부담

매일경제신문. 2011.7.20. 부실상장 중국고섬의 집단소송은 예고된 사건

매일경제신문. 2012.7.3. 강성원 한국공인회계사회 신임 회장

매일경제신문. 2013.3.11. 사외이사 요건 못 맞춰. 대우건설 등 '위법'

매일경제신문. 2013.3.13. 주총 이사 선임 일괄상정 논란

매일경제신문. 2013.3.13. 작전세력에 과징금 부과

매일경제신문. 2013.12.13. '부실감사' 공인회계사 첫 구속

매일경제신문. 2014.1.20. 증 신고서 정정요구는 부실신호?

매일경제신문. 2014.1.27. 회계법인 부실 감사 피소 급증

매일경제신문. 2014.1.28. 3월 '부실감사 대란' 오나

매일경제신문. 2014.2.7. 쌍용차 해고 노동자 153명, 항소심서 복직 판결

매일경제신문. 2014.2.17. 신규상장<상장폐지. 자금 조달 창구 제 역할 못해

매일경제신문, 2014.2.21. KDB대우증 중징계. 금감원, 중 고섬 관련 '기관경고' 2명 정직

매일경제신문. 2014.2.25. "차입금 많은 기업 공시 의무화"

매일경제신문. 2014.2.28. "GS건설 공시 의무 어겼다"

매일경제신문. 2014.3.5. 대기업 재무약정 피하면 공시해야.

매일경제신문. 2014.3.11. GS, 현대중 딛고 재계 7위 도약

매일경제신문, 2014.3.25. 삼성생명, 1,500억 부당 환입 공방

매일경제신문. 2014.4.3. '뻥튀기 감정' 감평사 법인 20억원 배상 폭탄

매일경제신문. 2014.4.7. 재계 "연봉 공개는 회계연도 원칙에 위배"

매일경제신문. 2014.4.22. 등기임원 연봉 공개 '성과급 착시' 없앤다.

매일경제신문. 2014.5.21. 최광 "국민연금 운용본부 독립은 위험"

매일경제신문. 2014.6.2. 한남더힐 엉터리 감정평가 관련자 '철퇴'

매일경제신문. 2014.6.14. '힘실린' 준법감시인 2년 임기 보장

매일경제신문. 2014.6.18. 3대 신평사 중징계 통보

매일경제신문. 2014.7.3. 금감원, 동부건설 회계감리 검토.

매일경제신문. 2014.7.8. "비상장법인도 공시 의무" 금감원, 적극 홍보키로

매일경제신문. 2014.7.10. '분식회계' 효성 회장 해임 권고

매일경제신문. 2014.7.11. "대기업 사내 유보금 가계 유입책 내 놓을 것"

매일경제신문. 2014.7.28. '한남더힐' 사태 감사원 간다.

매일경제신문. 2014.7.31. 한남더힐 감정법인 중징계

매일경제신문. 2014.8.14. "로펌 자문 받아와라" 유권해석 꺼리는 금융당국

매일경제신문. 2014.9.3. 외부감사 면제 중기에 도움 안돼.

매일경제신문. 2014.9.10. 한신공영 '회계쇼크'에 힘받는 지정감사제

매일경제신문. 2014.9.11. 벌금형 액수 10년째 그대로 징벌 효과가 없다

매일경제신문. 2014.10.8. 유한회사도 외부감사 의무화

매일경제신문. 2014.10.22. 금융당국 늑장 유권해석 없앤다

매일경제신문. 2014.11.13. 국민연금, 기업배당 가이드라인 만든다

매일경제신문. 2014.11.22. 은행 사외이사 '금융전문가 확대' 말잔치 그치나

매일경제신문. 2014.11.25. 섀도우 보팅 폐지와 신주주정책

매일경제신문. 2014.11.26. 부실기업 외부감사인 강제 지정 외감법 시행령 개정안 통과

매일경제신문. 2014.12.5. 분식회계 75% 감사서 적발안돼

매일경제신문. 2014.12.11. 국민연금 기금 운용 독립 복지부 소속으로 남는다.

매일경제신문. 2014.12.13. 연말 임시주총 잇단 돌연취소 왜

머니투데이, 2009. 2. 24. 자산재평가, 숨기는 기업 많다.

머니투데이. 2011.11.15. 회계법인, 상장사 경영진 부정에 직접 조치 가능

머니투데이. 2014.6.12. 회계사의 '공습'…위기의 '감평사'들

문화일보. 2013.6.18. 회계법인 부실감사 처벌 '예외 없다'

문화일보. 2013.7.24. 대법 징벌적 손배 도입 검토

문화일보. 2013.12.17. 회계법인 부실감사로 업무정지땐 최대 20억 과징금

법률신문. 2014.2.21. 사내 변호사에 기업 비위 신고의무, 성공보수 선수령 금지도 폐지

상장회사협의회. 2012.4.30. 상장회사 감사의 표준직무규정

서울경제신문. 2008.2.22. 외감법 개정안 통과

서울경제신문. 2013.1.17. 대우증권, 중국고섭 피해자에 50% 배상해야

손성규, 회계감사이론, 제도 및 적용. 박영사. 2006

손성규, 수시공시이론, 제도 및 정책. 박영사. 2009

손성규, 금융감독, 제도 및 정책, 박영사. 2012

손성규. 회계환경, 제도 및 전략. 박영사. 2014

연합뉴스. 2000.12.11. KPMG, "대우 분식회계 책임 없어"

이데일리. 2005.1.13. 대우전자 소액주주, 분식회계 손해소 일부 승소

이데일리. 2009.3.10. 주주 500명 이상 외감법인 사업보고서 '비상'

이데일리. 2009.4.10. 16일부터 상장사 자산재평가 공시 의무화

이준섭. 2014.10.31 외부감사인의 비례책임, 상사법학회/회계학회. 상사법상 회계규범
    과 기업회계 현실의 조화 세미나

자본시장연구원/증권학회, 2014.6.12. 한국기업의 현금흐름과 배당 정책

조선일보. 2012.7.26. 기업 불공정 행위 피해, 집단소송으로 한 명만 이겨도 최대 10
    배 배상

조선일보. 2015.6.18. 헌법학자들 '한 글자 고친 국회법' 놓고 의견 갈려

공정위. 집단소송제 징벌적 손해배상제 전면 도입 추진

조선일보. 2009.11.11. 분식회계 잡는 비법? 직원 수 변동 확인하라.

조선일보. 2011.9.29. 금융당국, 저축은 구조조정 적당히 하려다 허 찔렸나

조선일보. 2014.1.4. 배당 후진국 한국 1% 늘리면 8조 경기부양 효과 있다.

조선일보. 2014.3.1. 코스피 코스닥 "대어 카카오톡 잡아라"

조선일보. 2014.3.13. "삼성 제조업 중심 벗어나 서비스업 경쟁력도 강화해야"

조선일보. 2014.5.16. 대우조선 한진중 흑자, 마냥 기뻐할 수 없는 까닭은

조선일보. 2014.7.10. 금융당국 '분식회계 혐의' 조석래 효성 회장 해임 권고

조선일보. 2014.11.18. 주인이 여러 사람인 주식회사, 회사 망하면 책임도 같이 져요.

조선비즈. 2014.8.27. 서울시 공문서에 '갑을' 용어 사라진다

조세일보. 2003.4.2. 기업 분식회계 책임 회계법인에만 전가 안돼.

조세일보. 2010.7.13. 권오형 한공회장 인터뷰

조세일보. 2010.7.23. 회계업계, "외부감사 대상에 '매출액 기준' 넣어야"

주간조선. 2014.8.25.−31. 19대 들어서만 1만 269건 폭주하는 의원입법 딜레마

중앙선데이. 2014.2.9. 쌍용차 '기획 부도' 진실 밝힐 차례다.

중앙선데이. 2014.7.6−7. CEO의 건강 악화, 알려야 하나 말아야 하나

최문회. 2014.10. 회계감사인의 비례책임제도의 쟁점과 바람직한 운용방안 − 개정 외감법에 대한 비판적 고찰과 개선과제를 중심으로 −. 저스티스. 2014.10

최종학·박종일·이창우·전규안·황이석, '한국시장에서의 적정 감사보수 산정 모형개발' 한국공인회계사회. 2009.

토마토뉴스. 2014.1.28. 대우證, 중국서 중국고섬 상대로 소송 제기한다

한겨레신문, 2013.11.4. '위임입법' 견제 장치 유명무실

한국경제신문. 2003. 3. 15. 은행도 SK 분식회계 책임있다

한국경제신문. 2011.3.2. 뒷북 조정 신평사 못 믿겠다. 동양증권, 신용평가 '도전장'

한국경제신문. 2011.9.30. 저축은 구조조정 '회계감사 변수'

한국경제신문. 2013.3.13. 주가조작 부당이득 전액 환수

한국경제신문. 2013.4.1. 배당액 산정 때 미실현이익 포함 못해

한국경제신문. 2013.10.18. GS건설 '적자 회계'에 주주들 집단 소송

한국경제신문. 2013.11.5. 금감원 기준 따라 '대손준비금' 손실처리했더니 우리 수출입 SC은 적자로 돌아서

한국경제신문. 2013.11.27. 구조조정 위해 적자 부풀리기 없어

한국경제신문. 2014.1.13. 금융위 '기업 정보 함구령' 애널들이 떨고 있다

한국경제신문. 2014.1.15. '회계부정' 중국고섬 고발 대우증, 싱가포르 경찰에

한국경제신문. 2014.1.27. 대우증권, 중국고섬 투자자에 배상 위기 처하자 IPO 주관사

한국경제신문. 2014.1.27. 회계법인 '부실감사' 공포 작년 670억 규모 소송 당해

한국경제신문. 2014.2.5. 회계법인 등급 매긴다

한국경제신문. 2014.2.8. "쌍용차 153명 정리해고 무효" 판결 논란, 고법 "해고 회피 부족"

한국경제신문. 2014.2.21. "사내 변호사, 기업 비리 고발해야" 신설 논란

한국경제신문, 2014.2.24. "기업비리 고발 의무 지나쳐" 사내변호사 반발

한국경제신문. 2014.2.25. 사내변호사 '기업 비리 고발 의무' 법조계 일부 반발로 결국 삭제

한국경제신문. 2014.2.25. 코스닥 상장 심사 항목 절반 줄인다

한국경제신문, 2014.3.1. '공시위반' GS건설, 최대 과징금 받을 듯

한국경제신문. 2014.3.5. 국민은 감사 "행장 결재 서류 미리 보겠다"

한국경제신문. 2014.3.5. 위기의 국민은… 경영권·감사권 '정면 충돌'

한국경제신문. 2014.3.13. 미공개정보 '다른 처벌 잣대'

한국경제신문. 2014.3.17. 재계 '각자 대표' 확산 오너 전문경영인 역할 나눠 '속도경영'

한국경제신문, 2014.4.3. '뻥튀기 검증' 감평사 법인 70% 배상하라

한국경제신문. 2014.4.14. 공시, 투자자 보호로 개편

한국경제신문. 2014.4.29. 상장사 '준법지원인제'로 혼란

한국경제신문. 2014.6.18. 일정 기간 후 신평사 교체 의무화… 평가 정보 공개 확대해야

한국경제신문. 2014.6.18. 신용평가사, CP 발행 후로 등급 강등 미뤄… 투자자들 '날
벼락'

한국경제신문. 2014.7.1 금융상품 평가수수료 '8년간 담합' 덜미

한국경제신문. 2014.7.5.'잊혀질 권리'냐 '알 권리냐'… 딜레마에 빠진 구글

한국경제신문. 2014.7.7. "분기마다 연봉 공개 지나치다." 재계의 반격

한국경제신문. 2014.7.7. 삼일회계 "우리도 속았다"

한국경제신문. 2014.7.10. 증선위, 조석래 회장 해임 권고

한국경제신문. 2014.7.12 삼성 '건드리는' 신평사

한국경제신문. 2014.7.14. 기업이 쌓아둔 현금에 관세 추진, 사내유보금

한국경제신문. 2014.8.7. 재무상태 나쁜 기업 외부감사 강제 지정

한국경제신문. 2014.8.20. 보신주의 없애려 10년전 도입했지만 '사전면죄부'제도 유명
무실

한국경제신문. 2014.8.20. 신평사 의무지정 순환평가제 법안 발의

한국경제신문. 2014.8.26. 중국 고섬 상장 폐지 손해 물어내라

한국경제신문. 2014.8.26. 이익으로 이자 못 갚는 기업 11월부터 외부감사인 강제 지정

한국경제신문. 2014.9.1. 신제윤 "지정 감사인 전면 확대안 반대"

한국경제신문. 2014.9.23. 자회사 부실해도 감사인 강제지정 추진

한국경제신문. 2014.9.26. 상장사 배당 한도 계획 공시 의무화

한국경제신문. 2014.9.27. 자산 적어도 매출 많으면 외부감사

한국경제신문. 2014.10.2. 신용평가 살짝 까칠해졌다

한국경제신문. 2014.10. 8. 분식회계 땐 분식액 10% 과징금 낸다.

한국경제신문. 2014.10.9. 신제윤 "5억 넘는 연봉 연 1회만 공개 추진"

한국경제신문. 2014.10.10. 분식회계로 손실… 회계법인도 연기금에 배상해야

한국경제신문. 2014.10.13. 금융기관 '구두' 행정지도 없어진다

한국경제신문. 2014.10.14. 구멍난 금감원 '감리 그물망'

한국경제신문. 2014.10.27. 내년 '섀도우 보팅 폐지' 앞두고 상장사, 감사재선임 '대소동'

한국경제신문. 2014.11.17. 150개 상장사 감사 선임 못할 판

한국경제신문. 2014.11.17. 섀도우 보팅 폐지 후폭풍… 내년 150개사 감사선임 비상

한국경제신문. 2014.11.17 감사선임 요건 비교해 보니

한국경제신문. 2014.11.20. "배임이라도 경영 기여 인정해야" 법원, 이민화 손배액
80% 감액

한국경제신문. 2014.11.24. '섀도우 보팅' 폐지 (내년 1월부터) 날벼락… 때 아닌 '연
말 주총' 붐

한국경제신문. 2014.11.25. 전자투표 도입한 상장기업 대상 섀도보팅 제도 3년간 연장 추진

한국경제신문 2014.11.25. 의원들 '재탕 삼당 입법' 난무, 발의 법안 10건 중 7건 폐기

한국경제신문. 2014.11.25. 1원 1표, 1인 1표, 정규재 칼럼

한국경제신문. 2014.11.25. 대주주 경영권 침해하는 '모범규준'은 간섭주의 전형

한국경제신문 2014.12.5. 분식회계 책임소송서 회계법인 60%가 패소

한국경제신문. 2014. 12. 18. 금융회사, 신평사 이용하면서 계열 자산평가사 '패키지 거래'

한국경제신문. 2014.12.29. 막장 '공시전쟁'

한국경제신문. 2014.12.30. 오락가락 공시에 피해보는 투자자들

한국상장회사협의회. 2014.5.8. 국민연금의 의결권 행사와 기업가치제고. 상장회사협의회

한국회계학회/한국상사법학회. 2014.10.31. 상사법상 회계규범과 기업회계의 조화. 공동 세미나

한국회계학회/한국공인회계사회. 2014.12.4. 회사와 감사인의 법적책임 심포지움

화우 legal update. 2014년 2월

화우 뉴스레터 2014.3. 주식회사 및 유한회사의 배당제도 개선, 금융팀

DeAngelo, L. 1981. "Auditor Size and Audit Quality." Journal of Accounting and Economics: 183−199.

KBS, 2014.10.21. 9시 뉴스

Kinney, W.R. Information Quality Assurance and Internal Control for Management Decision Making. McGraw−Hill Irvin. 2000.

YTN. 2011.10.21. 중국 주식 투자해 수백억 대 피해… 거래소·대리인 책임 공방

YTN. 2013.7.9. 심상정의원, 금감원 쌍용차 회계 조작 은폐

• 저자소개 •

손성규 sksohn@yonsei.ac.kr

경력

연세대학교 경영학과 졸업
University of California-Berkeley, MBA
Northwestern University, 회계학박사
뉴욕시립대학교 조교수
미국공인회계사
한국회계학회 상임간사
한국경영학회 상임이사
기획예산처 정부투자/산하기관 경영평가위원
한국전력 출자회사/발전자회사 평가위원
금융감독원 감리위원회 위원
한국회계학회 회계학연구 편집위원장
KT재무회계자문단위원
연세대학교 기획실 정책부실장
연세대학교 재무처장
연세대학교 감사실장
YBM시사닷컴감사
롯데쇼핑 사외이사/감사위원
회계기준위원회 비상임위원
STX엔진 사외이사
한국거래소 유가증권시장 공시위원회 위원장
한국CFO협회 운영위원
한국회계학회 부회장
기획재정부 공공기관 국제회계기준 도입
　　자문단
금융위원회 증권선물위원회 비상임위원
국제중재재판소 expert witness
국가회계기준센터 자문위원
한국연구재단 전문위원
연세대학교 상남경영원장
유니온스틸 사외이사/감사위원
삼일저명교수
하나로 의료재단 이사

현

연세대학교 경영대학 교수
서울보증보험 사외이사/감사위원장

기업지배구조원, 기업지배구조위원회 위원
한국조세재정연구원, 국가회계재정통계
　　센터 자문위원
한국공인회계사회 심의위원회 위원
차기 한국회계학회장
제주항공 사외이사/감사위원장
서울의과학연구소(SCL)재단이사회 감사

보고서 / 용역

기획재정부,　금융감독원,　한국공인회계사회.
　　코스닥증권시장, 상장회사협의회,
한국거래소, 한국회계기준원, 삼정회계법인, 아
　　이에이치큐, 리인터내셔널법률사무소 등

저서

회계정보의 유용성. 권수영, 김문철, 최관, 한
　　봉희와 공저. 신영사. 2판. 2010
회계감사이론, 제도 및 적용. 박영사. 2006
수시공시이론, 제도 및 정책. 박영사. 2009
금융감독, 제도 및 정책-회계 규제를 중심으
　　로. 박영사. 2012
회계환경, 제도 및 전략. 박영사. 2014
회계원리. 이호영과 공저. 법문사. 12판. 2014

논문

Journal of Accounting and Economics, 회계
　　학연구, 회계저널, 회계·세무와 감사연구,
　　경영학연구, 증권학회지 외 다수.

수상

상경대학 우수업적 교수상
한국공인회계사회 최우수논문상
한국공인회계사회 우수논문상
한국경영학회 우수논문상
2008년 학술원 사회과학부문 우수도서 선정
2010년 학술원 사회과학부문 우수도서 선정
2013년 한국회계정보학회 최우수논문상
2013년 & 2014년 연세대학교 우수업적교수상
　　(연구) 부문

금융시장에서의 회계의 역할과 적용

초판인쇄   2016년 1월 5일
초판발행   2016년 1월 10일

지은이   손성규
펴낸이   안종만

편 집   전채린
기획/마케팅 조성호
표지디자인   홍실비아
제 작   우인도·고철민

펴낸곳   (주) 박영사
          서울특별시 종로구 새문안로3길 36, 1601
          등록 1959. 3. 11. 제300-1959-1호(倫)
전 화   02)733-6771
f a x   02)736-4818
e-mail   pys@pybook.co.kr
homepage   www.pybook.co.kr
ISBN   979-11-303-0265-2   93320

정 가   23,000원